KB060403

Digital

Transformation

디지털 트랜스포메이션과
정보보호

양천수·심우민·전현욱·김중길

Information

Security

박영사

　　현재 진행되고 있는 제4차 산업혁명은 우리가 살아가는 사회의 구조를 급격하게 바꾸고 있습니다. 이로 인해 새로운 사회적 현상이 등장하고 있습니다. 이 책은 그 중에서 '사회의 초연결화'와 '디지털화'(디지털 트랜스포메이션)에 주목합니다. 놀라울 정도로 발전하는 정보통신기술(ICT)과 사물인터넷(IoT) 덕분에 세상의 모든 것들이 '인터넷 커뮤니케이션'으로 연결되고 있습니다. 이른바 '초연결사회'가 출현하고 있는 것입니다. 이러한 사회의 초연결화 덕분에 세상에 존재하는 거의 모든 정보가 디지털 데이터로 전환되는 '사회의 디지털화' 역시 급속하게 진행되고 있습니다. 현대사회가 디지털 트랜스포메이션 사회로 전환되고 있는 것입니다.

　　이렇게 세상의 모든 것이 연결되고 세상에 존재하는 정보가 디지털화되면서 이전에는 우리가 알지 못했던 새로운 세계, 새로운 공간, 새로운 인식이 펼쳐지고 있습니다. 우리의 삶을 더욱 윤택하게 해주는 새로운 사회적 공리가 증대하고 있습니다. 사회 곳곳에서 혁신이 이루어지고 있습니다. 이제 우리 사회는 더욱 좋은 사회로 나아가고 있는 것처럼 보입니다. 그러나 세상의 많은 것이 그런 것처럼, 현대사회의 초연결화와 디지털화는 우리에게 새로운 위험과 불안을 초래하고 있습니다. 현대사회를 지탱하는 초연결 네트워크망이 언제든지 마비될 수 있다는 위험, 그로 인해 우리의 정보가 침해될 수 있다는 불안이 그것입니다. 이러한 위험과 불안은 이미 현실이 되고 있습니다. 심심치 않게 발생하는 인터넷 해킹, D-Dos 공격, 각종 컴퓨터 바이러스 유포, 개인정보 침해 등이 이를 예증합니다. 그 때문에 이러한 위험으로부터 초연결화된 현대사회를 보호해야 한다는 사회적 요청이 증대하고 있습니다. 개인정보 침해에 대해 강력하게 대응해야 한다는 사회적 목소리가 커지고 있습니다. 이러한 맥락에서 사이버 보안과 개인정보보호를 담당하는 정보보호 관련법들의 중요성이 점점 더 커지고 있습니다. 오늘날 점증하는 정보보안 침해 문제에 정보보호 관련법들이 적극 나서야 한다는 것입니다.

이 책은 이러한 문제 상황에서 현재 우리 법체계가 갖추고 있는 정보보호 관련법들이 현대 초연결사회 및 디지털 트랜스포메이션 사회에 적절하게 대응할 수 있는지를 점검하고 이를 어떻게 개선하는 것이 바람직한지 살펴봅니다. 특히 정보보호에 관해 중심적인 역할을 수행하는 「정보통신망법」의 규범적 의미내용을 상세하게 분석하고 있습니다. 정보보호에 관해 「정보통신망법」이 수행하는 임무 및 기능에 비해 그 동안 「정보통신망법」이 담고 있는 규범적 의미내용을 상세하게 분석한 책은 많지 않았습니다. 이 책은 바로 이러한 갈증을 해소하고 싶다는 의도에서 출발하였습니다. 그러면서 시야를 더욱 넓혀, 「정보통신망법」을 포함하는 우리 정보보호 관련 법체계가 현대사회의 구조변화에 적절하게 응답하고 있는지, 만약 그렇지 않다면 이를 어떻게 개선해야 하는지를 다루고 있습니다. 초연결화와 디지털화가 급속하게 진행되는 현대사회의 정보보호 문제에 성공적으로 응답하기 위해서는 새로운 차원의 사고방식과 시야, 법적 사고와 제도가 필요합니다. 이 책에서 저자들은 이러한 것들을 담아내고자 노력하였습니다. 이를 위해 저자들은 함께 고민하고 토론하면서 이 책을 만들어 갔습니다. 다만 그 결과가 성공적이었는지에 관해서는 두려움과 아쉬움이 남습니다.

이 책의 출발점이 된 연구를 수행할 수 있도록 재정적 지원을 해주신 과학기술정보통신부와 정보통신기획평가원에 감사인사를 드립니다. 아울러 어려운 출판 상황 속에서도 이 책을 출판할 수 있도록 배려해 주신 박영사의 이영조 차장님과 여러모로 부족한 원고를 멋진 책으로 만들어 주신 김선민 부장님께 진심으로 감사인사를 드립니다. 고맙습니다.

2019년 6월
녹음이 짙어지는 압량벌의 연구실에서
저자들을 대신하여
양천수 배상

CONTENTS
차 례

○
●
○

제3장 정보보호 관련 법체계의 현황 / 25

○
●
○

제4장 **정보통신망법 제6장 해설 / 55**

○
●
○

제5장 정보보호 관련 법체계의 개선방안 / 275

○
●
○

제6장 **융합보안제도의 현황과 개선방안 / 317**

제7장 정보공유제도의 현황과 개선방안 / 331

디지털 트랜스포메이션과 정보보호
: 정보통신망법의 해석과 정책

○
●
○

_1장
서 론

1️⃣ 이 책의 목표와 필요성

　이른바 '제4차 산업혁명'으로 현대사회가 구조변동을 겪으면서 새로운 사회 패러다임 및 법적 문제가 등장하고 있다. 그 중 한 예로서 주로 사이버 공간에서 발생하는 정보침해 문제를 들 수 있다. 현대사회가 사물인터넷(IoT) 등으로 인해 초연결사회로 변모하고 세상 모든 정보의 디지털화가 가속화되면서 빅데이터와 인공지능이 비약적으로 발전하고 있다. 이에 따라 한편으로는 사회적 공리가 증진되면서도 다른 한편으로는 사이버 보안을 포함하는 정보보안에 대한 침해위험이 비약적으로 증가하고 있다. 이러한 이유에서 오늘날 사이버 공간을 포함하는 모든 영역에서 정보보호를 강화해야 할 필요성도 그 어느 때보다 증대하고 있다.

　그러나 이러한 정보침해 문제에 신속하면서도 적절하게 대응하는 것은 생각보다 쉽지 않다. 왜냐하면 우리의 현행 법체계는 정보보호 문제에 관해 체계적이고 총합적인 제도적 방안을 아직 마련하지 못하고 있기 때문이다. 무엇보다도 정보보호를 바라보는 시각과 가치가 다원적으로 충돌하면서 입법의 측면뿐만 아니라 거버넌스의 측면에서 우리 법체계는 여전히 정보보호에 관해 불완전한 대응을 하는 데 그치고 있다. 예를 들어, 우리 법체계는 아직 정보보호를 규율하는 총합적이고 체계적인 법제를 구축하지 못하고 있다. 정보보호를 관할하는 거버넌스 역시 다원적으로 분산되어 있다. 이 때문에 앞으로 발생할 위험이 높은 정보침해를 사전에 예방하거나 현재 발생한 정보침해에 즉각적으로 대응하는 것이 쉽지 않다.

이러한 상황에서 이 책은 현대사회에서 발생하는 정보침해 문제에 성공적으로 대응하기 위해서는 정보보호 관련 법제도를 어떻게 개선하는 것이 바람직한지를 다룬다. 이를 위해 현행 정보보호 관련 법제도가 처한 현황을 정확하게 파악하면서 여기에 어떤 문제가 있는지를 분석한다. 특히 정보보호 관련 법제도에서 핵심적인 지위를 차지하는 「정보통신망법」을 집중 분석한다. 그 중에서도 「정보통신망법」 제6장이 규정하는 내용들을 상세하게 분석 및 해설한다. 이를 통해 제4차 산업혁명이 진행되고 있는 현대사회에서 우리 정보보호 관련 법제도가 나아가야 할 방향을 모색하고자 한다.

2 이 책의 구성

이 책은 모두 일곱 개의 장으로 구성된다.

제1장은 서론에 해당한다. 여기에서는 이 책이 무엇을 목표로 하는지, 어떻게 구성되어 있는지를 소개한다.

제2장에서는 현대사회가 어떻게 구조변동을 겪고 있는지, 이를 통해 사회 패러다임이 어떻게 변하고 있는지 조감한다.

제3장에서는 현행 정보보호 관련 법제도의 중심축을 이루는 「정보통신망법」, 「정보통신기반 보호법」, 「정보보호산업 진흥법」의 현황을 분석한다.

제4장에서는 정보보호 관련 법제도 중에서 핵심적인 지위를 차지하는 「정보통신망법」, 그 중에서도 제6장의 규범적 의미내용을 상세하게 해설한다. 「정보통신망법」 제6장에 대한 주해를 시도하는 것이다.

제5장에서는 현행 정보보호 관련 법제도가 어떤 문제점을 지니고 있는지를 분석하면서, 이를 어떻게 해결할 수 있는지, 이를 위해 정보보호 관련 법제도가 어떤 방향으로 나아가야 하는지를 모색한다.

제6장에서는 현대 초연결사회에서 새로운 문제로 등장하고 있는 융합보안

문제에 대해 법체계가 어떻게 대응해야 하는지를 다룬다.

제7장에서는 성공적인 정보보호 법정책을 실현하는 데 기초가 되는 정보공유 문제를 정보보호 관련 법제도가 어떻게 풀어가야 하는지를 다룬다.

제4차 산업혁명과 현대사회의 구조변동

디지털 트랜스포메이션과 정보보호
: 정보통신망법의 해석과 정책

제4차 산업혁명과 현대사회의 구조변동

── Ⅰ. 제4차 산업혁명

먼저 논의의 출발점으로서 제4차 산업혁명이 현대사회를 어떻게 바꾸고 있는지 살펴보도록 한다. 제4차 산업혁명에 관해서는 우선 두 가지 문제를 해결해야 한다. 첫째, 제3차 산업혁명과는 구분되는 제4차 산업혁명이 과연 존재하는가 하는 점이다. 둘째, 제4차 산업혁명에서 가장 본질적인 특성은 무엇인가 하는 점이다.

1 제4차 산업혁명은 있는가?

현재 우리는 제4차 산업혁명을 기정사실로 받아들이고 있다. 이는 제4차 산업혁명을 제시한 클라우스 슈밥(Klaus Schwab)의 주장을 전적으로 수용한 것이다.[1] 그러나 슈밥 자신도 인정하고 있듯이, 제4차 산업혁명이 과연 존재하는지, 이미 진행 중인 제3차 산업혁명과 제4차 산업혁명 사이에 본질적인 패러다임 차이가 있는지 견해가 대립한다.

잘 알려져 있는 것처럼, 제1차 산업혁명은 증기기관에 기반을 둔 '본래 의

---

1 클라우스 슈밥, 송경진 (옮김). 『제4차 산업혁명』(새로운현재, 2016) 참조.

미의 산업혁명', 제2차 산업혁명은 전기에 바탕을 둔 '대량생산혁명', 제3차 산업혁명은 컴퓨터와 인터넷이 초래한 '정보화혁명'을 의미한다. 이 중에서 제3차 산업혁명과 제4차 산업혁명 사이에 본질적인 차이가 있을지 의문을 제기할 수 있다. 왜냐하면 표면적으로 보면, 제3차 산업혁명과 마찬가지로 제4차 산업혁명 역시 인터넷과 컴퓨터에 기반을 두고 있기 때문이다. 인터넷이 유선망에서 무선망으로 확대되고, 컴퓨터 역시 개인용 컴퓨터에서 스마트폰으로 다양해졌지만, 사회는 여전히 제3차 산업혁명이 야기한 '정보화사회'(information society)의 틀에서 벗어나고 있지는 않아 보이기 때문이다. 이 점에서 현대사회에서 진행되는 과학기술의 발전은 제3차 산업혁명의 연장선상에 있다고 볼 여지도 있다. 그렇지만 필자는 슈밥이 주장하는 것처럼 제3차 산업혁명과 제4차 산업혁명 사이에는 본질적인 차이가 있다고 생각한다. 그 이유는 아래에서 살펴보는 것처럼, 제4차 산업혁명은 사회구조뿐만 아니라 우리의 사고 틀을 본질적으로 바꾸고 있기 때문이다.[2]

2 제4차 산업혁명의 본질

(1) '인간중심적 사고'에서 '탈인간중심적 사고'로

그러면 제4차 산업혁명의 본질적 특성은 무엇인가? 왜 우리는 제4차 산업혁명을 '혁명'으로 부를 수 있는 것일까? 필자는 제4차 산업혁명의 본질적 특성은 놀라운 속도로 발전하고 있는 최신 과학기술에서 찾을 수 있는 것은 아니라고 생각한다. ICT나 인공지능(AI), 생명공학(BT) 등과 같은 현대 과학기술의 정수가 제4차 산업혁명의 본질을 구성하는 것은 아니다. 그보다 더욱 중요한 것은 제4차 산업혁명이 우리 인간의 사고방식이나 사고 틀을 근본적으로 바꾸고 있다는 점이다. 이를 한 마디로 표현하면, 제4차 산업혁명은 기존의 '인간중심

2 이에 관한 상세한 분석은 양천수, 『제4차 산업혁명과 법』(박영사, 2017) 참조.

적 사고'를 '탈인간중심적 사고'로 바꾸고 있는 것이다.

(2) 인간중심적 사고

그러면 '인간중심적 사고'란 무엇을 뜻하는가? '인간중심적 사고'란 말 그대로 생물학적 존재인 인간을 중심으로 하여 체계화된 사고방식을 말한다.[3] 따라서 인간이 아닌 존재, 가령 동물은 인간중심적 사고에서 주변적인 것으로 취급된다. 차별도 허용된다. 예를 들어, 인간이면 그 누구나 평등하게 누리는 '인권'(human rights)을 비인간적인 존재인 동물은 누릴 수 없다. 오히려 이들은 인권의 '대상'이자 '수단'이 될 뿐이다.

필자는 이러한 인간중심적 사고는 다음과 같은 사고로 구체화된다고 생각한다. '주체-객체 사고', '생명중심적 사고', '행위중심적 사고', '물리적 세계 중심적 사고'가 그것이다. 먼저 '주체-객체 사고'는 '주체'와 '객체'를 개념적·존재적으로 구분하면서 '주체'에 중심적인 지위를 부여하는 사고를 말한다.[4] 이때 '주체'는 당연히 인간이 되고, 인간이 아닌 존재가 '객체'가 된다. 이러한 '주체-객체 사고'는 근대 이후에 형성된 법적 사고 및 법체계의 근간을 이룬다. 다음으로 '생명중심적 사고'는 이렇게 주체가 되는 인간은 생명을 갖고 있는 존재여야 한다는 사고를 말한다. 생명을 갖지 않은 존재, 가령 인공지능 로봇은 인간이 될 수 없기에 인간에게 부여되는 권리 역시 가질 수 없다. 여기서 말하는 생명은 탄소를 중심으로 하여 구성된 생명을 말한다. 나아가 '행위중심적 사고'는 탄소중심적인 생명으로 만들어진 인간이 주체로서 객체에 작용할 때 '행위'(action; Handlung)를 사용한다는 사고를 말한다. 다시 말해, 인간 주체는 행위를 통해서만 객체에 접근하거나 다른 인간 주체와 연결될 수 있다는 것이다. 바로 이 때문에 행위 개념은 전체 법질서에서 아주 중요한 개념으로 자리매김한다. 현행 법체계 및 법학에서 아주 중요한 지위를 차지하는 법률행위, 범죄행

---

3 인간중심적 사고에 관해서는 양천수, "탈인간중심적 법학의 가능성: 과학기술의 도전에 대한 행정법학의 대응", 『행정법연구』 제46호(2016. 8), 1-24쪽 참조.
4 이에 관해서는 우선 아르투어 카우프만, 김영환 (옮김), 『법철학』(나남, 2007) 참조.

위, 행정행위, 소송행위 개념이 이를 잘 보여준다. 마지막으로 '물리적 세계 중심적 사고'는 인간 주체가 행위를 하는 공간은 물리적으로 실재하는 세계를 전제로 한다는 사고를 말한다. 물리적으로 실재하지 않는 세계는 인간 존재가 행위할 수 있는 공간이 아니기에 '인간중심적 사고'에서는 중요하지 않은 '가짜 세계'에 불과할 뿐이었다.

(3) 탈인간중심적 사고

이렇게 오랫동안 우리의 법적 사고 및 법체계를 지탱하였던 인간중심적 사고는 최근 제4차 산업혁명이 진행되면서 '탈인간중심적 사고'로 대체되고 있다. 여기서 '탈인간중심적 사고'란 인간이 더 이상 중심적인 지위를 차지하지 못하는 사고를 말한다. 구체적으로 말하면, 인간중심적 사고를 구성하였던 '주체-객체 사고', '생명중심적 사고', '행위중심적 사고', '물리적 세계 중심적 사고'가 해체되는 사고를 뜻한다. 이를테면 탈인간중심적 사고에 따르면, 인간이 아닌 존재, 즉 인공지능 로봇도 주체가 될 수 있는 가능성이 열리고 있다.[5] 생명 개념도 변화하여 기존의 탄소중심적 생명이 아닌 새로운 생명 개념이 출현할 수 있는 계기가 도래하고 있다.[6] '행위'를 대신하여 '소통'(communication)이 새로운 중심 개념으로 자리매김하고 있다.[7] 물리적 세계뿐만 아니라 비물리적 세계, 즉 사이버 세계가 주체의 새로운 활동영역으로서 그 중요성이 증대하고 있다. 마지막으로 '주체-객체 사고'를 대신하여 '체계-환경 사고'가 중심적인 지위를 차지하고 있다. 이처럼 제4차 산업혁명이 진행되면서 기존의 인간중심적 사고를 대신하는 탈인간중심적 사고가 오늘날 사회 각 영역에서 우리의 전통적인 사고방식을 대체하고 있다.

[5] 이에 관해서는 양천수, "인공지능과 법체계의 변화: 형사사법을 예로 하여", 『법철학연구』 제20권 제2호(2017. 8), 45-76쪽; 양천수, "현대 지능정보사회와 인격성의 확장", 『동북아법연구』 제12권 제1호(2018. 5), 1-26쪽 등 참조.

[6] 이를 보여주는 클라우스 에메케, 오은아 (옮김), 『기계 속의 생명: 생명의 개념을 바꾸는 새로운 생물학의 탄생』(이제이북스, 2004) 참조.

[7] 이는 독일의 사회학자 루만(Niklas Luhmann)이 정립한 현대 체계이론에서 확인할 수 있다.

—— II. 현대사회의 구조변동

이처럼 제4차 산업혁명은 우리의 사고방식을 바꾸고 있을 뿐만 아니라, 동시에 사회구조 역시 바꾸고 있다. 제4차 산업혁명으로 인하여 새로운 사회 패러다임이 출현하고 있다. 초연결사회, 빅데이터 사회, 알고리즘 사회, 지능정보사회, 안전사회가 그것이다.[8]

1️⃣ 초연결사회

제4차 산업혁명은 현대사회를 '초연결사회'(hyper-connected society)로 변모시키고 있다.[9] 제4차 산업혁명을 통해 세상의 거의 모든 것이 연결되는 사회가 출현하고 있는 것이다. 이렇게 현대사회가 초연결사회로 변모하는 데는 크게 두 가지 원인이 작용한다. 첫째는 정보통신망, 즉 인터넷망이 확장되었다는 것이다. 제3차 산업혁명이 시작될 즈음의 인터넷망은 유선망을 기본으로 하였다. 그렇지만 무선인터넷망이 실용화되면서 인터넷을 통해 진행되는 '소통'의 가능 영역이 비약적으로 확대되었다. 둘째는 '사물인터넷'(IoT: Internet of Things)이 등장했다는 것이다. 사물인터넷이 인터넷을 통해 이루어지는 소통에 참여하면서 사람과 사람 사이의 연결뿐만 아니라 사람과 사물, 사물과 사물 사이의 연결이 가능해졌다. 이를 통해 초연결사회가 구현되고 있는 것이다.

초연결사회라는 새로운 현상은 다양한 측면에서 우리에게 유익함, 즉 사회적 공리를 제공한다.[10] 스마트폰으로 매개되는 사물인터넷을 활용함으로써 우

---

8 아래에서 전개하는 서술은 양천수, 『제4차 산업혁명과 법』, 5-7쪽 참조.

9 초연결사회에 관해서는 유영성 외, 『초연결 사회의 도래와 우리의 미래』(한울, 2014); 금용찬, "디지털문명기 초연결사회, 창조경제논의", 『컴퓨터월드』 제363호(2014. 1), 124-131쪽; 선원진·김두현, "초연결사회로의 변화와 개인정보 보호", 『정보와 통신』 제31권 제4호(2014. 4), 53-58쪽; 양천수, "현대 초연결사회와 새로운 인격권 보호체계", 『영남법학』 제43집(2016. 12), 209-239쪽 등 참조.

10 초연결사회의 장점과 단점에 관해서는 양천수, 『제4차 산업혁명과 법』, 17-18쪽 참조.

리는 행위반경을 비약적으로 확장하고 효율성도 제고할 수 있다. 예를 들어, 최근 TV에서 광고하는 것처럼 스마트폰만으로 간단하게 모든 결제를 처리할 수 있고, 집 밖에서도 집 안에 있는 모든 것, 가령 조명이나 온도, 음악, TV 등을 모두 통제할 수 있다. 점점 현실화되고 있는 자율주행자동차도 초연결사회가 제공하는 사회적 공리라고 말할 수 있다.

그러나 초연결사회가 우리에게 사회적 공리만 제공하는 것은 아니다. 초연결사회는 우리에게 새로운 위험도 야기한다. 그 이유를 다음과 같이 말할 수 있다. 초연결사회가 가속화되면, 한편으로 우리에 관한 '모든 정보'가 초연결화된 네트워크를 통해 모든 사회적 영역으로 노출될 수 있다. 이로 인해 우리의 개인 정보를 침해하는 일이 가속화될 수 있다. 다른 한편으로 초연결사회는 우리에 관한 모든 정보를 한 곳에 집적시킬 수 있다. 이를테면 오늘날 우리는 거의 매일 '구글'과 같은 인터넷 포털사이트나 '페이스북' 또는 '인스타그램'과 같은 SNS를 이용하는데, 이 과정에서 인터넷 포털사이트나 SNS는 우리에 관한 정보를 거의 무한대로 수집하고 저장할 수 있다. 여기서 자연스럽게 이른바 '빅데이터'가 출현하게 된다. 초연결사회와 마찬가지로 한편으로 빅데이터는 우리에게 사회적 공리를 제공한다. 그러나 다른 한편으로 빅데이터는 우리의 인격권을 송두리째 무너뜨릴 수 있다. 이를테면 빅데이터 과학은 수학적 알고리즘을 사용하여 빅데이터를 분석함으로써 우리의 개인정보를 모두 들여다볼 수 있을 뿐만 아니라 우리의 모든 행위패턴을 예측할 수 있다. 이는 우리 모두에게 커다란 재앙이 될 수 있다. 이처럼 초연결사회는 우리에게 새로운 위협이자 도전이 된다.

2 ▨ 디지털 트랜스포메이션 사회

현대사회가 초연결사회로 변모하면서 세상에 존재하는 거의 모든 정보가 '디지털화'(digital transformation)되는 현상이 가속화되고 있다. 요컨대, '디지털 트랜스포메이션 사회'가 출현하고 있는 것이다. 컴퓨터와 인터넷이 등장하기 이전에는 정보는 '아날로그' 형식으로 존재하고 있었다. 달리 말해, '소통'(communication)

또는 '통신'에서 핵심적 지위를 차지하는 '정보'는 파피루스나 양피지 또는 종이와 같은 '유체물' 형태의 소통매체를 통해 저장 및 전달되고 있었다.[11] 이 때문에 송신자의 정보를 담고 있는 '문서' 등은 법체계 안에서 중요하게 취급되었고, 이를 위조 또는 변조하는 행위는 중대한 범죄로서 처벌되었다. 그러나 이렇게 정보가 종이문서와 같은 아날로그적 소통매체를 통해 전달되던 사회에서는 빅데이터가 형성되기 어려웠다. 아날로그적 정보를 한데 모으는 것이 쉽지 않았기 때문이다. 이를 위해서는 막대한 인적·물적·시간적 비용이 소용되었다. 그런데 컴퓨터와 인터넷이라는 새로운 소통매체가 개발되면서 정보의 존재방식 역시 크나큰 구조변동을 맞게 되었다. 물리적 소통매체에 기반을 둔 정보가 디지털화되는 현상이 출현하게 된 것이다. 이때 정보가 디지털화된다는 것은 크게 두 가지 측면에서 파악할 수 있다. 첫째는 아날로그적인 정보가 '0과 1'의 이진법 코드로 전환된다는 것이다. 둘째는 물리적 세계에 존재하던 정보가 사이버 세계로 포섭된다는 것이다. 이러한 정보의 디지털화는 이전에는 경험하지 못했던 새로운 현상과 충격을 우리에게 안겨주고 있다. 빅데이터가 바로 그것이다.

③ 빅데이터 사회

(1) 의의

오늘날 사회의 초연결로 디지털 트랜스포메이션이 가속화되면서 예전에는 축적하기 힘들었던 빅데이터가 오늘날 상상할 수 없는 속도와 규모로 세상 곳곳에서 만들어지고 있는 것이다. 이에 따라 '빅데이터 사회'라는 현상도 등장하고 있다.[12] 이때 빅데이터 사회란 사회의 거의 모든 영역에서 빅데이터가 축적

---

11 현대사회에서 정보가 차지하는 위상에 관해서는 이 책 제7장 참조.
12 빅데이터에 관해서는 빅토르 마이어 쇤베르거·케네스 쿠키어, 이지연 (옮김), 『빅데이터가 만드는 세상』(21세기북스, 2013); 양천수, 『빅데이터와 인권』(영남대학교출판부, 2016) 등 참조.

되고 이렇게 축적된 빅데이터가 사회 여러 방면에서 다양하게 활용되는 사회를 말한다. 여기서 알 수 있듯이, 빅데이터 사회에서 핵심이 되는 개념은 바로 빅데이터다.

'빅데이터'(big data)란 말 그대로 거대한 데이터를 말한다.13 좀 더 구체적으로 말하면, 빅데이터란 빠르게 생성되고 다양하며 거대한 데이터를 뜻한다. 사실 이러한 데이터는 이미 오래 전부터 인류와 함께 해왔다. 인류가 세계를 인식하고 언어를 통해 타인과 소통하기 시작하면서 데이터는 형성되고 축적되었다. 그런데 이러한 데이터가 빅데이터로서 최근 부각되기 시작한 것은 두 가지 이유와 무관하지 않다. 디지털화와 초연결사회가 바로 그것이다.

첫째, 컴퓨터와 인터넷이 등장하고 이를 통해 세상의 모든 데이터가 디지털화되면서 데이터는 더욱 손쉽게 저장 및 확산될 수 있게 되었다. 여기서 데이터를 디지털화한다는 것은 간단하게 말해 아날로그적 소통매체에 바탕을 둔 데이터를 이진법의 코드로 전환한다는 것을 뜻한다. 이를 통해 데이터의 원본과 복사본 사이의 질적 차이가 사라지고 데이터는 간편하게 저장·복사 및 확산될 수 있게 되었다.

둘째, 초연결사회가 등장하고 이를 통해 세상의 모든 것이 인터넷으로 연결되면서 디지털화된 데이터가 매우 빠른 속도로 축적되기 시작하였다. 과거에는 저장하기 힘들었던 온갖 데이터들이 사물인터넷 등에 힘입어 데이터화되기 시작한 것이다. 이는 초연결망을 통해 손쉽게 한데 모이게 되었고 이로써 예전에는 상상할 수 없었던 규모의 데이터가 매일 엄청난 속도로 축적되고 있는 것이다.

그러나 빅데이터는 이렇게 형식적 의미만 갖는 것은 아니다. 빅데이터가 매우 빠른 속도로 생성되는 이질적이면서 다양하고 거대한 데이터라는 의미만 갖는다면, 이러한 빅데이터가 현재 진행되고 있는 제4차 산업혁명에서 특별한 지위를 차지하기는 어려울 것이다. 빅데이터가 갖는 진정한 의미는 수학적 알고리즘으로 빅데이터를 분석함으로써 과거에는 알지 못했던 새로운 정보나 통

---

13 빅데이터의 개념과 기능에 관해서는 양천수, 『제4차 산업혁명과 법』, 39–41쪽 참조.

찰, 예측을 발견할 수 있다는 점에서 찾을 수 있다. 말하자면 빅데이터는 단순히 형식적인 데이터만으로 그치는 것이 아니라, 끊임없이 새로운 정보와 통찰을 가르쳐주는 지식의 광산이자 보고인 것이다. 바로 이 점에서 오늘날 빅데이터가 새로운 성장동력으로 관심을 모으고 있는 것이다.

(2) 빅데이터의 기능

빅데이터가 수행하는 기능은 긍정적인 순기능과 부정적인 역기능으로 구분하여 살펴볼 수 있다. 먼저 순기능을 언급하면, 빅데이터는 새로운 정보나 통찰을 얻는 데 기여한다. 수학적 알고리즘에 기반을 둔 '데이터 마이닝'(data mining)을 사용함으로써 기존에 알지 못했던 패턴을 빅데이터에서 발견하기도 하고, 앞으로 어떤 일이 발생할 것인지를 예측하기도 한다. 특히 빅데이터의 예측능력은 빅데이터만이 갖고 있는 강력한 무기가 된다. 이는 사회 여러 방면에서 유용하게 활용될 수 있다.

예를 들어 경제영역에서 빅데이터의 예측능력은 새로운 성장동력이 될 수 있다. 빅데이터 분석을 활용하여 소비자의 소비패턴을 발견함으로써 개별 소비자에게 적합한 맞춤형 서비스를 제공할 수 있다. 세계적인 온라인 소매업체인 '아마존'(Amazon)이 활용하는 도서추천서비스가 가장 대표적인 예에 해당한다. 국내 온라인 소매업체인 '쿠팡'(Coupang) 역시 빅데이터를 사용하여 각 소비자에게 최적화된 물류서비스를 제공한다.

빅데이터의 예측능력은 재해영역에서도 유용하게 활용될 수 있다. 이를테면 홍수나 태풍 등과 같은 자연재해나 교통사고, 화재와 같은 사회재난이 언제 어디서 무엇 때문에 발생하는지를 예측함으로써 이를 예방할 수 있는 적절한 대책을 마련할 수 있다.

범죄영역에서도 빅데이터를 이용할 수 있다. 가령 어떤 지역에서 어떤 범죄가 빈번하게 발생하는지를 예측함으로써 범죄를 예방하고 억제할 수 있는 조치를 제때에 취할 수 있다. 빅데이터 분석을 활용해 범죄로부터 안전한 도시설계를 구현할 수도 있다. 이처럼 빅데이터의 예측능력을 사회 각 영역에 적용함으로써 사회적 공리를 증진할 수 있다.

　　그러나 빅데이터가 순기능만 수행하는 것은 아니다. 빅데이터는 역기능 역시 수행할 수 있다. 말하자면, 빅데이터 그 자체가 새로운 사회적 위험이 될 수 있는 것이다. 예를 들어 빅데이터가 갖고 있는 강력한 예측능력은 각 개인이 앞으로 어떻게 행위할 것인지를 예측하는 데 그치지 않고, 더 나아가 각 개인을 총체적으로 프로파일링 하는 데 악용될 수 있다. 이를 통해 각 개인이 사회에 유용한 인물인지, 아니면 위험한 인물인지를 선별할 수 있다. 이는 새로운 차별로 이어질 것이다. 그뿐만 아니라, 영화 "마이너리티 리포트"가 시사하는 것처럼, 빅데이터 분석을 활용함으로써 범죄자가 될 인물을 미리 선별하고 사회로부터 배제할 수 있다. 결국 빅데이터는 우리의 행위자유를 극단적으로 억제하는 도구가 될 수도 있다. 이뿐만 아니라, 빅데이터는 현재의 사회구조 그 자체를 선한 것으로 파악함으로써 이를 무비판적으로 재생산하는 데 일조할 수 있다. 빅데이터 분석에 의해 사회구조의 혁신이나 진화가 오히려 방해될 수 있는 것이다.

4 ▌ 알고리즘 사회

　　초연결사회 및 지능정보사회와 더불어 제4차 산업혁명이 초래하는 사회 패러다임으로서 '알고리즘 사회'를 언급할 수 있다. 알고리즘 사회는 빅데이터 분석이나 인공지능 등에 사용되는 알고리즘 그 자체가 우리를 규율하는 사회를 말한다. 알고리즘 사회는 이미 현실이 되어 가고 있다. 왜냐하면 인터넷 공간을 규제하는 데 자주 사용되는 기술적·물리적 규제, 즉 '아키텍처 규제'(architectural regulation)에는 알고리즘이 사용되고 있는데, 이러한 알고리즘이 어떻게 구성되는가에 따라 우리 행위에 대한 규제방식이나 규제결과가 달라지기 때문이다. 또한 오늘날 사회 각 영역에서 사용되는 빅데이터 분석에서도 알고리즘이 사용되는데, 어떤 알고리즘을 적용하는가에 따라서 빅데이터 분석결과도 달라질 수 있다. 이에 따라 빅데이터를 사용하는 주체나 기관 등은 그 결과를 고려하여 다양한 대응방식 또는 규제방식을 선택한다. 결국 알고리즘이 빅데이터 분석대상을 규제하는 것이다. 알고리즘 사회는 '블록체인'에서도 발견된다. 블록체인 자체가 알고리즘의 집합체라고 할 수 있는데, 이러한 블록체인을 어떻게 설계하는가에 따라 우리의 행위방식이 달라질 수 있기 때문이다. 이렇게 제4차 산업혁명이 진행되면서 알고리즘이 사회를 규율하는 알고리즘 사회가 출현하고 있는데, 이러한 알고리즘 사회는 우리에게 새로운 규범적 문제를 던진다.

5 지능정보사회

초연결사회로 인해 사회 곳곳에서 빅데이터가 축적되면서 이러한 빅데이터를 통해 스스로 생각할 수 있는 탈인간적인 존재, 즉 인공지능이 가능해지고 있다. 다시 말해, 거대한 정보를 기반으로 한 인공지능이 출현하는 '지능정보사회'(intelligent information society)가 도래하고 있는 것이다.[14] 여기서 지능정보사회란 정확하게 어떤 사회를 뜻하는가? 이에 관해 「지능정보사회 기본법(안)」 제2조 제5호는 "지능정보사회란 지능정보기술을 기반으로 사회 모든 분야에서 인간의 능력과 생산성을 극대화하여 인간의 한계를 극복해 발전하는 미래지향적 인간중심 사회를 말한다."고 규정한다. 그리고 같은 법안 제2조 제1호는 "지능정보기술이란 전부 또는 부분적으로 자율적인 정보의 인지, 학습, 추론, 분석, 처리, 생성 등을 수행하는 기술, 또는 이와 연계한 「소프트웨어산업 진흥법」 제2조 제1호의 소프트웨어, 「정보통신 진흥 및 융합 활성화 등에 관한 특별법」 제2조 제1항 제2호의 정보통신융합 및 「산업융합촉진법」 제2조 제1호의 산업융합 등에 활용되는 기술을 의미한다."고 규정한다. 다만 이렇게 「지능정보사회 기본법(안)」에서 제시하는 지능정보사회나 지능정보기술에 관한 개념정의를 보면, 여전히 인간중심적 사고에서 벗어나고 있지 않다는 점을 확인할 수 있다. 그러나 지능정보사회에서 우리가 주목해야 할 점은, 이러한 사회 패러다임은

---

14 지능정보사회에 관해서는 심우민, "지능정보사회 입법 동향과 과제", 『연세 공공거버넌스와 법』 제8권 제1호(2017. 2), 75-118쪽; 이원태 외, 『지능정보사회의 규범체계 정립을 위한 법·제도 연구』(정보통신정책연구원, 2016) 등 참조.

본질적으로는 탈인간중심적 사회를 지향하고 있다는 것이다.

　　이렇게 현대사회가 지능정보사회로 변모하는 것은 크게 세 가지 원인에 힘입고 있다. 첫째는 빅데이터의 출현, 둘째는 '무어의 법칙'으로 대변되는 컴퓨터 하드웨어의 급속한 발전,15 셋째는 '머신러닝'(machine learning)과 '딥러닝'(deep learning)의 개발이다. 첫째가 데이터에 관한 측면이라면, 둘째는 하드웨어에 관한 측면, 셋째는 소프트웨어에 관한 측면이다. 한편 이렇게 지능정보사회가 도래하면서 그 이전부터 성장하기 시작한 탈인간중심적 사고가 사회 전체적으로 확산되고 있다. 그리고 이로 인해 새로운 윤리적·법적 문제가 등장하고 있다. 예를 들어, 알파고와 같은 인공지능에게 법적 인격성을 부여할 수 있는지, 형사 책임과 같은 법적 책임을 물을 수 있는지가 논의된다. 자율주행자동차가 교통사고를 일으켰을 때 이에 대한 책임을 누구에게 귀속시킬 것인지가 문제된다. 인공지능이나 로봇을 윤리적 행위의 주체로 볼 수 있는지, 만약 그렇다면 그 내용은 무엇이 되어야 하는지도 진지하게 논의된다.16 더불어 인공지능이 우리 인간의 직업을 대체할 것이라는 두려움도 커지고 있다. 탈인간중심적 사회가 등장하면서 그 이전에는 경험하지 못했던 새로운 윤리적·법적 문제가 야기되고 있는 것이다.

6 안전사회

　　안전사회 역시 제4차 산업혁명이 불러오고 있는 사회변화의 모습이라 할 수 있다.17 '안전사회'(Sicherheitsgesellschaft)란 안전을 최우선적인 사회적 목표로

15　다만 최근 반도체업계는 '무어의 법칙'을 폐기했다. 한동희, "[무어의 법칙 폐기]① 반도체 패러다임 대전환…IT융합 칩수요 다변화 시대", 『ChosunBiz』(2016. 4. 12) (http://biz.chosun.com/site/data/html_dir/2016/04/12/2016041201802.html#csidx28d1fc0c293c440b4ff3c01d6ef6552) 참조.

16　이에 관해서는 웬델 월러치·콜린 알렌, 노태복 (옮김), 『왜 로봇의 도덕인가』(메디치미디어, 2014) 참조.

17　아래의 서술은 양천수, 『제4차 산업혁명과 법』, 7쪽 참조.

설정하는 사회를 말한다.18 물론 안전사회는 제4차 산업혁명이 전적으로 유발한 것은 아니다. 현대사회가 위험사회로 접어들면서 안전사회에 관한 논의가 시작되었기 때문이다. 다만 제4차 산업혁명으로 초연결사회가 구현되고, 이로 인해 인터넷을 통해 진행되는 소통의 안정성이 중요해지면서 정보보호에 관한 사회적 관심이 제고되고 있다. 특히 인터넷에 대한 침해수단이 급속도로 진화하고 이를 통해 개인정보를 포함한 각종 정보가 침해되는 사례가 빈번해지면서 정보보호의 중요성이 증대하고 있다. 이로 인해 안전사회, 더욱 정확하게 말해 안전한 정보사회를 구현하고자 하는 사회적 관심과 요청이 증대하고 있다. 정보보호 관련 법제도를 개선하고자 하는 최근의 움직임은 바로 이러한 사회적 흐름에 기인하는 것이다.

──── Ⅲ. 문제점과 과제

이처럼 제4차 산업혁명으로 현대사회가 구조변동을 겪고, 이로 인해 초연결사회, 디지털 트랜스포메이션 사회, 빅데이터 사회, 알고리즘 사회, 지능정보사회, 안전사회와 같은 새로운 사회 패러다임이 출현하면서 한편으로는 다양한 사회적 공리가 증진되고 있다. 예를 들어, 조만간 자율주행자동차가 상용화되면 운전에 대한 부담도 줄어들고, 교통사고가 초래하는 인명피해도 그 만큼 줄어들 것이다. 인공지능이 여러 업무에 투입되면서 업무의 효율성 역시 제고될 것이다. 그렇지만 세상의 모든 일이 그런 것처럼, 현대사회는 새로운 문제 역시 야기할 것이다. 특히 정보보호에 관해서는 다음과 같은 문제를 야기할 것이다.

---

18 안전사회에 관해서는 토비아스 징엘슈타인·피어 슈톨레, 윤재왕 (역), 『안전사회: 21세기의 사회통제』(한국형사정책연구원, 2012); 양천수, "현대 안전사회와 법적 통제: 형사법을 예로 하여", 『안암법학』 제49호(2016. 1), 81-127쪽 참조.

1️⃣ 개인정보 침해위험 증가

우선 현대 초연결사회에서는 세상의 모든 것이 인터넷으로 연결됨으로써 개인정보가 침해될 가능성도 그 만큼 증가하고 있다. 초연결망을 통해 인터넷 참여자가 개인정보에 접근하는 것이 점점 더 용이해지고 있고, 이로 인해 민감한 개인정보가 정보주체의 자율적인 동의 없이 침해되는 위험이 증대하고 있는 것이다. 이러한 개인정보 침해위험은 현대사회를 위협하는 중대한 위험이 되고 있다.

2️⃣ 국가안보 및 산업보안 침해위험 증대

현대 초연결사회에서는 단순히 각 개인의 개인정보만이 침해되는 것은 아니다. 초연결사회로 사회의 모든 데이터가 빅데이터로 축적되면서 이러한 빅데이터가 해킹 등의 공격으로 침해되는 위험 역시 증대하고 있는 것이다. 말하자면, 공적인 인터넷 공간에서 사이버 보안 문제가 새로운 사회적 문제로 부각되고 있는 것이다. 이로 인해 국가안보 및 산업보안이 각종 사이버 공격으로 침해되는 위험 역시 비약적으로 증대하고 있다. 여러 해킹집단에 의해 체계적·집중적으로 진행되는 'D−Dos 공격'이나 암호화폐 거래소 해킹 등이 이를 예증한다.

3️⃣ 새로운 정보침해현상 증대

현대사회에서는 새로운 정보침해현상도 증대하고 있다. 이전에 정보침해는 정보통신서비스 제공자나 정보통신 이용자 또는 정보통신기반시설을 대상으로 하여 이루어지는 경우가 많았다. 그 때문에 정보보호 관련 법체계도 이러한 정보침해에 대응하고 예방하는 것을 강조하는 경우가 많았다. 「정보통신망법」이나 「정보통신기반 보호법」이 마련하고 있는 규제장치가 이를 잘 보여준다. 그렇지만 최근 사물인터넷이 급속도로 발전하면서 사물인터넷이 해킹 등과 같은 정보침해공격의 주된 대상이 되고 있다. 예를 들어, 자율주행자동차가 갖추고 있는 정보통신장치를 해킹함으로써 전체 정보통신망의 안정성을 해칠 수 있는 것이다. 바로 이 때문에 이렇게 새롭게 출현하고 있는 정보침해유형에 대응할 필요가 있다.

4 개인정보 및 사이버 보안 강화의 필요성

이렇게 현대사회에서 개인정보 및 공공정보에 대한 침해위험이 증대하면서 이로부터 개인정보 및 사이버 보안을 강화해야 할 필요성이 제고되고 있다. 오늘날 개인정보적 측면과 공공정보적 측면에서 이른바 '사이버 안전사회'를 구현해야 할 필요가 요청되고 있는 것이다. 물론 그렇다고 해서 현대사회가 안겨주는 사회적 공리를 포기해서도 안 될 것이다. 현대사회는 우리가 이전에는 상상하지 못한 새로운 사회적 공리, 사회적 패러다임을 가져다 줄 것이기 때문이다. 따라서 현 시점에서 우리는 한편으로는 현대사회가 가져올 사회적 공리를 유지하면서도, 다른 한편으로는 개인정보 및 국가·공공정보를 보장할 수 있는, 달리 말해 서로 대립하는 양 측면의 이익을 최적화할 수 있는 방안을 모색해야 한다. 이는 크게 두 가지 측면에서 실현되어야 한다. 법적·제도적 측면과 거버넌스적 측면이 그것이다.

5 개인정보와 사이버 보안을 보장하기 위한 법제 구축

현대사회가 가져다주는 사회적 공리를 증진시키면서도 개인정보 및 사이버 보안을 보장하기 위해서는 이에 관한 법제, 즉 정보보호 관련 법제도를 적절하게 개선할 필요가 있다. 그런데 이에 관해서는 지적해야 할 문제가 있다. 개인정보를 규율하는 현행 실정법체계를 보면, 규율대상이 서로 중복되는 법률이 없지 않다. 이를테면 「정보통신망법」과 「개인정보보호법」이 중복해서 개인정보 문제를 규율한다. 그러나 이렇게 동일한 법적 문제를 서로 다른 법률이 경합하여 규율하는 것은 법체계의 효율성이라는 측면에서 볼 때 문제가 있다. 물론 그 이유가 명확하고 설득력이 있다면, 동일한 법적 문제를 상이한 법률이 중복해서 규율하는 것도 필요할 것이다. 그렇지만 그 이유가 명확하지 않다면, 중복되는 법적 규제를 통합하는 것이 바람직하다. 그렇게 하는 것이 개인정보 및 공공정보를 보호하는 데 더 적합하고 효율적일 것이기 때문이다.

⑥　개인정보와 사이버 보안을 보장하기 위한 거버넌스 구축

현대사회에서 개인정보 및 사이버 보안을 보장하기 위해서는 관련 법규범을 정비하는 것만으로 충분하지 않다. 이러한 법규범을 성공적·효율적으로 집행할 수 있는 거버넌스도 구축할 필요가 있다. 특히 관련 문제를 처리하고 집행할 수 있는 체계적이고 통일적인 거버넌스를 구축하는 것이 개인정보 및 공공정보를 효과적으로 보장하는 데 도움이 된다. 이러한 측면에서 예를 들어 개인정보 처리를 위한 거버넌스로서 방송통신위원회와 개인정보보호위원회를 병존시키는 것이 과연 필요한지 의문을 제기할 수 있을 것이다.[19]

19　다만 이 책에서는 이러한 거버넌스 개선 문제는 다루지 않기로 한다.

제3장

디지털 트랜스포메이션과 정보보호
: 정보통신망법의 해석과 정책

정보보호 관련 법체계의 현황

_3장
정보보호 관련 법체계의 현황

제1절 개 관

─── I. 서 론

　제2장에서 살펴본 것처럼, 제4차 산업혁명이 진행되고 있는 현대사회는 한 편으로는 다양한 사회적 공리를 창출하면서도, 다른 한편으로는 새로운 사회적·법적 문제를 야기한다. 민감한 개인정보 및 사이버 보안이 침해될 위험이 증대하고 있다는 점을 현대사회가 초래하는 대표적인 사회적·법적 문제로 꼽을 수 있다. 그러면 현행 법체계는 이러한 문제에 어떻게 대응하고 있는가?

　현재의 법체계에서 볼 때, 정보보호와 직접 관련을 맺는 법률로는「국가정보화 기본법」,「정보통신망법」,「정보통신기반 보호법」,「정보보호산업법」을 거론할 수 있다. 정보보호 관련 법체계란 기본적으로 이러한 네 가지 법률을 지칭한다. 따라서 현대사회에서 발생하는 정보침해 문제에 정보보호 관련 법체계가 적절하게 대응하고 있는지, 여기에 어떤 문제가 있는지를 파악하려면, 위에서 언급한 네 가지 법률을 각각 분석할 필요가 있다. 다만「국가정보화 기본법」은 정보보호만을 목표로 하는 것은 아니고, "국가정보화의 기본 방향과 관련 정책의 수립·추진에 필요한 사항을 규정함으로써 지속가능한 지식정보사회의 실현에 이바지하고 국민의 삶의 질을 높이는 것을 목적"으로 한다. 이를 위해「국가

정보화 기본법」은 제4장 제2절에서 "정보이용의 안전성 및 신뢰성 보장"을 위해 정보보호 및 개인정보보호에 관한 법적 근거를 마련한다(제37조-제39조). 이러한 점에서 보면, 「국가정보화 기본법」은 정보보호와 관련을 맺기는 하지만, 전적으로 정보보호만을 규범목적으로 삼는 것은 아니라는 점에서 「정보통신망법」이나 「정보통신기반 보호법」과는 차이가 있다. 따라서 제3장에서는 「정보통신망법」, 「정보통신기반 보호법」, 「정보보호산업법」에 논의의 초점을 맞추어 이 법들이 어떤 내용을 담고 있는지 분석하고자 한다. 이 법들이 안고 있는 문제점에 관해서는 제5장에서 다루고자 한다.

—— II. 정보보호 관련 법제도의 기본체계

본격적인 논의를 하기에 앞서 현행 정보보호 관련 법제도의 기본체계를 간략하게 개관해 보도록 한다.

1️⃣ 국가정보화 기본법

정보보호의 가장 기초가 되는 법으로서 「국가정보화 기본법」을 들 수 있다. 이는 개념 그대로 국가정보화의 기초를 이루는 법이다. 구체적으로 보면, 「국가정보화 기본법」은 "국가정보화의 기본 방향과 관련 정책의 수립·추진에 필요한 사항을 규정함으로써 지속가능한 지식정보사회의 실현에 이바지하고 국민의 삶의 질을 높이는 것을 목적"으로 하는 법이다(제1조). 여기서 알 수 있듯이, 「국가정보화 기본법」은 '지식정보사회'를 구축하는 데 필요한 법적 근거를 마련하는 것을 목적으로 한다. 이 점에서 「국가정보화 기본법」은 정보보호만을 목적으로 하지는 않는다. 그렇지만 「국가정보화 기본법」은 정보보호에 관한 법적 기초를 제공한다. 예를 들어, 「국가정보화 기본법」은 정보보호에 관한 기본적

개념인 '정보', '정보통신', '정보보호', '정보통신윤리', '정보통신기반', '정보통신서비스', '정보통신서비스 제공자', '이용자' 등을 규정한다(제3조). 특히 정보보호 개념을 정면에서 규정하고 있다는 점이 주목할 만하다. 또한 「국가정보화기본법」은 국가정보화가 초래하는 역기능을 방지하기 위해 정보이용의 안정성 및 신뢰성을 보장할 수 있는 방안을 국가 및 지방단치단체가 마련할 것을 규정한다. 이를테면 정보보호 시책 및 개인정보보호 시책을 수립할 것을 규정하고, 정보보호시스템에 관한 고시를 마련할 것을 규정한다(제37조-제39조). 이러한 점에서 보면, 「국가정보화 기본법」은 정보보호에 관한 법적 기초를 제공하는 법, 달리 말해 정보보호의 출발점에 해당하는 법이라고 말할 수 있다.

2 ▌ 전자정부법

「전자정부법」은 "행정업무의 전자적 처리를 위한 기본원칙, 절차 및 추진방법 등을 규정함으로써 전자정부를 효율적으로 구현하고, 행정의 생산성, 투명성 및 민주성을 높여 국민의 삶의 질을 향상시키는 것을 목적"으로 하는 법이다(제1조). 여기서 알 수 있듯이, 「전자정부법」은 전자정부 구현을 목적 및 대상으로 하는 법, 달리 말해 공공영역을 대상으로 하는 법이다. 「전자정부법」은 기본적으로 전자정부 구축 및 실현을 목적으로 하는 법이기에 정보보호와 직접적인 관련을 맺는 것처럼 보이지는 않는다. 「전자정부법」의 내용을 보면, 오히려 행정정보의 공동이용에 더욱 초점을 맞추고 있는 것으로 보인다(제4장). 그렇지만 「전자정부법」 역시 정보보호에 관한 규정을 담고 있다. 예를 들어, 「전자정부법」 제56조는 "정보통신망 등의 보안대책 수립·시행"이라는 표제 아래 다음과 같이 규정한다.[1]

---

1 강조는 인용자가 추가한 것이다.

① 국회, 법원, 헌법재판소, 중앙선거관리위원회 및 행정부는 전자정부의 구현에 필요한 정보통신망과 행정정보 등의 안전성 및 신뢰성 확보를 위한 **보안대책**을 마련하여야 한다.

② 행정기관의 장은 제1항의 보안대책에 따라 소관 정보통신망 및 행정정보 등의 **보안대책**을 수립·시행하여야 한다.

③ 행정기관의 장은 정보통신망을 이용하여 전자문서를 보관·유통할 때 위조·변조·훼손 또는 유출을 방지하기 위하여 국가정보원장이 안전성을 확인한 **보안조치**를 하여야 하고, 국가정보원장은 그 이행 여부를 확인할 수 있다.

④ 제3항을 적용할 때에는 국회, 법원, 헌법재판소, 중앙선거관리위원회의 행정사무를 처리하는 기관의 경우에는 해당 기관의 장이 필요하다고 인정하는 경우에만 적용한다. 다만, 필요하지 아니하다고 인정하는 경우에는 해당 기관의 장은 제3항에 준하는 **보안조치**를 마련하여야 한다.

이렇게 보면, 「전자정부법」 역시 부분적으로 정보보호와 관련을 맺는 법이라고 할 수 있다. 요컨대, 「전자정부법」은 공공영역, 특히 정부에서 행정정보를 보호하는 역할을 수행한다고 말할 수 있다.

3 ▦ 정보통신망법

정보통신망법은 "정보통신망의 이용을 촉진하고 정보통신서비스를 이용하는 자의 개인정보를 보호함과 아울러 정보통신망을 건전하고 안전하게 이용할 수 있는 환경을 조성하여 국민생활의 향상과 공공복리의 증진에 이바지함을 목적으로" 하는 법이다(제1조).[2] 여기서 알 수 있듯이, 정보통신망법은 정보통신망을 이용하는 이용자의 개인정보를 보호하는 것을 주된 목적으로 한다. 또한 정

---

2 정보통신망법에 관해서는 양천수, "정보통신망법 해석에 관한 몇 가지 쟁점", 『과학기술과 법』(충북대) 제8권 제1호(2017. 6), 1–33쪽 참조.

보통신망의 안전한 이용 역시 보장하고자 한다. 이를 위해 정보통신망법은 정보통신서비스 제공자를 규율하는 다양한 규제장치를 마련하고 있다. 이처럼 정보통신망법은 정보통신서비스 제공자와 이용자를 주된 규율 및 보호대상으로 한다는 점에서 민간영역을 관할대상으로 삼는다. 이러한 근거에서 정보통신망법은 민간영역에서 정보보호 및 개인정보보호를 실현하고자 하는 법이라고 말할 수 있다.

4 정보통신기반 보호법

「정보통신기반 보호법」은 "전자적 침해에 대비하여 주요정보통신기반시설의 보호에 관한 대책을 수립·시행함으로써 동 시설을 안정적으로 운용하도록 하여 국가의 안전과 국민생활의 안정을 보장하는 것을 목적"으로 하는 법이다(제1조).[3] 이를 통해 알 수 있듯이, 「정보통신기반 보호법」은 '전자적 침해'에 대비하여 주요정보통신기반시설의 안정성을 보호하고자 한다. 이때 정보통신망 역시 주요정보통신기반시설에 포함되므로, 「정보통신기반 보호법」이야말로 정보보호에 관해 가장 포괄적이면서 기본적인 내용을 담고 있는 법이라고 할 수 있다. 더군다나 주요정보통신기반시설은 공공영역뿐만 아니라 민간영역에서 관리하는 경우도 있으므로, 「정보통신기반 보호법」은 공공영역과 민간영역을 모두 관할하는 정보보호법이라고 말할 수 있다.

5 정보보호산업법

「정보보호산업법」은 "정보보호산업의 진흥에 필요한 사항을 정함으로써 정

---

3 「정보통신기반 보호법」에 관해서는 홍종현, "정보통신기반보호법제의 개선방안 연구", 『법연』 제46권(2015. 3), 48-49쪽 참조.

보보호산업의 기반을 조성하고 그 경쟁력을 강화하여 안전한 정보통신 이용환경 조성과 국민경제의 건전한 발전에 이바지함을 목적"으로 하는 법이다(제1조).4 여기서 알 수 있듯이, 정보보호산업법은 기본적으로 정보보호산업을 대상으로 한다는 점에서 민간영역을 관할하는 법이라고 할 수 있다. 다만 「정보보호산업법」은 정보통신망법이나 정보통신기반 보호법과는 차이가 있는데, 정보통신망법이나 「정보통신기반 보호법」이 전자적 침해로부터 정보보호를 실현하고자 하는 소극적·방어적인 법이라면, 「정보보호산업법」은 정보보호산업을 진흥시킴으로써 정보보호를 실현하고자 하는 적극적인 법이라는 점이다. 물론 정보보호산업 육성이 목표로 하는 것은 궁극적으로는 완벽한 정보보호의 실현이라고 할 수 있다. 그 점에서 「정보보호산업법」 역시 정보보호 관련 법제도에 포함시킬 수 있다.

6 ▍ 중간결론

이상의 논의를 고려하면 현행 정보보호 관련 법제도는 다음과 같이 체계화할 수 있다. 정보보호 영역은 크게 공공영역과 민간영역으로 구분할 수 있다. 공공영역의 정보보호는 기본적으로 「전자정부법」이 관할한다. 이에 대해 민간영역은 정보통신망법이 관할한다. 「정보보호산업법」도 민간영역을 관할하는 정보보호법이라 할 수 있다. 한편 「정보통신기반 보호법」은 공공영역과 민간영역을 모두 포괄하는 정보보호법에 해당한다. 그리고 「국가정보화 기본법」은 정보보호에 관한 법적 출발점이자 토대를 이룬다.

---

4 「정보보호산업법」에 관해서는 박주석·문승일·송기민, "정보보호산업법상 정보보호산업 분쟁조정의 개선과제". 『보안공학연구논문지』 제14권 제4호(2017. 8), 309–320쪽 참조.

제2절 정보통신망법의 현황

먼저 아래에서는 정보통신망을 규율하는 기본법이라 할 수 있는 「정보통신망 이용촉진 및 정보보호에 관한 법률」(이하 '정보통신망법'으로 약칭함)이 어떤 목적과 규제체계를 갖추고 있는지 살펴보도록 한다.5

─── I. 정보통신망법 개관

1️⃣ 정보통신망법의 목적

정보통신망법은 "정보통신망의 이용을 촉진하고 정보통신서비스를 이용하는 자의 개인정보를 보호함과 아울러 정보통신망을 건전하고 안전하게 이용할 수 있는 환경을 조성하여 국민생활의 향상과 공공복리의 증진에 이바지함을 목적"으로 하는 법이다(제1조). 여기서 알 수 있듯이, 정보통신망법은 크게 네 가지 기능을 수행하는 것을 목적으로 한다. 첫째, 정보통신망법은 정보통신망의 이용을 촉진한다. 둘째, 정보통신망법은 정보통신서비스를 이용하는 자의 개인정보를 보호한다. 셋째, 정보통신망법은 정보통신망을 건전하고 안전하게 이용할 수 있는 환경을 조성한다. 넷째, 이러한 세 가지 기능을 수행함으로써 국민생활의 향상과 공공복리의 증진에 이바지한다.

---

5 아래에서 전개하는 서술은 기본적으로 양천수, 『제4차 산업혁명과 법』(박영사, 2017), 70쪽 아래에 바탕을 두었다.

2 정보통신망법의 규범적 구조

정보통신망법은 모두 10개의 장으로 구성된다. 제1장은 총칙으로서 정보통신망법의 목적, 각종 개념정의 등을 규율한다. 제2장은 정보통신망의 이용촉진을 규율한다. 제3장은 전체가 삭제되었다. 제4장은 개인정보보호에 관해 규율한다. 제5장은 정보통신망에서 이용자보호 등을 규율한다. 제6장은 정보통신망의 안정성 확보 방안 등을 규율한다. 제7장은 통신과금서비스에 관해 규율한다. 제8장은 국제협력을, 제9장은 보칙을 규율한다. 마지막으로 제10장은 벌칙을 규율한다. 말하자면 제10장은 정보통신형법의 내용을 담고 있는 셈이다.[6]

── Ⅱ. 규범적 특성 및 규제체계

1 정보통신망법의 규범적 특성

(1) '전문법'으로서 정보통신망법

정보통신망법은 기본적으로 공법, 즉 행정법의 일종이다. 왜냐하면 정보통신망법을 관할하는 주체가 과학기술정보통신부이기 때문이다. 그러나 정보통신망법은 전통적인 공법, 더욱 정확하게 말해 행정법의 성격만을 갖는 것은 아니다. 정보통신망법은 제10장에서 벌칙을 규정하고 있는 것처럼 '정보통신형법' 역시 포함한다. 더 나아가 정보통신망법은 민사법적인 측면과 정보통신기술의 측면 모두 포괄한다. 이러한 측면에서 볼 때, 정보통신망법은 현대사회에서 새롭게 등장하는 '전문법'의 일종이라고 말할 수 있다.[7] 왜냐하면 정보통신망법은

---

6 이러한 정보통신망법의 형법적 문제를 다루는 장윤식·김기범·이관희, "정보통신망법상 정보통신망침입죄에 대한 비판적 고찰", 『경찰학연구』 제14권 제4호(2014. 12), 51–75쪽 참조.

7 전문법에 관해서는 이상돈, "전문법: 이성의 지역화된 실천", 『고려법학』 제39호(2002. 11),

정보통신영역이라는 현대 지능정보사회의 전문화된 영역을 규율대상으로 하면
서 정보통신행정법, 정보통신형법, 정보통신민사법, 정보통신기술 등을 모두 포
괄하는 통합적인 법이기 때문이다.

(2) '과학기술법'으로서 정보통신망법

다음으로 정보통신망법은 과학기술법의 성격을 지닌다. 정보통신망법은 과
학기술, 특히 정보통신기술이 급격하게 발전하면서 이에 효과적으로 대응하기
위해 제정된 법이다. 그런데 과학기술법의 성격을 갖는 정보통신망법은 바로 그
때문에 다음과 같은 문제점을 갖는다. 일반적으로 다른 일반 법규범의 경우에는
일반 법규범과 이러한 법규범이 규율하는 규제대상의 관계에서 볼 때 법규범이
규범적 주도권을 갖는 경우가 많다. 따라서 규제대상의 특성 때문에 해당 법규
범의 규범적 성격이 약화되지는 않는다. 그렇지만 정보통신망법과 같은 과학기
술법에서는 그 관계가 반대로 설정되는 경우가 많다. 법규범이 과학기술체계에
종속되는 것이다. 이러한 이유에서 정보통신기술의 특성 때문에 과학기술법의
규범적 체계성이나 독자성이 약화되는 경우가 많다. 특히 정보통신기술이 비약
적으로 발전하면서 이에 대응하기 위해 법규범이 빈번하게 개정되고, 이로 인해
법규범의 규범적 체계성이 약화되는 경우가 빈번하게 발생한다. 이는 정보통신
망법에 대해서도 그대로 적용된다. 정보통신망법 역시 정보통신기술의 발전에
효과적으로 대응하기 위해 빈번하게 개정이 이루어졌고, 이 와중에서 규범적 체
계가 약화되거나 입법적 실수가 발생하는 경우가 다수 존재한다.[8]

113-151쪽 참조; 이러한 전문법 구상을 도산법에 적용한 경우로는 양천수, "私法 영역에서 등
장하는 전문법화 경향: 도산법을 예로 본 법사회학적 고찰", 『법과 사회』 제33호(2007. 12),
111-135쪽 참조.

[8] '주요정보통신서비스 제공자'의 개념을 명문으로 규정하지 않은 것이 그 예에 해당한다.

(3) 공익과 개인적 이익이 공존하는 법

나아가 정보통신망법은 공익과 개인적 이익이 공존하는 법이라고 말할 수 있다. 이는 앞에서 소개한 정보통신망법의 규범목적에서 확인할 수 있다. 정보통신망법은 한편으로 공익을 보장하고자 한다. 이를테면 정보통신망법은 정보통신망의 이용을 촉진하고, 정보통신망을 건전하고 안전하게 이용할 수 있는 환경을 조성한다. 이를 통해 국민생활의 향상과 공공복리의 증진에 기여한다. 다른 한편으로 정보통신망법은 정보통신서비스를 이용하는 자의 개인정보를 보호한다.[9] 이처럼 정보통신망법은 공익과 개인적 이익을 동시에 추구한다. 이러한 근거에서 공익과 개인적 이익은 정보통신망법 안에서 공존한다.

2 ■ 정보통신망법의 규제체계

(1) 규제체계

정보통신망법은 특히 정보통신망의 안정성을 확보하기 위해 다음과 같은 세 가지 유형의 규제체계를 마련하고 있다.

첫째는 사전점검을 통한 규제이다.[10] 이는 일종의 자율규제에 속한다. 사전점검과 밀접하게 관련을 맺는 인증제도 역시 자율규제, 더욱 정확하게 말하면 '절차주의적 규제'에 해당한다.[11]

둘째는 침해사고에 대한 규제이다. 이는 전통적인 규제방식에 해당한다.

9　바로 이러한 근거에서 정보통신망법의 관할영역과 개인정보보호법의 관할영역이 경합하기도 한다. 이 문제에 관해서는 박노형, "개인정보보호법과 정보통신망법의 관계 분석: 개인정보보호법 제6조를 중심으로", 『안암법학』 제41호(2013. 5), 133–157쪽; 심우민, "개인정보 보호법제의 체계간 정합성 제고방안", 『영산법률논총』 제12권 제1호(2015. 6), 51–67쪽 등 참조.

10　정보통신망법 제45조의2 참조.

11　정보보호 관리체계의 인증에 관해서는 정보통신망법 제47조 참조; 절차주의적 규제에 관해서는 우선 G.-P. Calliess, *Prozedurales Recht* (Baden-Baden, 1999) 참조.

정보통신망에 대한 침해사고가 발생하지 않도록 규제를 통해 이를 직접적으로 억제하는 것이다. 정보통신망법 제48조가 마련하고 있는 규제나 제10장이 규율하는 각종 벌칙 등이 이러한 규제방식에 해당한다.

셋째는 침해사고의 원인을 분석하고 이를 보고하도록 하는 규제방식이다.[12] 말하자면 '반성적 피드백 절차'를 통한 규제인 셈이다. 물론 엄밀히 말하면, 이를 규제라고 말할 수 있을지 의문이 들 수 있다. 왜냐하면 규제는 기본적으로 피규제자들의 행위를 제한하는 것을 목표로 하는데, 이러한 반성적 피드백 절차는 피규제자들의 행위를 제한하는 것을 직접적인 목표로 삼기보다는 침해사고의 원인을 분석하고 이를 보고하도록 하는 데 목표를 두기 때문이다. 그렇지만 반성적 피드백 절차를 마련하면, 이를 활용함으로써 현재 시행되고 있는 규제체계의 문제점을 파악할 수 있고 이를 통해 규제체계가 더욱 실효성을 높일 수 있도록 개선할 수 있다. 이 점에서 반성적 피드백 절차 역시 규제체계의 일부로 이해할 수 있다. 달리 말하면, 반성적 피드백 절차는 반성적 규제절차의 중요한 일부분을 구성하는 것이다.[13]

(2) 자율규제·절차주의적 규제의 우선

위에서 살펴본 것처럼, 정보통신망법은 전통적인 규제방식 이외에도 반성적 피드백 절차 및 자율적·절차주의적 규제방식을 채택하고 있다. 과학기술정보통신부와 같은 국가기관이 정보통신망법의 수범자들을 직접 규율하는 방식이외에도 정보통신망법에서 정보통신 관련 서비스를 제공하는 데 중요한 역할을 수행하는 정보통신서비스 제공자들이 자율적으로 자신들에게 적합한 규제체계를 마련하고 이를 준수할 수 있도록 유도하고 있는 것이다. 특히 사전점검과 인증을 강조함으로써 자율규제와 절차주의적 규제가 정보통신망법에서 중요한 지위를 차지하고 있음을 보여준다.

---

12 정보통신망법 제48조의4 참조.

13 반성적 규제절차에 관해서는 G. Teubner, "Reflexives Recht: Entwicklungsmodell des Rechts in vergleichender Perspektive", in: *ARSP* (1982), 18쪽 아래 참조.

(3) 기술적·물리적 규제(architectural regulation) 사용

마지막으로 언급할 만한 것으로는 정보통신망법은 '아키텍처 규제'(architectural regulation), 즉 '기술적·물리적 규제'를 사용하고 있다는 점이다.[14] '기술적·물리적 규제'는 인터넷 시대가 도래하면서 새롭게 각광을 받고 있는 규제방식이라고 말할 수 있는데, 정보통신망법은 이러한 규제방식을 적극 도입하고 있는 것이다. 이러한 기술적·물리적 규제의 예로서 정보통신망법 제45조 제3항을 들수 있다.[15]

---

[14] 기술적·물리적 규제에 관해서는 심우민, "정보통신법제의 최근 동향: 정부의 규제 개선방안과 제19대 국회 전반기 법률안 중심으로", 『언론과 법』 제13권 제1호(2014. 6), 90쪽; Lee Tein, "Architectural Regulation and the Evolution of Social Norms", *Yale Journal of Law and Technology* 7 (1)(2005) 등 참조.

[15] 이에 관해서는 유대종, "정보통신망법상 접근통제와 내부망에 관한 검토: 개인정보의 기술적·관리적 보호조치 기준 제4조 제4항을 중심으로", 『정보법학』 제20권 제2호(2016. 9) 참조.

제3절 정보통신기반 보호법의 현황

──── Ⅰ. 정보통신기반 보호법 개관

1 정보통신기반 보호법의 입법목적

인터넷의 발달에 따른 정보화 사회가 대두됨에 따라 정부는 2001년 국가적으로 중요한 기반시설을 보호하기 위해 「정보통신기반 보호법」을 제정하였다. 동법은 "전자적 침해행위에 대비하여 주요정보통신기반시설의 보호에 관한 대책을 수립·시행함으로써 동 시설을 안정적으로 운용하도록 하여 국가의 안전과 국민생활의 안정을 보장하는 것을 목적으로" 하는 법이다(제1조). 여기에서 알 수 있듯이 동법은 첫째, 전자적 침해행위에 대비하고, 둘째, 주요정보통신기반시설의 보호에 관한 대책을 수립·시행하여 안정적으로 운용하고, 셋째, 국가의 안전과 국민생활의 안정을 보장하는 것을 목적으로 하는 것으로 볼 수 있다. 즉, 동법은 지능정보사회의 안전을 위하여 해킹, 컴퓨터바이러스, 논리·메일폭탄, 서비스거부 또는 고출력 전자기파 등 각종 전자적 침해행위에 대비하여 정보통신기반시설을 보호하기 위하여 이에 대응할 수 있는 조직 및 보호체계를 갖추고 주요정보통신기반시설의 취약점 분석·평가와 이에 기초한 적절한 보호대책의 수립 및 시행 등을 하기 위한 근거 법률인 것이다.16

---

16 동법의 적용대상이 되는 해킹, 컴퓨터바이러스 등 침해행위의 태양은 2000년 9월 1일부터 시행되었던 정보통신부의 「정보통신서비스 정보보호지침」을 참조한 것으로, 정보통신서비스 정보보호지침 제2조 제4호에서는 침해사고의 정의를 "해킹 및 컴퓨터바이러스의 유포 등으로 인하여 정보시스템의 정상적인 운영에 대한 방해, 정보의 유출, 파괴, 위조 및 변조 등이 발생한 사태"로 규정하고 있다.

2 ■ 정보통신기반 보호법의 규범적 특성

(1) 정보보호법제

「정보통신기반 보호법」의 일차적인 목적은 "전자적 침해행위로부터 정보통신기반시설을 안정적으로 운용하도록" 하는 것이다. 우리나라는 정보통신망의 보호와 관련하여 「정보통신망법」을 기본으로 하면서, 「정보통신기반 보호법」, 「정보보호산업의 진흥에 관한 법률」, 「정보통신산업 진흥법」, 「정보통신 진흥 및 융합 활성화 등에 관한 특별법」 등을 두어 각 분야별 및 적용대상별로 개별적으로 규정하고 있는 체계를 마련하고 있다. 특히 「정보통신기반 보호법」은 오늘날과 같은 지능정보사회에서 사이버상의 전자적 침해로부터 정보통신망을 포함한 주요정보통신기반시설의 안정적인 운용으로써 정보보호를 실현하는 목적으로 지니고 있다. 아래 〈표 3-1〉에서 살펴볼 수 있는 것과 같이 정보통신망 및 정보시스템의 안전한 이용, 침해행위의 처벌, 정보보호 여건 구축 등을 규정하고 있는 동법은 사이버 보안 및 정보보호에 직접적으로 맞닿는 법제라고 이해될 수 있다.

■■ 표 3-1. 정보보호 관련 주요 법령

부문	법령명
정보통신망 및 정보시스템의 안전한 이용	국가정보화 기본법, **정보통신기반 보호법**, 정보통신망 이용촉진 및 정보보호 등에 관한 법률, 전자정부법, 전자서명법, 국가사이버안전관리규정 등
침해행위의 처벌	**정보통신기반 보호법**, 정보통신망 이용촉진 및 정보보호 등에 관한 법률, 전자무역 촉진에 관한 법률, 형법 등
국가기밀보호 및 중요 정보 국외유출 방지	군사기밀보호법, 보안업무규정, 군형법, 산업기술의 유출방지 및 보호에 관한 법률, 기술의 이전 및 사업화 촉진에 관한 법률, 민·군겸용기술사업 촉진법 등
정보보호 여건 구축	정보보호산업의 진흥에 관한 법률, **정보통신기반 보호법**, 국가사이버안전 관리규정 등
개인정보보호	개인정보 보호법, 정보통신망 이용촉진 및 정보보호 등에 관한 법률, 신용정보의 이용 및 보호에 관한 법률 등

※ 자료: 2017 국가정보보호백서

(2) 국가안보에 관한 법제

「정보통신기반 보호법」의 궁극적인 목적은 정보통신기반시설을 안정적으로 운용하도록 하여 "국가의 안전과 국민생활의 안정을 보장하는 것"이다. 이는 동법 제2조 제1호 정보통신기반시설의 정의에서도 잘 나타나듯이, 그 규율대상이 국가안전보장·행정·국방·치안·금융·통신·운송·에너지 등의 업무와 관련된 시설 등과 관련되어 있다. 이러한 시설의 안정적 운용의 의미는 정보통신과 관련된 시설에 국한되는 것이 아니라, 국가안보에 관한 시설이라는 더욱 넓은 의미로서 국가적 차원의 보호 의미를 내포하고 있다. 현대사회에서 이루어지는 사이버상의 보안 침해는 국가적 혼란을 초래할 수 있는 중대한 위험인 것이다. 이에 「정보통신기반 보호법」은 정보보호법제와 국가안보에 관한 법제로서의 성격을 함께 지닌다고 볼 수 있다.

(3) 사전예방 중심의 규제체계

한편 「정보통신기반 보호법」은 각종 전자적 침해행위로 인한 사고 발생 이후에 타 법률에 따른 형사처벌 규정 중심으로는 대응하기에 한계가 있음을 인지하여, 정보통신기술을 이용한 주요기반시설의 정보시스템에 대한 침해행위로부터 이들 정보시스템을 보호하기 위한 국가 차원의 보호체계를 갖추어 사전에 적극적으로 예방하기 위한 내용을 중심으로 규율하고 있다.17 물론 제7장에서 벌칙을 두어 침해사고에 대한 규제도 포함하고 있어 정보통신형법의 성격도 지니고 있다고 하겠다.

---

17 홍종현·조용혁, 『정보통신기반보호법령의 개선방안에 대한 연구』(한국법제연구원, 2014), 21쪽 참조.

3 ▨ 정보통신기반 보호법의 구성내용

「정보통신기반 보호법」은 2001년 제정된 이후 2019년 5월 현재까지 6번의 일부 개정을 거쳤으며, 이 중 2007년 12월 21일 개정안이 주목할 만하다. 당시 개정 내용을 살펴보면, 대통령령이 정하는 국가기관의 장이 중앙행정기관에 주요정보통신기반시설의 지정을 권고할 수 있도록 하고, 주요정보통신기반시설 보호대책의 이행 여부를 확인할 수 있도록 하는 당시 제도의 운영상 나타난 일부 미비점을 개선·보완하였다. 2007년 개정으로 인해 주요정보통신기반시설의 지정대상이 국가 및 공공기관뿐만 아니라 민간이 운영, 관리하는 정보통신기반시설이 포함되어 전자적 침해행위 발생 시 국가안보, 국민의 기본생활 및 경제 안정에 중대한 영향을 미치게 되는 국가안전보장·행정·국방·치안·방송통신·운송·에너지 등의 업무와 관련된 전자적 제어, 관리시스템과 정보통신망이 포함되었다는 점에서 그 의의가 있다.[18]

「정보통신기반 보호법」은 총 7개의 장으로 구성되어 있으며, 주요정보통신기반시설의 보호체계(제2장), 주요정보통신기반시설의 지정 및 취약점 분석(제3장), 주요정보통신기반시설의 보호 및 침해사고의 대응(제4장) 등의 조문이 핵심 내용을 이루고 있다.

─ 표 3-2. 정보통신기반 보호법의 조문구성

구분	조문의 내용
제1장 총칙	제1조 목적 제2조 정의
제2장 주요정보통신기반시설의 보호 체계	제3조 정보통신기반보호위원회 제4조 위원회의 기능 제5조 주요정보통신기반시설보호대책의 수립 등 제5조의2 주요정보통신기반시설보호대책 이행 여부의 확인 제6조 주요정보통신기반시설보호계획의 수립 등 제7조 주요정보통신기반시설의 보호지원

---

18 호서대학교 산학협력단, 『주요정보통신기반보호 강화 방안 마련』(한국인터넷진흥원, 2013), 11쪽 아래 참조.

구분	조문의 내용
제3장 주요정보통신기반시설의 지정 및 취약점 분석	제8조 주요정보통신기반시설의 지정 등 제8조의2 주요정보통신기반시설의 지정 권고 제9조 취약점의 분석·평가
제4장 주요정보통신기반시설의 보호 및 침해사고의 대응	제10조 보호지침 제11조 보호조치 명령 등 제12조 주요정보통신기반시설 침해행위 등의 금지 제13조 침해사고의 통지 제14조 복구조치 제15조 대책본부의 구성등 제16조 정보공유·분석센터
제5장 삭제 〈2009.5.22〉	
제6장 기술지원 및 민간협력 등	제24조 기술개발 등 제25조 관리기관에 대한 지원 제26조 국제협력 제27조 비밀유지의무
제7장 벌칙	제28조 벌칙 제29조 벌칙 제30조 과태료

※ 정보통신기반 보호법(시행 2018. 5. 22. 법률 제15376호)

II. 정보통신기반 보호법의 적용범위

1 인적 적용범위: 공공부문과 민간부문의 통합적 규율

「정보통신기반 보호법」은 원칙적으로 법률상 모든 자연인과 법인에게 적용될 것이나, 구체적으로는 동법에서 규정하는 전자적 침해행위 대응과 관련한 의무 부담자를 국가, 지방자치단체, 기타 공공기관 등 공공부문에 한정하지 않고 민간부문이라도 정보통신기반시설의 관리기관으로서 중요한 역할을 하는 경우에는 이를 포함하고 있다.[19]

---

19 사단법인 정보통신법포럼, 『정보통신기반 보호법제 연구』(한국인터넷진흥원, 2013), 77쪽 아래

동법에서 민간이 운영·관리하는 정보통신기반시설을 포함한 이유는 정보통신기반시설은 정부(국방·행정망)나 공사(전력·가스망·에너지)가 운영하는 경우도 있으나, 금융·통신·항공 등 주요정보통신기반시설에 대한 민영화가 추진되면서 전자적 침해행위로부터 보호해야 할 주요 민간 정보통신시스템의 범위가 점차 확대되고 있기 때문이다.

또한 클라우드 컴퓨팅 데이터 센터나 인터넷 데이터 센터와 같이 침해사고가 발생할 경우 사회·경제적 파급효과가 큰 새로운 형태의 민간 정보통신시스템이 출현·확대되고 있다. 이에 따라 민간에서 운영하는 이들 주요사회기반시설이 마비될 경우, 그 사회·경제적 영향이 매우 클 뿐만 아니라, 정보시스템의 상호연결로 인하여 우회적 침투 경로가 될 가능성이 있다. 따라서 민간의 정보통신기반시설 운영자에게 일정한 보호의무를 부과할 필요가 있으므로 법령의 적용범위에 포함하게 되었다. 그러나 이로 인해 정보통신기반 보호체계는 공공부문과 민간부문으로 분리되었고, 이렇게 분리된 보호체계는 정책의 조정을 필요로 하게 되었다.[20]

2 ▌ 물적 적용범위: 주요정보통신기반시설

우선 「정보통신기반 보호법」에서 정보통신기반시설은 "국가안전보장·행정·국방·치안·금융·통신·운송·에너지 등의 업무와 관련된 전자적 제어·관리시스템 및 「정보통신망법」 제2조 제1항 제1호의 규정에 의한 정보통신망"이라고 규정하고 있다(제2조 제1호). 「정보통신망법」상 정보통신망의 정의 규정을 직접 적용하면, 정보통신기반시설은 '국가안전보장·행정·국방·치안·금융·통신·운송·에너지 등의 업무와 관련된 전자적 제어·관리시스템과 전기통신을 하기 위한 기계·기구·선로 기타 전기통신에 필요한 설비를 활용하거나 전기통신설비

참조.

[20] 홍종현·조용혁, 『정보통신기반보호법령의 개선방안에 대한 연구』, 30쪽.

와 컴퓨터 및 컴퓨터의 이용기술을 활용하여 정보를 수집·가공·저장·검색·송신 또는 수신하는 정보통신체제'를 의미한다.

그리고 형식적 요건으로 「정보통신기반 보호법」 제8조에 규정된 요건을 고려하여 정보통신기반시설로 '지정'될 것을 요한다. 주요정보통신기반시설로 지정되는 경우 주요정보통신기반시설은 "기능장애나 시설파괴 등으로 인하여 국민의 기본생활과 경제안정에 중대한 영향을 미치게 되는 정보통신기반시설로서 본법에 의해 지정된 정보통신기반시설"을 의미하게 된다.[21]

— 표 3-3. 정보통신기반시설의 운영과 관련되는 정보통신시스템의 구성요소

시스템	내용	구체적 예
제어·운영 시스템	사회기반시설을 직접적으로 제어·운영하는 데 관계되는 시스템으로, 마비되면 사회기반시설이 제공하는 서비스가 중단되는 시스템	전력부문의 변·발전 및 송·배전시스템, 금융부문의 입·출금·이체관련 시스템, 통신부문의 망관리시스템 및 교환시스템 등
정보 시스템	마비되더라도 사회기반시설의 제공이 중단되지는 않으나 업무에 중대한 혼란을 초래하는 시스템	경영정보시스템, 예약·과금관련 시스템 등
통신망	교환설비: 제어·운영·정보시스템 간 통신신호를 교환하는 데 필요한 설비	교환기, 라우터 등
	전송설비: 통신신호의 전송에 관련되는 설비	전송단국장치, 중계장치, 다중화장치, 분배장치 등
	선로설비: 통신신호를 전송하는 데 사용하는 전송매체	전주, 관로, 통신구, 배관, 맨홀, 배선반 등

동법의 보호대상(정보통신기반시설)에 대한 적용범위를 세부적으로 살펴보면 다음과 같다. 동법의 보호대상에는 기본적으로 주요 사회기반시설을 제어·운영·관리하는 데 관계되는 제어·운영시스템과 정보시스템, 통신망시설 중 교환설비

---

21 2017년 1월 현재 정보통신 및 미디어, 금융기관, 교통수송, 에너지, 원자력, 식·용수, 의료, 보건 복지, 정부기관, 사회안전시설, 건설·환경, 지리정보, 기타 등의 분야에서 19개 관계중앙행정기관, 227개 관리기관, 393개 기반시설이 지정·관리되고 있다. 한국인터넷진흥원, 『2017년 국가정보보호백서』(2017), 165쪽.

가 포함되며, 정보통신기술의 발달로 전송·교환설비가 통합되는 추세로, 외부 전용망을 통해 시스템이 원격 제어되는 경우 전송시설의 침해를 통하여 전체시스템의 장애나 마비를 가져올 수 있으므로, 통신구를 포함한 전송·선로설비를 포함하는 의미에서 「정보통신망법」의 '정보통신망'과 같이 포괄적인 정의를 채택하고 있다.

다음으로 전자적 침해행위 외에 홍수·지진·화재 등 재난이나 물리적 테러의 동법 적용여부에 관한 것이 문제될 수 있다. 물리적 침해행위로 인한 결과의 발생가능성이 존재하므로 이에 대한 규제범위의 포함여부가 문제가 될 수 있으나, 홍수·지진·화재 등 재난에 의한 보호대책에 대해서는 현재 「재난 및 안전관리 기본법」, 「자연재해대책법」 등 관련 법률이 이미 존재하고, 각 법률에 의해 대응조직과 대책수립 등이 규정되어 있다. 이들 법률은 다만 전자적 침해행위와 함께 물리적 침해행위가 발생한 경우에도 적용이 가능한지는 의문이다. 정보통신기반 보호법이 정보보호법제로서 완전한 기능을 갖추기 위해서는 물리적 침해행위에 대한 대비와 대책을 포함하는 해석을 고려할 필요가 있다.

한편 정부·공공분야는 「국가정보원법」에 근거한 '보안업무규정' 등에서 주요 시설·장비의 보호에 대하여 규정하고 있으며, 국가중요시설에 대한 물리적 테러는 국가정보원의 '보안업무규정'(대통령령) 등 관련 규정에 의해 보안대책을 수립하도록 되어 있다. 따라서 「정보통신기반 보호법」에는 주요정보통신기반시설에 대한 새로운 침해유형으로서 전자적 침해행위에 대한 기술적 대책을 세우도록 하되, 기존의 관련 법률에 대응조직 및 대책수립이 명시되어 있는 경우에는 그 법에 따르도록 하고 있다.

───── Ⅲ. 정보통신기반시설의 보호체계

1️⃣ 정보통신기반보호위원회의 운영

　　정보통신기반시설에 대한 전자적 침해행위에 효과적으로 대응하기 위해서 「정보통신기반 보호법」은 정보통신기반보호위원회를 운영하도록 하고 있다. 동 위원회는 국무조정실장이 위원장이며, 위원장을 포함한 대통령령이 정하는 중앙행정기관의 차관급 공무원으로 하는 위원 25인 이내로 구성된다.

　　「정보통신기반 보호법」은 주요정보통신기반시설의 안정적인 관리 및 운영이 이루어지도록 정보통신기반보호위원회에서 정보통신기반 보호정책 수립과 시행을 총괄·조정함으로써 관계중앙행정기관 간 침해사고 예방 및 대응 업무가 상호 협력 및 보완될 수 있도록 하고 있다. 동 위원회의 주요 임무로는 주요정보통신기반시설 보호정책의 조정, 보호계획의 종합·조정, 보호계획의 추진 실적, 주요정보통신기반시설 보호와 관련된 제도의 개선 및 기반시설의 신규 지정 및 변경 정책 등을 심의하는 것이다.

　　정보통신기반보호위원회의 운영 및 지원의 효율성을 높이기 위해 정보통신기반보호실무위원회 민간분야와 공공분야로 구분되어 설치되어 있다. 동 실무위원회는 정보통신기반보호위원회에 제출된 안건과 정보통신기반보호위원회로부터 위임받거나 정보통신기반보호위원회의 위원으로부터 지시받은 사항을 검토·심의하는 등 정보통신기반보호위원회의 효율적인 운영을 돕는다.[22]

2️⃣ 주요정보통신기반시설 보호 추진체계

　　주요정보통신기반시설을 관리하는 기관은 취약점 분석·평가의 결과에 따

---

22 안성진·박봉선·오경선·권지영, 『주요 정보통신기반시설에 대한 효율적 관리방안 연구』(미래창조과학부, 2015), 44쪽.

라 소관 주요정보통신기반시설을 안전하게 보호하기 위한 물리적·기술적 대책
을 포함한 관리대책을 수립·시행하고, 관계중앙행정기관에 보호대책을 제출,
정보보호책임자를 지정하여야 하며, 정기적인 취약점의 분석·평가를 위한 전담
반을 구성하여 분석·평가를 수행하여야 한다.23 마지막으로 침해사고사실을 관
계행정기관, 수사기관 혹은 한국인터넷진흥원에 통지하여야 하는 의무를 지고
있다.

주요정보통신기반시설의 보호를 위한 지원기관으로는 한국인터넷진흥원(KISA),
국가보안기술연구소, 정보공유·분석센터(ISAC), 정보보호 전문서비스기업 등이
있으며, 이들 지원기관은 주요정보통신기반시설 보호대책의 수립 및 침해사고
예방·복구 등에 대한 기술적 지원을 수행한다.24

관계중앙행정기관의 장은 기반시설을 관리하는 기관에 관련 자료의 제출
을 요청할 수 있으며, 보호지침을 제정하여 권고할 수 있고, 해당 관리기관의
장에게 주요정보통신기반시설의 보호에 필요한 조치를 명령 또는 권고할 수 있
다. 또한 관리기관의 지원요청을 받은 때에는 피해복구가 신속히 이루어질 수
있도록 기술지원, 복구지원, 복구비 등의 지원을 할 수 있다.

뿐만 아니라, 관계중앙행정기관의 장은 다음과 같은 세 가지 책무를 지게
되는데, 소관분야의 정보통신기반시설을 지정하고 주요정보통신기반시설의 보
호계획을 수립하고 시행하여야 하며, 전년도 보호계획 추진실적과 차년도 보호
계획을 위원회에 제출하여야 한다.

한편 과학기술정보통신부와 국가정보원은 주요정보통신기반시설 보호체계
의 간사역할을 담당하며, 과학기술정보통신부는 민간분야를 국가정보원은 공공
분야를 담당하고 있다. 두 기관은 관계중앙행정기관에 이행여부 확인을 위한 보
호대책 등의 자료제출을 요청할 수 있으며, 이행여부 확인 결과 보완이 필요하
다고 판단되는 관리기관에 대한 개선을 권고할 수 있고, 관계중앙행정기관에 보
호대책 및 보호계획 수립지침을 통보할 수 있다. 동종 산업분야별 기반시설을

---

23 아래의 내용은 호서대학교 산학협력단, 『주요정보통신기반보호 강화 방안 마련』, 12쪽 이하 참조.
24 안성진·박봉선·오경선·권지영, 『주요 정보통신기반시설에 대한 효율적 관리방안 연구』, 46쪽.

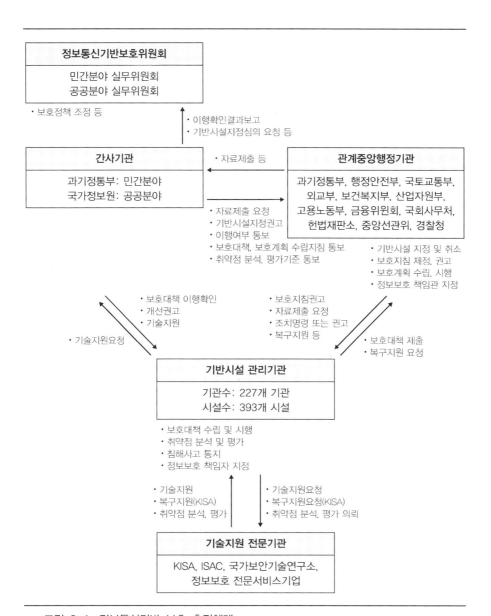

그림 3-1. 정보통신기반 보호 추진체계

보호하기 위하여 정보결함 및 침해요인 관련정보를 제공하고, 실시간 경보·분석 체계를 운영하고자 하는 자는 정보공유·분석센터(Information Sharing & Analysis Center, ISAC)를 구축·운영할 수 있다.

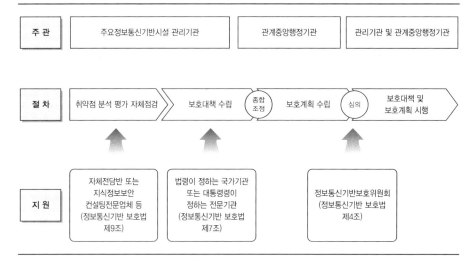

— 그림 3-2. 정보통신기반 보호계획 및 대책 수립절차

※ 자료: 2017년 국가정보보호백서

또한 두 기관은 보호대책 이행여부를 확인해야 하며, 관계중앙행정기관에 보호대책 및 보호계획 수립지침을 통보하여야 하고, 보호대책 이행에 대하여 정보통신기반보호위원회에 보고하여야 한다.

제4절 정보보호산업 진흥에 관한 법률의 현황

── I. 개 관

1 입법배경

오늘날 국민생활과 사회기반 전반에 정보통신기술 분야의 의존도가 확산되면서 사이버 피해는 급증하고, 사이버 위협은 사회안정과 국가안위로 직결되고 있다. 이러한 상황에서 사이버 공간의 보호 및 정보보호 역량 강화를 위해서는 안정된 정보보호산업의 뒷받침 및 정부차원에서의 종합적이고 체계적인 정보보호산업 진흥에 관한 규율이 필요하다. 이에 국내 정보보호 시장을 확대하고, 정보보호 전문가를 양성하며, 세계 최고 수준의 정보보호 제품을 개발할 필요가 제고되고 있다. 이러한 견지에서 정보보호 제품에 대한 수요확충과 신시장 창출, 정보보호 전문인력의 체계적 양성·관리 및 세계적 정보보호 기업 육성 지원 등의 법적 근거를 마련하고, 정보보호산업의 기반 구축과 경쟁력을 강화함으로써 국민생활의 향상과 국민경제의 건전한 발전에 기여하고자 「정보보호산업 진흥에 관한 법률」(이하 '정보보호산업법'으로 약칭함)을 제정하게 되었다.

2 규범목적

정보보호산업법 제1조에 따르면, 이 법은 "정보보호산업의 진흥에 필요한 사항을 정함으로써 정보보호산업의 기반을 조성하고 그 경쟁력을 강화하여 안전한 정보통신 이용환경 조성과 국민경제의 건전한 발전에 이바지함을 목적으로 한다." 요컨대, 정보보호산업을 육성함으로써 정보보호를 달성하고자 하는 것이다.

3 ■ 핵심목표

이러한 정보보호산업법은 네 가지 핵심목표를 추구한다. 첫째는 정보보호 산업에 관한 건전한 발주관행을 정착시키는 것이다. 특히 최저가로 발주하는 관행을 개선하고자 한다. 이는 법 제10조가 규정하는 "적정한 수준의 대가"에 서 확인할 수 있다. 둘째는 원천핵심기술의 경쟁력을 강화하는 것이다. 셋째는 정보보호 전문인력을 체계적으로 양성하는 것이다. 넷째는 글로벌 정보보호기 업을 육성하고 지원하는 것이다.

── II. 전체구조, 규범적 특성 및 규제체계

1 ■ 전체구조

정보보호산업법은 모두 일곱 개의 장으로 구성된다. 제1장은 총칙으로서, 여기에서는 규범목적, 주요개념, 국가 및 지자체의 책무, 정보보호산업 진흥계 획 수립을 규정한다. 여기서 규정하는 주요개념으로는 정보보호, 정보보호산업, 정보보호 기업, 이용자, 공공기관, 정보보호 준비도 평가를 들 수 있다. 특히 이 법에서 정보보호 개념을 명확하게 정의하고 있다는 점에서 그 의미가 있다.

제2장은 정보보호산업의 활성화를 규정한다. 구체적으로는 구매수요정보 의 제공, 공공기관 등의 정보보호시스템 구축 계약, 정보보호시스템의 하자담보 책임, 정보보호제품 및 정보보호서비스의 대가, 정보보호산업의 융합 촉진, 정 보보호 준비도 평가 지원, 정보보호 공시를 규정한다.

제3장은 정보보호산업 진흥의 기반조성을 규정한다. 구체적으로는 기술개 발 및 표준화 추진, 전문인력 양성, 국제협력 추진, 성능평가 지원, 우수 정보보 호기술 및 우수 정보보호기업의 지정, 자금융자, 수출 지원, 세제 지원, 정보보 호 전문서비스 기업의 지정·관리, 한국정보보호산업협회의 설립을 규정한다.

제4장은 분쟁조정위원회를 규정한다.

제5장은 이용자의 보호조치 등을 규정한다. 구체적으로는 이용자의 보호시책, 청약철회, 이용자보호지침의 제정, 공공기관의 정보보호 조치를 규정한다.

이어서 제6장에서는 보칙을 그리고 마지막 제7장에서는 벌칙을 규정한다.

2 ■ 규범적 특성

정보보호산업법은 다른 정보통신 관련법이 그런 것처럼 정보보호산업 진흥을 중심으로 하여 다양한 성격의 법규정을 종합적으로 담고 있다. 이를테면 행정법, 민법(도급계약), 소비자법(이용자 보호), 민사절차법(분쟁조정위원회), 형법(벌칙)의 성격을 갖는 규정을 모두 갖고 있다. 이 점에서 정보보호산업법은 전문법의 일종이라고 말할 수 있다. 또한 이에 따라 각기 상이한 법원리가 정보보호산업법 안에서 병존한다. 법치주의, 사적자치, 거래의 공정성이 바로 그것이다.

3 ■ 규제체계

규제체계의 측면에서 보면, 정보보호산업법은 자율규제와 타율규제를 모두 갖추고 있다. 자율규제로는 정보보호 준비도 평가, 정보보호 공시를 들 수 있다. 타율규제로는 벌칙에서 규정하는 형벌과 행정벌을 들 수 있다.

디지털 트랜스포메이션과 정보보호
: 정보통신망법의 해석과 정책

정보통신망법 제6장 해설

_4장
정보통신망법 제6장 해설

제4장에서는 정보보호 관련 법률 중에서 정보보호, 특히 사이버 보안에 관해 중요한 기능을 수행하는 정보통신망법의 규범적 의미내용을 해설하고자 한다. 특히 사이버 보안과 직접 관련을 맺는 정보통신망법 제6장의 규범적 의미내용을 '주해' 형식으로 밝히고자 한다. 물론 정보통신망법의 규범적 의미내용을 완전하게 밝히려면 법 전체를 주해할 필요가 있다. 하지만 여러 여건을 고려하여 이는 추후에 수행해야 할 과제로 남겨두고자 한다.

제1절 정보통신망의 안정성 확보 등

제45조(정보통신망의 안정성 확보 등) ① 정보통신서비스 제공자는 정보통신서비스의 제공에 사용되는 정보통신망의 안정성 및 정보의 신뢰성을 확보하기 위한 보호조치를 하여야 한다.
② 과학기술정보통신부장관은 제1항에 따른 보호조치의 구체적 내용을 정한 정보보호조치에 관한 지침(이하 "정보보호지침"이라 한다)을 정하여 고시하고 정보통신서비스 제공자에게 이를 지키도록 권고할 수 있다.
③ 정보보호지침에는 다음 각 호의 사항이 포함되어야 한다.
1. 정당한 권한이 없는 자가 정보통신망에 접근·침입하는 것을 방지하거나 대응하기 위한

정보보호시스템의 설치·운영 등 기술적·물리적 보호조치

2. 정보의 불법 유출·위조·변조·삭제 등을 방지하기 위한 기술적 보호조치

3. 정보통신망의 지속적인 이용이 가능한 상태를 확보하기 위한 기술적·물리적 보호조치

4. 정보통신망의 안정 및 정보보호를 위한 인력·조직·경비의 확보 및 관련 계획수립 등 관리적 보호조치

⸺ I. 서 론

1️⃣ 의의 및 기본취지

정보통신망법 제45조는 정보통신망의 안정성 및 정보의 신뢰성을 보장하기 위해 정보보호조치 이행에 관한 정보통신서비스 제공자의 책무를 규정하고 있다. 이는 기본적으로 정보통신망의 안정성 등을 확보하기 위한 정보통신서비스 제공자의 자발적 노력을 권고 또는 촉구하는 규정이라고 할 수 있다. 이러한 측면에서 책무 위반에 관한 별도의 벌칙 및 행정제재 규정을 두고 있지 않다.

정보통신망법 제45조는 정보통신서비스 제공자의 책무 내용의 구체화를 위하여 과학기술정보통신부장관으로 하여금 「정보보호조치에 관한 지침」을 정하여 고시하고 이를 준수하도록 권고할 수 있게 규정하고 있다.

2️⃣ 기본구조

정보통신망법 제45조는 제1항에서 정보통신서비스 제공자의 정보보호조치 책무를 규정하고, 제2항에서 과학기술정보통신부장관의 「정보보호조치에 관한 지침」(고시) 제정에 대해 규정하고 있으며, 제3항은 「정보보호조치에 관한 지침」에 관한 개괄적인 사항을 규정하고 있다.

—— II. 주요내용

1 정보통신서비스 제공자의 정보보호조치(제45조 제1항)

(1) 의의

정보통신망법 제45조 제1항은 "정보통신서비스 제공자"로 하여금 "정보통신서비스에 사용되는 정보통신망"의 안정성과 신뢰성을 확보하기 위한 정보보호조치를 취해야 하는 책무를 규정하고 있지만, 이를 이행하지 않은 경우에 대한 벌칙 및 제재조치를 규정하고 있지 않다.

따라서 정보통신망법 제45조 제1항은 정보통신서비스 제공자의 자율적 책무 이행을 규정한 것이라고 할 수 있지만, 정보보호조치 미흡으로 인하여 해킹 등을 통한 정보유출사고가 발생한 경우 관련 정보통신서비스 제공자의 과실책임 판단의 근거로 원용될 가능성이 있다. 물론 아직까지 이와 관련한 판례는 존재하지 않지만, 해킹 등을 통한 개인정보 유출사고에 관한 책임과 관련하여 정보통신망법 제28조(개인정보의 보호조치) 및 「개인정보의 기술적·관리적 보호조치 기준」(고시)이 원용되고 있다는 점에서, 개인정보로서의 성격이 명확하지 않은 정보 유출사고에 있어 과실책임 판단기준으로 활용될 가능성이 있다.

(2) 이행주체 및 조치대상

정보통신망법 제45조 제1항 상의 책무의 이행주체는 "정보통신서비스 제공자"로 규정되어 있으며, 여기서 정보통신서비스 제공자는 "전기통신사업법 제2조 제8호에 따른 전기통신사업자와 영리를 목적으로 전기통신사업자의 전기통신역무를 이용하여 정보를 제공하거나 정보의 제공을 매개하는 자"를 의미한다(동법 제2조 제1항 제3호).

이상과 같은 정보통신서비스 제공자의 정보보호조치 대상은 "정보통신서비스에 사용되는 정보통신망"이다. 동법에 따르면 정보통신서비스란 "전기통신사업법 제2조 제6호에 따른 전기통신역무와 이를 이용하여 정보를 제공하거나 정보의 제공을 매개하는 것"을 의미하고(동법 제2조 제1항 제2호), 정보통신망이란 "전기통신사업법 제2조 제2호에 따른 전기통신설비를 이용하거나 전기통신설비와 컴퓨터 및 컴퓨터의 이용기술을 활용하여 정보를 수집·가공·저장·검색·송신 또는 수신하는 정보통신체제"를 의미한다(동법 제2조 제1항 제1호).

2 과학기술정보통신부장관의 정보보호조치(제45조 제2항 및 제3항)

(1) 의의

정보통신망법 제45조 제2항은 정보통신서비스 제공자가 취해야 하는 정보보호조치의 구체적인 사항을 규정하고 있는 고시 제정권한을 과학기술정보통신부장관에게 부여하고 있으며, 동법 제45조 제3항은 고시에 반드시 포함되어야 하는 사항들을 정하고 있다.

이상과 같은 규정은 정보보호조치 책무에 대해 단순히 정보통신서비스 제공자의 자율에만 근거하는 것이 아니라, 이러한 책무의 내용을 실질적인 위험관리가 가능하도록 구체화하는 것이 그 취지이다.

(2) 정보보호지침 포함 사항

정보통신망법 제45조 제3항에서는 과학기술정보통신부장관이 제정하는 「정보보호조치에 관한 지침」(고시)에 포함되어야 하는 사항들을 규정하고 있으며, 이는 정보통신서비스 제공자의 기술적·물리적·관리적 보호조치에 관한 핵심사항들을 정하고 있다.

이러한 보호조치에는 구체적으로 정당한 권한이 없는 자의 정보통신망에 대한 접근 및 침입을 방지하기 위한 기술적·물리적 보호조치, 정보의 불법적인 유출·위조·변조·삭제 등을 방지하기 위한 기술적 보호조치, 정보통신망의 지

속적 이용 가능성을 확보하기 위한 기술적·물리적 보호조치, 그리고 망의 안정
성 확보를 위한 인력·조직·경비의 확보 및 이와 관련한 계획수립 등에 관한
관리적 보호조치를 포함한다(동법 제45조 제3항).

　이에 근거하여 과학기술정보통신부의 「정보보호조치에 관한 지침」(시행
2017. 8. 24.)은 다음과 같은 세부적인 조치사항을 [별표 1]에서 규정하고 있다.

■ 표 4-1. 정보보호조치의 구체적인 내용

구분			세부조치사항
1. 관리적 보호조치	1.1. 정보보호 조직의 구성·운영	1.1.1. 정보보호조직의 구성	• 정보보호 최고책임자, 정보보호관리자, 정보보호 담당자로 구성된 정보보호조직을 운영
		1.1.2. 정보보호 최고책임자의 지정	• 기업의 정보보호를 책임지는 이사 이상의 상근임원으로 지정
		1.1.3. 정보보호조직 구성원의 역할	• 정보보호 최고책임자는 정보보호 업무와 조직을 총괄 지휘 • 정보보호관리자는 정보보호 업무의 실무를 총괄하고 관리 • 정보보호담당자는 정보보호 업무의 분야별 실무를 담당
	1.2. 정보보호 계획 등의 수립 및 관리	1.2.1. 정보보호 방침의 수립·이행	• 정보보호 목표, 범위, 책임 등을 포함한 정보보호 방침(policy) 수립 • 정보통신서비스와 관련된 모든 법, 규제, 계약, 정책, 기술상의 요구사항을 문서화하고 시행
		1.2.2. 정보보호 실행계획의 수립·이행	• 정보보호 방침을 토대로 예산, 일정 등을 포함한 당해 연도의 정보보호 실행계획을 수립 • 최고경영층이 실행계획을 승인하고 정보보호 최고책임자가 추진 상황을 매 반기마다 점검
		1.2.3. 정보보호 실무지침의 마련·준수	• 정보통신설비 및 시설에 대한 관리적·기술적·물리적 보호조치의 구체적인 시행 방법·절차 등을 규정한 정보보호 실무지침을 마련 • 정보보호 최고책임자가 실무지침을 승인하고 관련 법·제도, 설비의 교체 등 변경사유가 발생할 경우 보완하여 관리
		1.2.4. 정보보호 사전점검	• 새로운 정보통신망을 구축하거나 정보통신서비스를 제공하고자 하는 때에는 그 계획, 설계, 구현, 테스트 등에서 정보보호에 관한 사항을 고려

구분		세부조치사항
1.3. 인적 보안	1.3.1. 내부인력 보안	• 임직원의 전보 또는 퇴직시 즉시 관련 계정 등에 대한 접근 권한을 제거 • 임직원에게 정보보호 인식을 제고할 수 있는 홍보(정보보호 실천수칙 보급 등)를 실시 • 정보보호조직의 구성원 및 정보보호와 관련된 업무에 종사하는 자에게 정기적으로 정보보호 교육 실시
	1.3.2. 외부인력 보안	• 자사 직원이 아닌 자를 업무에 활용할 경우 보안 서약을 징구
	1.3.3. 위탁운영 보안	• 전산업무를 외부에 위탁할 경우 보안계약서 또는 서비스수준협약 등에 '정보보호에 관한 위탁업체의 책임범위', '위탁업무 중단에 따른 비상대책' 등을 반영
1.4. 이용자 보호	1.4.1. 정보보호 정보 제공	• 이용자에게 침해사고 예·경보, 보안취약점, 계정·비밀번호 관리방안 등의 정보를 지속적으로 제공
	1.4.2. 정보보호 현황 공개	• 정보보호 투자 및 인력 현황, 정보보호 관련 인증 등 정보보호 현황을 자사 홈페이지 등에 공개
1.5. 침해사고 대응	1.5.1. 침해사고 대응 계획의 수립·이행	• 침해사고 정의 및 범위, 대응체계(보고 및 조치 체계), 대응 방법 및 절차, 복구 방법 및 절차, 증거자료 수집 및 보관 등을 포함한 침해사고 대응 계획을 마련·시행
1.6. 정보보호 조치 점검	1.6.1. 정보보호조치의 자체 점검	• 정보보호관리자는 매년 정보보호조치 및 정보보호 실무지침의 기준에 따라 자체적으로 정보보호 현황을 점검
1.7. 정보자산 관리	1.7.1. 정보통신설비 및 시설의 현황 관리	• 정보통신망 구성도를 마련하고 변경사항이 있을 경우 보완·관리 • 정보통신설비, 시설의 목록(용도 및 위치 등 포함) 작성 및 네트워크와 분리된 환경에서 안전하게 관리
1.8. 정보보호 투자	1.8.1. 정보보호 투자계획 수립·이행	• 기업의 정보보호를 위해 위험관리에 기반한 적정 수준(정보기술부문 예산의 5%이상)의 정보보호 예산 편성 및 집행
2.1. 네트워크 보안	2.1.1. 트래픽 모니터링	• 네트워크 모니터링 도구를 이용하여 백본망, 주요 노드 및 외부망과 연계되는 주요회선의 트래픽 소통량을 24시간 모니터링
	2.1.2. 무선서비스 보안	• 무선랜서비스, 무선인터넷서비스를 제공할 경우에는 사용자인증, 데이터암호화 등 보안조치를 마련

구분			세부조치사항
2. 기 술 적 보 호 조 치		2.1.3. 정보보호시스템 설치·운영	• 외부망과 연계되는 구간에 침입차단시스템, 침입 탐지시스템 등 네트워크의 안전성을 제고할 수 있는 정보보호시스템을 설치·운영
		2.1.4. 정보보호를 위한 모니터링	• 주요시스템·네트워크 사용 및 접근이 명확하게 허용된 범위 안에 있는지를 확인하기 위한 모니 터링 시스템 구축 또는 위탁운영을 통하여 침해 사고 탐지·대응 체계 운영
	2.2. 정보통신 설비 보안	2.2.1. 웹서버 보안	• 외부에 서비스를 제공하는 웹서버는 단독서버로 운영하고 DMZ에 설치
		2.2.2. DNS서버 보안	• 과부하에 대비한 부하분산 대책을 마련 • 설정파일 백업 실시
		2.2.3. DHCP서버 보안	• 과부하에 대비한 부하분산 대책을 마련 • 설정파일 백업 실시 • IP 할당 상황 등에 대한 로그기록 유지·관리
		2.2.4. DB서버 보안	• 내부망에 설치 • 외부망에서 직접 접속할 수 없도록 네트워크를 구성
		2.2.5. 라우터/스위치 보안	• ACL(Access Control List) 등의 접근제어 기능을 적용할 수 있는 설비를 사용
		2.2.6. 정보보호시스템 보안	• 이상징후 탐지를 알리는 경고 기능을 설정하여 운영 • 정보보호시스템 보안기능(비정상 트래픽 차단 등)의 정상 작동 여부를 주기적으로 점검(월 1회 이상)
		2.2.7. 취약점 점검	• 연 1회 이상 취약점 점검을 실시하고 발견된 취 약점을 보완
		2.2.8. 접근통제 및 보안설정 관리	• 인가된 자만 시스템에 접속할 수 있도록 설정하 고, 인터넷 등을 통해 외부에서 접속할 경우 일회 용 패스워드 사용 등 인가 절차를 강화 • 불필요한 프로토콜 및 서비스 제거 등 보안설정
		2.2.9. 관리자 계정의 비밀번호 관리	• 관리자 계정의 비밀번호는 8자리 이상으로 설정. 단, 설정 가능한 자리수가 8자리 미만일 때는 설 정 가능한 최대의 자리수로 설정 • 최소 3개월에 1회 이상 비밀번호 변경
		2.2.10. 로그 관리	• 최소 1개월 이상 로그기록 유지·관리(정보보호시 스템은 3개월)
		2.2.11. 보안패치 관리	• 보안패치 정보를 주기적으로 입수하고 적용 • 주요 보안패치에 대해서는 적용일 등 패치정보를 기록·관리

구분			세부조치사항
		2.2.12. 백업 및 복구	• 주요정보를 주기적으로 백업 • 백업 담당자, 백업 및 복구 방법·절차·주기 등을 기록·관리
		2.2.13. 중요정보의 암호화	• 비밀번호는 복호화 되지 않도록 일방향 암호화하여 저장 • 주민등록번호, 신용카드번호 및 계좌번호, 정보자산현황 등은 안전한 암호알고리즘으로 암호화하여 저장
		2.2.14. 관리용 단말 보안	• 일반적인 업무 및 개인적인 용도의 사용을 금지하고 DB서버, 웹서버 등 주요 정보통신설비의 접속에만 사용 • 전용 또는 인터넷과 격리된 환경(필요시 접근통제 정책을 수립하고 제한적 접속 허용)에서 인가된 이용자만 이용할 수 있도록 통제 • 관리용 단말로의 외부접속 차단, 주기적 보안패치 및 악성 소프트웨어 예방·탐지 활동 실시
3. 물리적 보호조치	3.1. 출입 및 접근 보안	3.1.1. 정보통신시설의 출입·접근 통제	• 비인가자가 출입할 수 없도록 잠금장치를 설치 • 출입자의 기록을 1개월 이상 유지·보관
	3.2. 부대설비 및 시설 운영· 관리	3.2.1. 백업설비 및 시설 설치·운영	• 주요정보를 백업하여 보관할 수 있는 백업설비 및 시설을 설치·운영

제2절 정보보호 사전점검

제45조의2(정보보호 사전점검) ① 정보통신서비스 제공자는 새로이 정보통신망을 구축하거나 정보통신서비스를 제공하고자 하는 때에는 그 계획 또는 설계에 정보보호에 관한 사항을 고려하여야 한다.

② 과학기술정보통신부장관은 다음 각 호의 어느 하나에 해당하는 정보통신서비스 또는 전기통신사업을 시행하고자 하는 자에게 대통령령으로 정하는 정보보호 사전점검기준에 따라 보호조치를 하도록 권고할 수 있다.

1. 이 법 또는 다른 법령에 따라 과학기술정보통신부장관의 인가·허가를 받거나 등록·신고를 하도록 되어 있는 사업으로서 대통령령으로 정하는 정보통신서비스 또는 전기통신사업

2. 과학기술정보통신부장관이 사업비의 전부 또는 일부를 지원하는 사업으로서 대통령령으로 정하는 정보통신서비스 또는 전기통신사업

③ 제2항에 따른 정보보호 사전점검의 기준·방법·절차·수수료 등 필요한 사항은 대통령령으로 정한다.

─── Ⅰ. 서 론

1️⃣ 의의 및 기본취지

정보통신망법 제45조의2는 정보통신서비스 제공자가 신규로 정보통신망을 구축하거나 정보통신서비스를 제공하고자 하는 경우, 그 계획 또는 설계 단계에서부터 정보보호에 관한 사항을 고려하도록 규정하고 있다.

이는 소위 '설계를 통한 보안(Security by Design)' 규정으로, 정보보호를 위한 사후적 규제의 한계를 극복하여 실질적인 정보보호의 목적을 달성하기 위한 일종의 위험관리(risk management) 규정이라고 할 수 있다. 즉 사전적으로 침

해사고의 발생 가능성을 저감시킴으로써 정보보호의 목적을 달성하기 위한 것이다.

2 기본구조

정보통신망법 제45조의2는 제1항에서 망구축 및 서비스 설계 시에 정보보호에 관한 사항을 정보통신서비스 제공자가 고려해야 할 책무를 규정하고 있고, 제2항은 과학기술정보통신부장관에게 사업자 등에게 정보보호 사전점검기준에 따라 보호조치를 하도록 권고할 수 있게 규정하고 있으며, 제3항은 그 세부적인 기준, 방법, 절차, 수수료 등에 대해서는 대통령령으로 정한다고 규정하고 있다.

── II. 주요내용

1 계획 또는 설계시 정보보호 고려(제45조의2 제1항)

(1) 의의

정보통신망법 제45조의2 제1항은 일종의 책무 규정으로 그 수범자를 포괄적인 범주의 정보통신서비스 제공자로 규정하고 있다. 특히 이들이 새로이 망을 구축하거나 서비스를 제공하는 계획 또는 설계를 할 때 정보보호에 관한 사항을 고려하도록 규정하고 있는데, 이러한 책무와 관련한 별도의 벌칙 및 행정제재 규정을 두고 있지 않다. 따라서 이러한 계획 또는 설계 시 정보보호 고려규정은 기본적으로 사업자들의 자율적인 의지에 따라 이루어지는 것으로서 행정적으로 강제되는 것은 아니다.

(2) 이행주체

정보통신망법 제45조의2 제1항의 규정에 따르면, 정보통신서비스 제공자가 사업을 영위하기 전에 가급적 정보보호 관련사항을 사전점검하도록 하는 규정이다. 따라서 전기통신사업법 제2조 제6호에 따른 전기통신역무와 이를 이용하여 정보를 제공하거나 정보의 제공을 매개하는 자는 이러한 사전점검 책무를 적극적으로 고려할 필요가 있다.

2 정보보호 사전점검 권고(제45조의2 제2항 및 제3항)

(1) 의의

정보통신망법 제45조의2 제2항은 과학기술정보통신부장관의 인가·허가를 받거나 등록·신고하도록 되어 있는 대통령령으로 정하는 사업자, 그리고 과학기술정보통신부장관이 사업비의 일부 또는 전부를 지원하는 대통령령으로 정하는 사업자들에게는, 과학기술정보통신부장관으로 하여금 정보보호 사전점검 기준에 따라 보호조치를 하도록 권고할 수 있는 권한을 부여하고 있다.

이는 관련 정보 침해 위험이 높은 사업자들을 특별히 관리하기 위한 목적을 가지고 있는 규정이기는 하지만, 행정적으로 강제되는 것은 아니고 단순히 권고만을 할 수 있는 것이다. 특히 과학기술정보통신부장관의 권고에 따라 사전점검을 수행하는 데에는 시간 및 비용이 소요되기 때문에 이를 일방적인 강행규정 형식으로 하기에는 어려운 측면이 있다.

다만, 사업자들의 권고 준수를 유도하기 위하여, 정보보호 사전점검에 관한 고시 제4조는 사전점검 실시 우대 규정을 두어 "과학기술정보통신부는 사업자가 사전점검을 실시하거나 실시 계약을 체결한 경우 해당 사업 또는 서비스에 대하여 가점을 부여하는 등 우대조치를 할 수 있다"고 규정하고 있다. 이러한 인센티브 입법정책은 사업자들의 영업의 자유를 과도하게 제한하지 않으면서(비례성 원칙), 입법목적을 달성하고자 하는 입법기술이라고 할 수 있겠다.

(2) 정보보호 사전점검 권고대상 사업자 및 대상 범위

정보통신망법 제45조의2 제2항에서 규정하고 있는 정보보호 사전점검 권고 대상자는 크게 두 유형으로 나누어진다. 과학기술정보통신부장관의 인가·허가 및 등록·신고 대상 사업자, 그리고 과학기술정보통신부장관으로부터 사업비의 전부 또는 일부를 지원받는 사업자인데, 그 구체적인 범위는 대통령령으로 정한다.

정보통신망법 시행령 제36조의3 제1항은 과학기술정보통신부장관의 인가·허가 및 등록·신고 대상 사업 중 정보시스템 구축에 필요한 투자금액이 5억 원 이상(하드웨어·소프트웨어의 단순한 구입비용은 제외한 금액을 말한다)인 정보통신서비스 또는 전기통신사업을 정보보호 사전점검 권고 대상으로 하고 있다.

정보통신망법 시행령 제36조의3 제2항은 과학기술정보통신부장관으로부터 사업비의 전부 또는 일부를 지원받는 사업 중 과학기술정보통신부장관이 신규 정보통신서비스 또는 전기통신사업의 발굴·육성을 위하여 사업비의 전부 또는 일부를 지원하는 정보통신서비스 또는 전기통신사업을 정보보호 사전점검 권고 대상으로 하고 있다.

이들 사업자들이 영위하는 사업에 있어 세부적인 사전점검 대상 범위는 「정보보호 사전점검에 관한 고시」 제5조가 정하고 있는데, "사전점검 대상 범위는 제공하려는 사업 또는 정보통신서비스를 구성하는 하드웨어, 소프트웨어, 네트워크 등의 유·무형 설비 및 시설을 대상으로 한다"고 규정하고 있다.

(3) 정보보호 사전점검 기준

정보통신망법 제45조의2 제2항은 정보보호 사전점검 기준을 대통령령으로 정한다고 규정하고 있으며, 이에 따라 정보통신망법 시행령 제36조의2는 정보통신망을 구축하거나 정보통신서비스를 제공하기 위한 시스템의 구조 및 운영

환경(제1호), 제1호에 따른 시스템의 운영을 위한 하드웨어, 프로그램, 콘텐츠 등의 자산 중 보호해야 할 대상의 식별 및 위험성(제2호), 그리고 보호대책의 도출 및 구현현황(제3호)을 고려하여 과학기술정보통신부장관의 고시로 세부적인 사항을 정한다고 규정하고 있다.

이상과 같은 위임에 근거하여 「정보보호 사전점검에 관한 고시」[별표 3]은 1) 보호자산 식별 단계에서 보호자산의 중요도 평가 기준, 2) 위협 분석 단계에서 위협 평가 기준, 3) 취약점 분석 단계에서 취약점 평가 기준, 4) 위험 분석 단계에서 위험 평가 기준 등 네 가지의 단계별 평가기준을 세부적으로 제시하고 있다.

(4) 정보보호 사전점검 방법, 절차, 수수료 등

정보통신망법 제45조의2 제3항은 정보보호 사전점검의 기준·방법·절차·수수료 등 필요한 사항을 대통령령으로 정한다고 규정하고 있으며, 구체적인 사항은 대통령령(정보통신망법 시행령)의 위임을 받은 「정보보호 사전점검에 관한 고시」에서 규정하고 있다.

정보통신망법 시행령 제36조의4 제1항은 정보보호 사전점검은 서면점검, 현장점검 또는 원격점검의 방법으로 실시한다고 규정하고 있다. 또한 동법 시행령 동조 제3항은 과학기술정보통신부장관의 권고를 받은 자는 정보보호 사전점검을 직접 실시하거나 정보통신망법 제52조에 따른 한국인터넷진흥원 또는 외부 전문기관으로 하여금 실시하게 할 수 있다고 규정하면서, 동법 시행령 [별표 2]에서 정하고 있는 자격기준을 충족시키는 자만이 사전점검을 실시할 수 있다고 규정한다.

사전점검의 절차는 「정보보호 사전점검에 관한 고시」[별표 3]에 다음과 같은 도식으로 규정되어 있다.

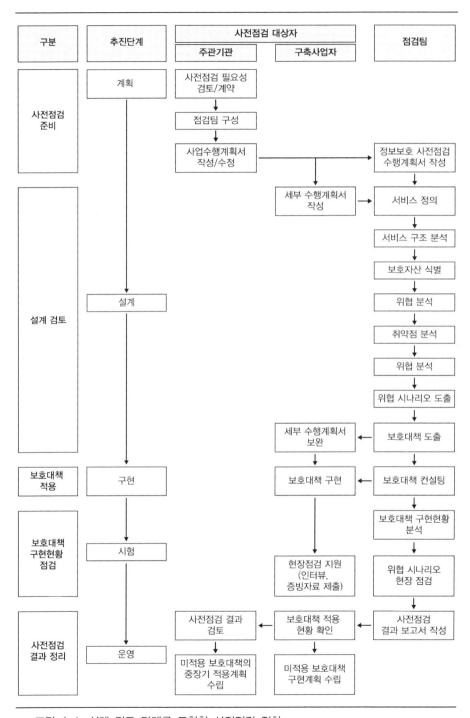

그림 4-1. 설계 검토 단계를 포함한 사전점검 절차

　　사전점검의 수수료에 대해서는 법률의 위임을 받는 정보통신망법 시행령 제36조의5에서 그 원칙적인 사항을 규정하고 있다. 이에 따르면, 과학기술정보통신부장관의 권고를 받은 자가 정보보호 사전점검을 한국인터넷진흥원이나 외부 전문기관으로 하여금 실시하게 한 경우에는 한국인터넷진흥원이나 외부 전문기관에 수수료를 납부하여야 한다고 규정하면서(제1항), 과학기술정보통신부장관은 정보보호 사전점검을 받는 정보통신서비스 또는 전기통신사업의 규모, 정보보호 사전점검에 참가하는 자의 전문성, 그리고 정보보호 사전점검에 필요한 기간 등을 고려하여 정보보호 사전점검 수수료의 산정기준을 정하여 고시한다(제2항)고 정하고 있다.

제3절 정보보호 최고책임자 지정

제45조의3(정보보호 최고책임자의 지정 등) ① 정보통신서비스 제공자는 정보통신시스템 등에 대한 보안 및 정보의 안전한 관리를 위하여 임원급의 정보보호 최고책임자를 지정하고 과학기술정보통신부장관에게 신고하여야 한다. 다만, 자산총액, 매출액 등이 대통령령으로 정하는 기준에 해당하는 정보통신서비스 제공자의 경우에는 정보보호 최고책임자를 지정하지 아니할 수 있다.

② 제1항에 따른 신고의 방법 및 절차 등에 대해서는 대통령령으로 정한다.

③ 제1항 본문에 따라 지정 및 신고된 정보보호 최고책임자(자산총액, 매출액 등 대통령령으로 정하는 기준에 해당하는 정보통신서비스 제공자의 경우로 한정한다)는 제4항의 업무 외의 다른 업무를 겸직할 수 없다.

④ 정보보호 최고책임자는 다음 각 호의 업무를 총괄한다.

1. 정보보호관리체계의 수립 및 관리·운영

2. 정보보호 취약점 분석·평가 및 개선

3. 침해사고의 예방 및 대응

4. 사전 정보보호대책 마련 및 보안조치 설계·구현 등

5. 정보보호 사전 보안성 검토

6. 중요 정보의 암호화 및 보안서버 적합성 검토

7. 그 밖에 이 법 또는 관계 법령에 따라 정보보호를 위하여 필요한 조치의 이행

⑤ 정보통신서비스 제공자는 침해사고에 대한 공동 예방 및 대응, 필요한 정보의 교류, 그 밖에 대통령령으로 정하는 공동의 사업을 수행하기 위하여 제1항에 따른 정보보호 최고책임자를 구성원으로 하는 정보보호 최고책임자 협의회를 구성·운영할 수 있다.

⑥ 정부는 제5항에 따른 정보보호 최고책임자 협의회의 활동에 필요한 경비의 전부 또는 일부를 지원할 수 있다.

⑦ 정보보호 최고책임자의 자격요건 등에 필요한 사항은 대통령령으로 정한다.

── I. 서 론

1 ▨ 의의 및 기본취지

　　정보통신망법 제45조의3은 정보통신기술의 급격한 발전에 따른 정보보호의 중요성과 정보 침해행위로 인한 위험성이 가중되고 있는 상황을 고려하여, 정보통신서비스 제공자로 하여금 임원급의 정보보호 최고책임자를 지정할 수 있도록 규정하고 있다.

　　이 규정은 임원급 정보보호 최고책임자의 지정을 제도적으로 유도하여, 정보통신서비스 제공자 등의 사업 경영에 있어 정보보호 업무에 우선적 가중치를 부여하여, 책임감 있는 정보보호 및 관리업무의 수행을 유도하기 위한 것이라고 할 수 있다.

2 ▨ 기본구조

　　정보통신망법 제45조의3은 크게 다섯 부분으로 구성되어 있다. 첫째, 정보통신서비스 제공자들로 하여금 임원급의 정보보호 최고책임자를 지정할 수 있도록 규정하고, 특정 기준의 정보통신서비스 제공자들에게는 지정 및 신고의무를 부과하고 있다(제1항). 둘째, 지정 및 신고의무가 부과된 경우 신고의 방법 및 절차에 대해 규정하고 있다(제2항). 셋째, 정보보호 최고책임자의 총괄 업무와 겸직 금지에 대해 규정하고 있다(제3항 및 제4항). 넷째, 정보보호 최고책임자 협의회 구성 및 이에 대한 경비지원에 관한 사항을 규정하고 있다(제5항 및 제6항). 다섯째, 정보보호 최고책임자의 자격요건에 대해 규정하고 있다(제7항).

──── Ⅱ. 주요내용

1️⃣ 임원급 정보보호 최고책임자 지정 및 신고(제45조의3 제1항~제4항)

(1) 의의

정보통신망법 제45조의3 제1항은 정보통신서비스 제공자들이 정보보호 업무 등을 위하여 임원급 정보보호 최고책임자를 지정하고 과학기술정보통신부장관에게 신고하도록 규정하고 있으며, 이에 더 나아가서 자산총액, 매출액 등을 고려하여 특정 기준에 부합하는 정보통신서비스 제공자들에 대해서는 정보보호 최고책임자를 지정하지 않을 수 있다고 규정하고 있다.

이 규정은 정보통신서비스 제공자들이 자율적으로 임원급 정보보호 최고책임자를 지정할 수 있게 하되, 자산총액 및 매출액을 고려해 볼 때 위험성이 있는 경우에는 지정 및 신고의무를 부과한 것이다. 이러한 의무의 이행을 강제하기 위하여 정보통신망법 제76조 제1항 제6호의2는 신고의무를 이행하지 않은 자에 대하여 3,000만 원 이하의 과태료를 부과하고 있다.

(2) 정보보호 최고책임자의 의미와 업무

현행 제반 법률들에 있어, 정보보호에 관한 직위로서는 정보보호 최고책임자(정보통신망법, 전자금융거래법), 개인정보보호 책임자(개인정보 보호법), 신용정보관리 보호인(신용정보 이용 및 정보보호에 관한 법률) 등이 있는데, 이중 정보보호 최고책임자는 조직의 정보보호에 관한 업무를 총괄하는 담당자라고 볼 수 있다.

정보통신망법 제45조의3 제4항에 따르면 정보보호 최고책임자는 1) 정보보호관리체계의 수립 및 관리·운영, 2) 정보보호 취약점 분석·평가 및 개선, 3) 침해사고의 예방 및 대응, 4) 사전 정보보호대책 마련 및 보안조치 설계·구현 등, 5) 정보보호 사전 보안성 검토, 6) 중요 정보의 암호화 및 보안서버 적합성 검토, 7) 그 밖에 정보통신망법 또는 관계 법령에 따라 정보보호를 위하여 필요한 조치의 이행 등의 업무를 총괄한다. 그리고 정보통신망법 제45조의3 제3항에 따라 정보보호 최고책임자는 앞서 언급한 업무 외의 다른 업무를 겸직할 수 없다.

(3) 정보보호 최고책임자 신고의 범위, 방법, 절차

정보통신망법 제45조의3 제1항에 따라 정보보호 최고책임자 지정 및 신고 의무가 부과되는 정보통신서비스 제공자의 범위 기준에 대해서는, 정보통신망법 시행령 제36조의6에 규정되어 있다. 1) 청소년 보호를 위한 내용 선별 소프트웨어를 개발 및 보급하는 사업자, 2) 정보보호 관리체계 인증을 받아야 하는 자, 3) 특수한 유형의 온라인서비스 제공자로서 상시 종업원 수가 5명 이상이거나 전년도 말 기준 직전 3개월간의 일일평균 이용자 수가 1천명 이상인 자, 4) 통신판매업자(통신판매중개업자를 포함한다)로서 상시 종업원 수가 5명 이상인 자, 5) 인터넷컴퓨터게임시설제공업을 영위하는 자 중 고시된 음란물 및 사행성게 임물 차단 프로그램을 제공하는 사업자, 6) 상시 종업원 수가 1천명 이상인 자 등이 이에 해당한다.

정보보호 최고책임자 신고의 방법 및 절차에 대해서는, 정보통신망법 제45 조의3 제2항의 위임에 근거하여 동법 시행령 제36조의7에 규정되어 있다. 이에 따르면, 위에 언급한 정보통신서비스 제공자 범위에 해당하게 된 날부터 90일 이내에 정보보호 최고책임자 지정신고서를 과학기술정보통신부장관에게 제출하여야 한다.

2 정보보호 최고책임자 협의회(제45조의3 제5항~제6항)

(1) 의의

정보보호에 있어 법률을 통한 직접적인 규제보다 더욱 효과적인 것은 관련 전문가 또는 사업자들 간의 정보소통을 근간으로 하는 자구의 노력이라고 할 수 있다. 즉 법률 규정을 통하여 위험 요인들에 대해 규제하는 방식은 한계가 있을 수밖에 없다. 이러한 의미에서 정보보호 최고책임자 협의회 구성 및 그 지원에 관한 규정은 자율규제 촉진이라는 측면에서 중요한 의미를 가진다고 평가할 수 있다.

(2) 정보보호 최고책임자 협의회의 임무 및 지원

정보보호 최고책임자 협의회는 침해사고에 대한 공동 예방 및 대응, 필요한 정보의 교류, 그리고 그 밖에 대통령령으로 정하는 사업을 수행(동법 제45조의3 제5항)하기 위한 목적으로 구성된다.

이러한 협의회의 구체적인 사업에 대해서는 대통령령인 정보통신망법 시행령 제38조의8에서 규정하고 있다. 이에 따르면 1) 정보통신서비스 제공자의 정보보호 강화를 위한 정책의 조사, 연구 및 수립 지원, 2) 정보통신서비스 이용에 따른 침해사고 분석 및 대책 연구, 3) 정보보호 최고책임자 교육 등 정보통신서비스 제공자의 정보보호 능력 및 전문성 향상, 4) 정보통신서비스 보안 관련 국제교류 및 협력, 5) 그 밖에 정보통신시스템 등에 대한 보안 및 정보의 안전한 관리를 위하여 필요한 사업 등이 협의회 사무이다. 즉 이러한 사무는 급격한 기술 발전에 대응하여 실질적인 침해 위협에 대응하기 위한 방안 중 하나라고 할 수 있다.

이러한 정보보호 최고책임자 협의회의 운영과 관련하여, 정보통신망법 제45조의3 제6항은 그 활동에 필요한 경비의 전부 또는 일부를 지원할 수 있다고 규정하여, 실질적인 협의회 사업을 추진할 수 있도록 하고 있다.

제4절 집적정보통신시설의 보호

제46조(집적된 정보통신시설의 보호) ① 타인의 정보통신서비스 제공을 위하여 집적된 정보통신시설을 운영·관리하는 사업자(이하 "집적정보통신시설 사업자"라 한다)는 정보통신시설을 안정적으로 운영하기 위하여 대통령령으로 정하는 바에 따른 보호조치를 하여야 한다.

② 집적정보통신시설 사업자는 집적된 정보통신시설의 멸실, 훼손, 그 밖의 운영장애로 발생한 피해를 보상하기 위하여 대통령령으로 정하는 바에 따라 보험에 가입하여야 한다.

── I. 서 론

1️⃣ 의의 및 기본취지

클라우드 컴퓨팅(Cloud Computing) 및 데이터 유실을 방지하기 위한 IDC (Internet Data Center)등이 일상화되면서, 각종 정보의 대규모 집적은 서비스를 위하여 불가피한 상황이라고 할 수 있으며, 따라서 집적된 정보통신시설의 보호에 관한 규정인 정보통신망법 제46조는 정보통신서비스 제공자의 각별한 주의를 환기시키는 규정이라고 할 수 있다.

다만 정보통신시설 및 그와 연관된 기술이 급격하게 변화하고 있는 상황에서, 모든 위험을 예측하여 그 기준을 법률상 정할 수 없기 때문에, 법률에는 집적정보통신시설 사업자의 보험가입의무만을 구체적으로 규정하고 있을 뿐, 제반 보호조치의 요건에 대해서는 기술하지 않고 대통령령 등에 위임하고 있는 구조를 취하고 있다.

2 기본구조

정보통신망법 제46조 제1항은 집적정보통신시설 사업자의 보호조치 책무에 관해 규정하고 있으며, 제2항은 피해 발생 시 그 보상을 위한 집적정보통신시설 사업자의 보험가입의무를 규정하고 있다.

─── II. 주요내용

1 집적정보통신시설 사업자와 보호조치의무(제46조 제1항)

(1) 의의

정보통신망법 제46조 제1항은 기본적으로 조문 구조상 '정보통신서비스 제공자'와 '집적정보통신시설 사업자'를 관념적으로 구분하여 접근하고 있다. 즉 서비스를 직접 이용자와의 계약을 통해 제공하는 사업자와 이러한 사업자들에게 집적정보통신시설(서브 및 시스템 등)을 제공해 주는 사업자의 구분이 그것이다. 따라서 법문상으로는 타인의 서비스제공을 지원하기 위하여 집적정보통신시설을 운영하는 사업자가 이 규정의 적용을 받는다고 할 수 있다.

이러한 맥락에서, 「집적정보통신시설 보호지침」(고시) 제2조 제1호는 정보통신서비스를 제공하는 고객의 위탁을 받아 컴퓨터장치 등 「전자정부법」 제2조 제13호에 따른 정보시스템을 구성하는 장비(이하 "정보시스템 장비"라 한다)를 일정한 공간(이하 "전산실"이라 한다)에 집중하여 관리하는 시설을 집적정보통신시설이라고 구체화하여 규정하고 있다.

(2) 집적정보통신시설 사업자의 보호조치의무

집적정보통신시설 사업자는 정보통신망법 제46조 제1항의 위임을 받는 대통령령과 그것의 재위임을 받은 고시에 규정되어 있는 정보보호조치를 취해야 할 책무가 있다.

우선 정보통신망법 시행령 제37조는 1) 정보통신시설에 대한 접근 권한이 없는 자의 접근 통제 및 감시를 위한 기술적·관리적 조치, 2) 정보통신시설의 지속적·안정적 운영을 확보하고 화재·지진·수해 등의 각종 재해와 테러 등의 각종 위협으로부터 정보통신시설을 보호하기 위한 물리적·기술적 조치, 3) 정보통신시설의 안정적 관리를 위한 관리인원 선발·배치 등의 조치, 4) 정보통신시설의 안정적 운영을 위한 내부관리계획(비상시 계획을 포함한다)의 수립 및 시행, 5) 침해사고의 확산을 차단하기 위한 기술적·관리적 조치의 마련 및 시행 등과 같이 기술적·물리적·관리적 보호조치를 규정하고 있다.

위 시행령 상의 세부적인 보호조치 사항에 대해서는 「집적정보통신시설 보호지침」(고시) [별표]에서 정하고 있다.

━ 표 4-2. 집적정보통신시설 보호조치 세부기준

구분	목표	항목	내용
물리적·기술적 보호조치	접근제어 및 감시	출입통제장치	• 주요시설중 중앙감시실, 전산실, 전력감시실, 통신장비실, 방재센터의 출입구에는 출입자의 신원확인을 통해 개폐되는 잠금장치를 설치한다.
		출입기록	• 주요시설에 대한 출입기록(모든 출입자의 신원과 방문목적 및 방문일시에 대한 기록, CCTV녹화, 출입통제장치의 로그기록)을 출입일로부터 2개월 이상 유지되도록 보관한다. • 주요시설 이외의 시설에 대한 출입기록(외부 방문자의 신원과 방문목적 및 방문일시에 대한 기록)을 출입일로부터 1개월 이상 유지되도록 보관한다.
		고객 정보시스템 장비 보호	• 전산실내에 보관하여 관리하는 고객의 컴퓨터장비 등 정보시스템 장비는 잠금장치가 있는 구조물(Rack)에 설치한다.
		중앙감시실	• 주요시설중 전산실 및 통신장비실에 대하여 각 시설의 기능별 작동상황 및 사고발생여부를 확인한다. • CCTV가 촬영한 영상을 24시간 감시할 수 있는 모니터를 설치한다.

구분	목표	항목	내용
		CCTV	• 주요시설의 출입구와 주요시설 중 전산실 및 통신장비실 내부에 CCTV를 설치한다.
		경보장치	• 방재센터는 화재감시센서의 작동상황이 실시간으로 파악되도록 하고, 화재발생시에 경보신호를 통해 상황을 알 수 있도록 화재감지센서와 연동된 경보장치를 설치한다. • 방재센터는 중앙감시실과 통합하여 운영할 수 있다.
	가용성	전력 및 관련 설비 보호	• 전력(비상전력을 포함), 축전지설비, 자가발전설비, 수변전설비, UPS에 대한 상황파악 및 제어가 가능하도록 전력감시실을 두되, 중앙감시실과 통합하여 운영할 수 있다.
		무정전전원 장치(UPS)	• 전산실내 고객 정보시스템 장비의 3개월간 평균 순간사용전력의 130%에 해당하는 전력을 최소 20분 이상 공급할 수 있는 UPS를 설치한다.
		축전지설비	• 별도의 축전지실 또는 잠금장치가 있는 폐쇄형 판넬(Cubicle)로 설비한다. • 축전지는 UPS 장비와 통합하여 관리되어도 무방하다.
		자가발전설비	• 자가발전설비의 발전용량은 전산실내 고객의 정보시스템 장비 및 항온항습기와 집적정보통신시설내에 설치된 유도등의 3개월간 평균 순간사용전력의 130%에 해당하는 전력을 공급할 수 있어야 하고 추가적인 연료의 보충 없이도 2시간이상 발전할 수 있는 연료 공급 저장시설이 있어야 한다.
		수변전설비	• 배전반에 단락·지락 및 과전류를 방지할 수 있도록 계전기(Relay)를 설치하고 누전이 발생하였을 때 이를 차단할 수 있도록 누전차단기 또는 누전경보기를 설치한다. • 수변전설비는 중앙감시실 또는 전력감시실과 연동되어야 한다.
		접지시설	• 주요시설의 정보시스템 장비 등 각종 전원장비에 대한 접지시설을 한다.
		항온항습기	• 전산실에 24시간 항온·항습을 유지하기 위하여 온습도 측정이 가능하도록 항온항습기를 설치한다.
		비상조명 및 유도등 설비	• 주요시설에는 기존 조명설비의 작동이 멈추는 경우에 바닥 또는 작업면의 조도가 최소 10룩스(lux) 이상이 유지되도록 비상조명을 설치한다. • 집적정보통신시설 전지역에 유도등 및 유도표지를 설치한다.
	방호성	벽면의 구성	• 전산실은 천장을 통하여 외부와의 왕래가 불가능하도록 전산실의 벽면과 접한 천장을 차단하는 조치를 한다.
		유리창문 설비	• 주요시설관련 건물내부의 창문은 강화유리를 사용하고 개폐가 되지 않도록 설치한다.

구분	목표	항목	내용
물리적·기술적 보호조치	방재성	하중안전성	• UPS, 변압기, 배전반, 자가발전설비가 설치된 장소의 바닥은 최소 500kg/㎡ 이상의 하중에 견디도록 필요한 조치를 하되, 적재하중치(장비의 단위면적당 중량과 건축물의 구조를 고려하여 계산한 하중치에 2.5(안전율)를 곱한 값)가 500kg/㎡을 초과할 경우에는 그 값에 해당하는 하중에 견디도록 필요한 조치를 하여야 한다.
		소방시설	• 집적정보통신시설 전 지역에 열감지 또는 연기감지 센서를 설치한다. • 주요시설은 소화시 장비에 피해를 주지 않도록 가스 소화장비를 설치하고 주요시설외의 지역에는 가스 소화장비 또는 살수 소화장비(스프링클러)를 설치한다. • 화재가 발생한 경우 주요시설로 화재가 번지는 것을 방지하기 위하여 방화문을 설치한다.
		건축자재	• 집적정보통신시설의 건물은 화재 및 물리적 충격에 견디기 위해 철골조, 철근 콘크리트를 사용한 건축물이어야 한다. • 바닥재, 내벽, 천장 등의 건물 내부에 사용하는 자재는 화재발생시에도 잘 연소되지 않는 불연재료·준불연재료 또는 난연재료를 사용한다. • 건축물의 외벽에는 불연재료 또는 준불연재료를 마감재료로 사용한다.
		수해방지	• 주요시설의 천장 및 바닥(주요시설이 지하에 위치한 경우에는 벽을 포함한다)은 수해를 방지하기 위하여 물이 들어갈 수 없도록 시공(방수시공 등)하여야 한다.
관리적 보호조치	보호관리 체계화	상근경비원	• 24시간 경비업무를 수행하는 상근 경비원을 둔다.
		전문기술자	• 주요시설의 유지·관리를 위하여 시스템관리, 네트워크관리, 전기를 각각 담당하는 전문인력(관련분야 2년 이상 경력자)을 두되, 해당 인력을 확보하기 어려운 경우에는 외부 전문업체에 해당 업무를 위탁할 수 있다.
		관리책임자	• 집적정보통신시설 내의 모든 보호조치를 계획, 감독, 통제하며 비상시 재난관리활동을 수행한다.
		시설보호계획 및 업무연속성 계획	• 시설보호계획 및 업무연속성계획을 수립하는 때에는 제6조 제1항 및 제2항의 규정에 의한 내용이 포함되도록 한다. • 시설보호계획 및 업무연속성계획을 주된 사업장에 비치하고 교육하는 등 소속 직원이 내용을 숙지할 수 있도록 필요한 조치를 한다. • 업무환경의 변화 등으로 인하여 시설보호계획 및 업무연속성계획의 수정·보완이 필요한 경우에는 지체없이 검토·보완하여야 한다.

2 집적정보통신시설 사업자의 보험가입의무(제46조 제2항)

(1) 의의

정보통신망법 제46조 제2항은 집적정보통신시설 사업자의 보험가입의무에 대해 규정하고 있다. 집적정보통신시설의 경우 침해사고로 인한 피해의 규모가 매우 막대할 수 있으므로, 관련 손해 발생의 위험성을 감안하여 보험에 의무적으로 가입하도록 규정하고 있는 것이다.

정보통신망법 제46조 제1항에서의 집적정보통신시설 사업자의 보호조치는 책무규정임에 반해, 동조 제2항에서의 보험가입의무는 강행규정으로서의 성격을 가진다. 따라서 집적정보통신시설 사업자가 보험에 가입하지 않을 경우에는 정보통신망법 제76조 제2항 제4호의2에 의거하여 2천만 원 이하의 과태료가 부과된다.

(2) 보험가입의무의 내용

정보통신망법 제46조 제2항은 집적정보통신시설 사업자들로 하여금 정보통신시설의 멸실, 훼손, 그 밖의 운영장애로 발생한 피해를 보상하기 위하여 보험에 가입해야 하는 의무의 세부적 내용을 대통령령에 위임하고 있다.

정보통신망법 제46조 제2항의 위임을 받고 있는 동법 시행령 제38조에 따

━ 표 4-3. 사업자가 가입하여야 하는 책임보험의 최저보험금액

적용대상 사업자	최저보험금액
매출액 100억 이상인 사업자	10억 원
매출액 10억 이상 100억 미만인 사업자	1억 원
매출액 10억 미만인 사업자	5천만 원

〈비고〉
"매출액"이란 책임보험에 가입하여야 할 연도의 직전 사업연도의 매출액을 말하고, 직전 사업연도의 매출액이 없거나 매출액 산정이 곤란할 경우에는 해당 사업자가 예측한 향후 1년간의 매출액을 말한다.

르면, 집적정보통신시설 사업자는 사업개시와 동시에 책임보험에 가입하여야
하며(동조 제1항), 사업자가 가입하여야 하는 책임보험의 최저보험금액은 동 시
행령 [별표 1의2]에서 정하고 있다(동조 제2항).

제5절 **집적정보통신시설 사업자의 긴급대응**

제46조의2(집적정보통신시설 사업자의 긴급대응) ① 집적정보통신시설 사업자는 다음 각호의 어느 하나에 해당하는 경우에는 이용약관으로 정하는 바에 따라 해당 서비스의 전부 또는 일부의 제공을 중단할 수 있다.

1. 집적정보통신시설을 이용하는 자(이하 "시설이용자"라 한다)의 정보시스템에서 발생한 이상현상으로 다른 시설이용자의 정보통신망 또는 집적된 정보통신시설의 정보통신망에 심각한 장애를 발생시킬 우려가 있다고 판단되는 경우
2. 외부에서 발생한 침해사고로 집적된 정보통신시설에 심각한 장애가 발생할 우려가 있다고 판단되는 경우
3. 중대한 침해사고가 발생하여 과학기술정보통신부장관이나 한국인터넷진흥원이 요청하는 경우

② 집적정보통신시설 사업자는 제1항에 따라 해당 서비스의 제공을 중단하는 경우에는 중단사유, 발생일시, 기간 및 내용 등을 구체적으로 밝혀 시설이용자에게 즉시 알려야 한다.

③ 집적정보통신시설 사업자는 중단사유가 없어지면 즉시 해당 서비스의 제공을 재개하여야 한다.

── Ⅰ. 서 론

▉ 의의 및 기본취지

　　정보통신망법 제46조의2는 일반적인 침해사고에 있어서의 대응과는 달리 집적정보통신시설의 경우에는 신속한 대응이 이루어지지 못할 경우 사후적인 대응에 어려움이 따른 것이 예상되기 때문에, 피해확산을 방지하기 위한 긴급대응에 대해서 규정하고 있는 것이다.

　　물론 집적정보통신시설에 기반한 서비스의 일부 또는 전부 중단에 관한 판

단은 피해확산 가능성뿐만 아니라 각 사업자의 특수성에 기반하여 종합적으로 판단하여야 하기 때문에, 일의적으로 그 중단 등을 법률로 규정하기보다는 이용약관에 근거하여 이러한 중단행위가 이루어질 수 있도록 약간의 자율성을 부여하고 있다.

2 기본구조

정보통신망법 제46조의2는 크게 세 부분으로 구성되어 있다. 첫째, 중대한 침해사고 또는 정보통신망 등에 대한 심각한 장애 등이 발생할 우려가 있는 경우 서비스 중단(제1항), 둘째, 시설이용자에 대한 중단사실 등의 통보의무(제2항), 셋째, 중단사유 해소 시 서비스 재개(제3항)가 그것이다.

── Ⅱ. 주요내용

1 서비스의 전부 또는 일부의 제공 중단(제46조의2 제1항)

(1) 의의

정보통신망법 제46조의2 제1항은 집적정보통신시설에 대한 중대한 위험이 발생했거나 발생할 가능성이 있는 경우, 관련 서비스의 전부 또는 일부를 사업자들로 하여금 중단할 수 있다고 규정하고 있다. 이는 특정 요건 하에서의 서비스 중단행위에 대한 사업자의 면책을 명확히 함과 아울러, 분쟁의 여지를 어느 정도 해소하기 위한 목적을 가지고 있다.

(2) 중단사유

정보통신망법 제46조의2 제1항은 세 가지의 집적정보통신시설 사업자의 서비스 중단 사유를 규정하고 있다. 이는 기본적으로 중대한 위험을 구체적으로 명시하고 있는 성격을 가진다.

첫째, 집적정보통신시설을 이용하는 자의 정보시스템에서 발생한 이상 현상으로 다른 시설이용자의 정보통신망 또는 집적된 정보통신시설의 정보통신망에 심각한 장애를 발생시킬 우려가 있다고 판단되는 경우이다. 이는 직접적으로 집적정보통신시설에서 발생한 위험만이 아니라, 이와 네트워크상으로 연계되어 있는 시스템에서의 정보침해행위와 연계하여 발생할 수 있는 위험을 의미하는 것이다. 다만 시스템상 장애의 정도에 있어 "심각한 장애"에 해당하는 것이어야 한다. 즉 집적정보통신시설을 통한 서비스를 중단하지 않을 경우 대규모 피해 확산을 방지할 수 없는 수준에 이른 경우여야 한다.

둘째, 외부에서 발생한 침해사고로 집적된 정보통신시설에 심각한 장애가 발생할 우려가 있다고 판단되는 경우이다. 즉 집적된 정보통신시설 그 자체에서 발생한 침해사고가 아니라 당해 시스템 외부에서 발생한 사고의 경우에도 집적정보통신시설에 심각한 장애가 발생할 우려가 있는 경우에는 관련 시설을 통한 서비스를 중단할 수 있다.

셋째, 중대한 침해사고가 발생하여 과학기술정보통신부장관이나 한국인터넷진흥원이 요청하는 경우이다. 이는 기본적으로 집적정보통신시설 사업자의 판단과는 별도로 관련 기관에서 중대한 침해사고에 대응하는 과정에서 요청이 이루어지는 경우, 이에 따라 서비스를 중단할 수 있다는 점을 규정하고 있는 것이다.

집적정보통신시설 사업자의 서비스 중단 범위(전부 또는 일부) 및 절차에 관해서는 기본적으로 이용약관에 따라야 한다. 이러한 규정을 둔 이유는 법률 등의 규정으로 일의적으로 그 범위와 절차를 규정할 수 없고, 관련 사업자의 서비스 및 이용자 특성에 따라 그 내용이 달라질 수 있기 때문이다. 만일 이용약관에서 구체적으로 이러한 서비스 중단에 관해 규정하고 있지 않고 있다면, 피해 확산의 방지 가능여부를 기준으로 판단하는 것이 상당할 것이다.

"심각한 장애"에 대한 판단은, 동 규정에 별도의 형사적·행정적 제재를 규정하고 있지 않음을 볼 때, 이에 대해서는 기본적으로 사업자가 약관에 따른 자율적 판단에 근거한다고 보는 것이 타당하다. 이 경우 서비스제공 중단이 이루어지지 않음으로써 피해가 확산되었다는 점이 입증된 경우에 사업자는 민사상 불법행위책임을 지게 될 가능성이 높다.

"중대한 침해사고"에 대한 판단에 있어서도, 이에 대한 판단은 현재의 기술적 상황과 피해의 규모 등을 고려할 때 서비스의 중단이 필요한 경우라고 보아야 할 것이다. 일반적으로 사업자가 스스로 대응할 수 있는 수준의 침해사고인 경우에는 사업자들의 대응에 맡기는 것이 타당할 것이지만, 그렇지 않은 경우에는 피해 당시의 기술적 상황 등을 고려할 때 "중대한 침해사고"라고 보아야 한다. 이 규정 또한 사업자 및 관련 기관에 대한 의무를 규정하고 있는 것은 아니기 때문에, 기술적 상황을 고려한 재량적 판단이 가능하다고 보아야 하지만, 관련 기관의 그러한 서비스 중단요청으로 피해가 발생한 경우에는 민사상 손해배상의 문제가 발생할 수 있을 것이다.

2 서비스 중단사실의 통보 및 재개(제46조의2 제2항 및 제3항)

(1) 의의

정보통신망법 제46조의2에 규정되어 있는 집적정보통신시설 사업자의 긴급대응의 일환인 서비스의 전부 또는 일부 중단은 기본적으로 이용약관에 근거하여 이루어지는 것은 사실이지만, 서비스 이용자의 권리를 보호하기 위하여 별도의 절차 규정을 두고 있다.

즉 이용자들에 대한 서비스 중단사실 통보와 중단사유 해소 시 지체 없는 서비스 재개를 법률적으로 규정하고 있다. 그러나 이러한 서비스 중단 통보의무 및 서비스 재개의무를 이행하지 않더라도 별도의 벌칙 및 행정제재가 뒤따르는 것은 아니다.

(2) 서비스 중단사실의 통보

정보통신망법 제46조의2 제2항에 따르면, 긴급대응의 일환으로 사업자가 서비스의 제공을 중단하는 경우에는 중단사유, 발생일시, 기간 및 내용 등을 구체적으로 밝혀 시설이용자에게 즉시 알려야 한다고 규정하고 있다.

이러한 규정은 서비스 중단의 이유 및 내용에 관한 세부적인 사항들을 이용자들이 알 수 있도록 통보해야 한다는 의미의 규정으로, 여기에서 "즉시"가 의미하는 바는 서비스 중단 후 "지체 없이"를 의미하는 것으로 보아야 할 것이다.

"즉시"의 해석과 관련해서는, 개인정보 유출 등의 통지·신고 규정인 정보통신망법 제27조의3 제1항이 과거에 "정보통신서비스 제공자 등은 개인정보의 분실·도난·유출 사실을 안 때에는 지체 없이 다음 각 호의 모든 사항을 해당 이용자에게 알리고 과학기술정보통신부에 신고하여야 한다"고 규정하고 있던 것을 "정보통신서비스 제공자등은 개인정보의 분실·도난·유출 사실을 안 때에는 지체 없이 다음 각 호의 모든 사항을 해당 이용자에게 알리고 방송통신위원회 또는 한국인터넷진흥원에 신고하여야 하며, 정당한 사유 없이 그 사실을 안 때부터 24시간을 경과하여 통지·신고해서는 아니 된다"고 개정한 사례를 참조할 수 있다.

위 규정에서 24시간이라는 요건을 설정한 것에서 파악할 수 있는 것처럼, 정보통신망법 제46조의2 제2항 상의 "즉시"라는 표현은 중단 조치와 시간적 간격 없이 곧바로 통보하라는 것이 아니라, 사업자가 기술적 차원에서 통보이전에 기밀성을 유지하면서 필요한 선제적 대응조치는 취할 수 있는 시간을 허여한 것이라고 볼 수도 있다. 즉 관련 중단사유 등을 외부에 시간적 간격 없이 곧바로 공표하는 경우, 이러한 사실이 침해자 등에 의해 악의적으로 활용될 가능성이 있다.

(3) 서비스의 재개

정보통신망법 제46조의2 제3항은 집적정보통신시설 사업자들로 하여금 서비스 중단사유가 없어지면 즉시 해당 서비스의 제공을 재개하여야 한다고 규정하고 있다.

당연히 사업자들은 서비스 중단사유가 해소된 경우 계약상 의무를 이행하기 위하여 즉시 서비스를 재개할 필요성이 있는데, 이는 정당한 사유 없이 계약상 의무의 이행이 지체되는 것을 방지하기 위한 책무 규정이라고 할 수 있다.

제6절 정보보호 관리체계의 인증

제47조(정보보호 관리체계의 인증) ① 과학기술정보통신부장관은 정보통신망의 안정성·신뢰성 확보를 위하여 관리적·기술적·물리적 보호조치를 포함한 종합적 관리체계(이하 "정보보호 관리체계"라 한다)를 수립·운영하고 있는 자에 대하여 제4항에 따른 기준에 적합한지에 관하여 인증을 할 수 있다.

② 「전기통신사업법」 제2조 제8호에 따른 전기통신사업자와 전기통신사업자의 전기통신역무를 이용하여 정보를 제공하거나 정보의 제공을 매개하는 자로서 다음 각 호의 어느 하나에 해당하는 자는 제1항에 따른 인증을 받아야 한다.

1. 「전기통신사업법」 제6조 제1항에 따른 등록을 한 자로서 대통령령으로 정하는 바에 따라 정보통신망서비스를 제공하는 자

2. 집적정보통신시설 사업자

3. 연간 매출액 또는 세입 등이 1,500억 원 이상이거나 정보통신서비스 부문 전년도 매출액이 100억 원 이상 또는 3개월간의 일일평균 이용자수 100만 명 이상으로서, 대통령령으로 정하는 기준에 해당하는 자

③ 과학기술정보통신부장관은 제2항에 따라 인증을 받아야 하는 자가 과학기술정보통신부령으로 정하는 바에 따라 국제표준 정보보호 인증을 받거나 정보보호 조치를 취한 경우에는 제1항에 따른 인증 심사의 일부를 생략할 수 있다. 이 경우 인증 심사의 세부 생략 범위에 대해서는 과학기술정보통신부장관이 정하여 고시한다.

④ 과학기술정보통신부장관은 제1항에 따른 정보보호 관리체계 인증을 위하여 관리적·기술적·물리적 보호대책을 포함한 인증기준 등 그 밖에 필요한 사항을 정하여 고시할 수 있다.

⑤ 제1항에 따른 정보보호 관리체계 인증의 유효기간은 3년으로 한다. 다만, 제47조의5 제1항에 따라 정보보호 관리등급을 받은 경우 그 유효기간 동안 제1항의 인증을 받은 것으로 본다.

⑥ 과학기술정보통신부장관은 한국인터넷진흥원 또는 과학기술정보통신부장관이 지정한 기관(이하 "정보보호 관리체계 인증기관"이라 한다)으로 하여금 제1항 및 제2항에 따른 인증에 관한 업무로서 다음 각 호의 업무를 수행하게 할 수 있다.

1. 인증 신청인이 수립한 정보보호 관리체계가 제4항에 따른 인증기준에 적합한지 여부를

확인하기 위한 심사(이하 "인증심사"라 한다)

2. 인증심사 결과의 심의

3. 인증서 발급·관리

4. 인증의 사후관리

5. 정보보호 관리체계 인증심사원의 양성 및 자격관리

6. 그 밖에 정보보호 관리체계 인증에 관한 업무

⑦ 과학기술정보통신부장관은 인증에 관한 업무를 효율적으로 수행하기 위하여 필요한 경우 인증심사 업무를 수행하는 기관(이하 "정보보호 관리체계 심사기관"이라 한다)을 지정할 수 있다.

⑧ 한국인터넷진흥원, 정보보호 관리체계 인증기관 및 정보보호 관리체계 심사기관은 정보보호 관리체계의 실효성 제고를 위하여 연 1회 이상 사후관리를 실시하고 그 결과를 과학기술정보통신부장관에게 통보하여야 한다.

⑨ 제1항 및 제2항에 따라 정보보호 관리체계의 인증을 받은 자는 대통령령으로 정하는 바에 따라 인증의 내용을 표시하거나 홍보할 수 있다.

⑩ 과학기술정보통신부장관은 다음 각 호의 어느 하나에 해당하는 사유를 발견한 경우에는 인증을 취소할 수 있다. 다만, 제1호에 해당하는 경우에는 인증을 취소하여야 한다.

1. 거짓이나 그 밖의 부정한 방법으로 정보보호 관리체계 인증을 받은 경우

2. 제4항에 따른 인증기준에 미달하게 된 경우

3. 제8항에 따른 사후관리를 거부 또는 방해한 경우

⑪ 제1항 및 제2항에 따른 인증의 방법·절차·범위·수수료, 제8항에 따른 사후관리의 방법·절차, 제10항에 따른 인증취소의 방법·절차, 그 밖에 필요한 사항은 대통령령으로 정한다.

⑫ 정보보호 관리체계 인증기관 및 정보보호 관리체계 심사기관 지정의 기준·절차·유효기간 등에 필요한 사항은 대통령령으로 정한다.

──── I. 서 론

1 의의 및 기본취지

정보통신망법 제47조는 관리적·기술적·물리적 보호조치를 포괄하는 종합적 관리체계를 수립 및 운영하고 있는 자에 대하여 과학기술정보통신부장관이 정보보호 관리체계(ISMS: Information Security Management System)에 관한 인증을 부여할 수 있도록 규정하고 있다.

이는 사후적 규제를 중심으로 하는 정보침해 방지의 한계를 넘어서서, 기술적 환경 변화는 물론이고 사업자 특성에 따른 유기적 대응체계를 구축하도록 유도하는 위험관리(risk management)적 규제방식의 일환이라고 할 수 있다. 즉 정보통신서비스 제공자 등에게 정보보호 업무 대응체계에 대한 상시적인 주의를 환기시킴으로써, 정보보호 업무를 질적으로 제고하기 위한 것이다.

일반적으로 인증 등의 업무는 가급적 민간에서 자율적으로 수행하도록 하는 것이 타당하기 때문에, 정보통신망법 제47조는 원칙적으로는 자율적으로 정보보호 관리체계 인증을 부여받을 수 있도록 하되, 정보 침해 가능성이 높은 사업자 등에 대해서는 이를 의무화하여, 정보보호 관리체계 인증의 실효성을 제고하고 있다.

2 기본구조

정보통신망법 제47조는 크게 세 부분으로 구분해 볼 수 있다. 첫째, 정보보호 관리체계 인증 및 그 의무화 대상범위를 규정하고 있다. 둘째, 정보보호 관리체계 인증의 기준 등에 대해 정하고 있다. 셋째, 인증기관 및 인증에 관한 사후관리 등에 대해서 정하고 있다.

── Ⅱ. 주요내용

1️⃣ 정보보호 관리체계 인증 및 의무대상자 범위(제47조 제1항 및 제2항)

(1) 의의

정보보호 관리체계 인증은 각 사업자 또는 주체의 자율적 판단에 기초하여 부여받을 수 있다. 이 조항은 기본적으로 관련 행위자의 자발적인 정보보호 노력을 제고하기 위한 목적을 가지고 있기 때문이다. 또한 일반 이용자 입장에서는 이러한 인증을 부여받은 사업자들이 누구인지를 확인하여 안전한 서비스 선택에 활용할 수 있는 이점도 존재한다.

(2) 자율적 정보보호 관리체계 인증 유도

법률적 사항은 아니지만, 정보보호 관리체계 인증이 기본적으로는 자율적 성격을 가진다는 점에 착안하여, 정부 및 공공기관 등은 이러한 인증을 부여받은 사업자 등에 대하여 각종 인센티브를 제공하고 있다.

표 4-4. 정보보호 관리체계 인증 취득기업 혜택

구분	시행 기관	내용
평가 항목	과학기술 정보통신부	• 공공부문 정보시스템 기획·구축·운영 사업자, SW개발사업자 선정 시 「소프트웨어 기술성 평가기준」의 평가항목(기밀보안)에 ISMS 인증취득시 만점(최대 5점) 부여 ※「소프트웨어 기술성 평가기준」(과학기술정보통신부고시 제2014-29호, 2014.4.10) ※「소프트웨어 기술성 평가기준 적용가이드」(2011.10 개정, 정보통신산업진흥원), 82쪽
		• 보안관제 전문업체 지정 시 「보안관제 수행능력 평가기준」의 정보보호 인증기업(보안관리체계 보유 기업) 항목에 만점(최대 5점) 부여 ※「보안관제 전문업체 지정 등에 관한 공고」(과학기술정보통신부고시 제2013-089호, 2013.6.17) [별표2]

구분	시행 기관	내용
		• 정보보호 전문서비스 기업 지정 시 「업무수행능력심사 세부평가기준」의 정보보호 인증기업(보안관리체계 보유 기업) 항목에 만점(최대 5점) 부여 ※ 「지식정보보안 컨설팅전문업체의 지정 등에 관한 고시」(과학기술정보통신부고시 제2013-176호, 2013.11.15) [별표2]
	KISA	• 정보보호대상 평가 시 가점 부여
	한국기업 지배구조원	• 상장기업 대상 ESG(환경, 사회, 지배구조) 평가 일부 항목 대체
할인	보험사	• 정보보호관련 보험(배상책임보험 등) 가입 시 할인(AIG, LIG, 그린손해보험, 동부화재, 롯데손해보험, 메리츠화재, 삼성화재, 제일화재, 한화손해보험, 현대해상, 흥국화재)
권고	국토교통부	• 유비쿼터스도시기반시설에 대해 정보보호 관리체계(ISMS) 인증 취득을 권고 ※ 「유비쿼터스도시의 건설 등에 관한 법률」 제22조
	교육부	• 사이버대학에 대하여 정보보호 관리체계 인증의 취득을 권고 ※ 「원격교육 설비 기준 고시」(교육과학기술부고시 제2013-12호, 2013.3.14)
ISMS 인증 수수료 할인	KISA	• 중소기업 기업 할인 (매출액 100억 미만, 30%)

(3) 정보보호 관리체계 인증 의무화

　　정보통신망법 제47조 제2항은 의무적으로 정보보호 관리체계 인증을 받아야 하는 사업자를 별도로 정하고 있는데, 이는 정보 침해 가능성과 그로 인한 피해의 범위가 광범위할 수 있는 자들을 대상으로 하는 것이다. 의무적으로 정보보호 관리체계 인증을 받아야 하는 자들이 이를 이행하지 않은 경우, 정보통신망법 제76조 제1항 제6호의3에 근거하여 3,000만 원 이하의 과태료가 부과된다.

　　정보보호 관리체계 의무이행 대상자는 크게 전기통신사업자 중 전국적인 망 제공 서비스 사업자, 집적정보통신시설 사업자, 그리고 그 밖의 사업자 중 연간 매출액 1,500억 원 이거나 정보통신서비스 부문 전년도 매출액이 100억 원 이상 또는 일일평균 이용자수 100만 명 이상인 경우이다.

— 표 4-5. 정보보호 관리체계 인증의무 대상자

대상자 기준	세부분류	비고
전기통신사업법의 전기통신사업자로 전국적으로 정보통신망 서비스를 제공하는 사업자(ISP)	인터넷접속서비스, 인터넷전화서비스 등	서울 및 모든 광역시에서 정보통신망서비스 제공
타인의 정보통신서비스 제공을 위하여 집적된 정보통신시설을 운영·관리하는 사업자(IDC)	서버호스팅, 코로케이션 서비스 등	정보통신서비스 부문 전년도 매출액 100억 이하인 영세 IDC 제외
연간 매출액 또는 세입 등이 1,500억 원 이상이거나 정보통신서비스 부문 전년도 매출액이 100억 원 이상 또는 3개월간의 일일평균 이용자수 100만 명 이상으로서, 대통령령으로 정하는 기준에 해당하는 자	인터넷쇼핑몰, 포털, 게임, 예약, Cable-SO, 금융회사, 병원, 공공기관 등	정보통신서비스 부문 전년도 매출액 100억 이상 또는 전년도말 기준 직전 3개월간 일일 평균 이용자 수 100만 명 이상 사업자

정보통신망법 제47조 제3항은 정보보호 관리체계 인증의무 대상자 중 국제표준 정보보호 인증을 받거나 정보보호 조치를 취한 경우에는, 동 규정에서 정하고 있는 인증심사의 일부를 생략할 수 있도록 규정하고 있다. 이는 국제적으로 활용되고 있는 정보보호 인증제도(ISO27001)와의 중복 등의 문제를 해소하여 국내 개인정보 관리체계가 국제적 표준에 부합할 수 있도록 하는 방안이라고 할 수 있다.

2 정보보호 관리체계 인증 기준(제47조 제4항)

(1) 의의

정보통신망법 제47조 제4항은 정보보호 관리체계 인증 기준 등 필요한 사항들을 과학기술정보통신부장관이 고시할 수 있도록 규정하고 있으며, 이에 근거하여 정보보호 관리체계 인증 등에 관한 고시가 제정되었고, 2018년 11월부터 「(과학기술정보통신부) 정보보호 및 개인정보보호 관리체계 인증 등에 관한 고시」로 개정되어 시행중이다.

「(과학기술정보통신부) 정보보호 및 개인정보보호 관리체계 인증 등에 관한 고시」에 의하면, 관리체계 수립 및 운영, 보호대책 요구사항으로 구분하여 통제분야가 설정되어 있으며, 이러한 구분에 기반을 두어 개별적인 통제항목들이 구성되어 있다.

(2) 통제분야 및 통제항목 수

특히 「(과학기술정보통신부) 정보보호 및 개인정보보호 관리체계 인증 등에 관한 고시」[별표 7]은 그 세부적인 기준사항들을 정하고 있으며, 그 개괄적인 내용은 다음과 같다.

— 표 4-6. 정보보호 관리체계 인증기준

구분	통제분야	통제항목 수
관리체계 수립 및 운영	관리체계 기반 마련	6
	위험 관리	4
	관리체계 운영	3
	관리체계 점검 및 개선	3
	소계	16
보호대책 요구사항	정책, 조직, 자산 관리	3
	인적 보안	6
	외부자 보안	4
	물리 보안	7
	인증 및 권한관리	6
	접근통제	7
	암호화 적용	2
	정보시스템 도입 및 개발 보안	6
	시스템 및 서비스 운영관리	7
	시스템 및 서비스 보안관리	9
	사고 예방 및 대응	5
	재해복구	2
	소계	64

3 정보보호 관리체계 인증기관 및 사후관리(제47조 제5항~제12항)

(1) 의의

정보통신망법 제47조 제5항 이하는 정보보호 관리체계 인증의 신뢰도를 제고하기 위하여 인증체계(인증기관 등)와 사후관리에 관한 세부적인 사항들을 규정하고 있다.

정보보호 관리체계 인증은 관련 당사자들이 적정 수준 이상의 정보보호 업무체계를 유지할 수 있도록 유도함과 아울러, 인증받은 사업자 등에 대해 이용자들이 신뢰할 수 있도록 하기 위한 제도적 방안이라고 할 수 있기 때문에, 이러한 인증을 부여하는 기관의 업무수행의 신뢰성은 물론이고, 이들 기관으로부터 부여된 인증의 신뢰성을 유지할 수 있기 위한 방안을 확고히 할 필요가 있다.

(2) 정보보호 관리체계 인증기관 등

정보통신망법 제47조 제6항은 과학기술정보통신부장관에게 "정보보호 관리체계 인증기관"을 지정할 수 있도록 규정하고 있다. 이러한 정보보호 관리체계 인증기관으로는 한국인터넷진흥원과 과학기술정보통신부장관이 지정한 기관이 있다. 인증기관은 정보보호 관리체계 인증의무 대상자뿐만 아니라, 여타의 인증을 원하는 대상자들에게 인증부여 업무를 수행한다.

인증기관의 업무로는 1) 인증 신청인이 수립한 정보보호 관리체계가 제4항에 따른 인증기준에 적합한지 여부를 확인하기 위한 심사(인증심사), 2) 인증심사 결과의 심의, 3) 인증서 발급·관리, 4) 인증의 사후관리, 5) 정보보호 관리체계 인증심사원의 양성 및 자격관리, 6) 그 밖에 정보보호 관리체계 인증에 관한 업무가 있다(동법 제47조 제6항).

또한 신뢰성 있는 인증기관의 업무를 추진하기 위하여, 정보통신망법 시행령 제47조 제5항은 한국인터넷진흥원 또는 정보보호 관리체계 인증기관이 인증심사의 결과를 심의하기 위하여 정보보호에 관한 학식과 경험이 풍부한 자를 위원으로 하는 인증위원회를 설치·운영하여야 한다고 규정하고 있다.

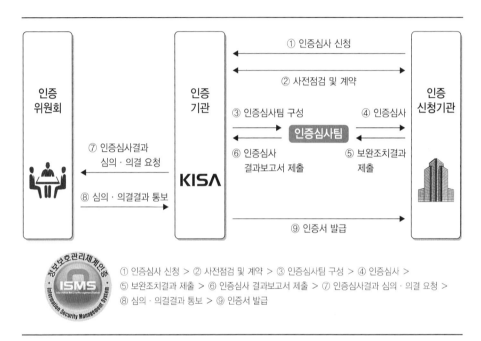

① 인증심사 신청

② 사전점검 및 계약

③ 인증심사팀 구성   ④ 인증심사

인증심사팀

⑥ 인증심사   ⑤ 보완조치결과
결과보고서 제출   제출

⑨ 인증서 발급

인증위원회

인증기관

KISA

인증신청기관

⑦ 인증심사결과
심의·의결 요청

⑧ 심의·의결결과 통보

ISMS
정보보호관리체계인증
Information Security Management System

① 인증심사 신청 > ② 사전점검 및 계약 > ③ 인증심사팀 구성 > ④ 인증심사 >
⑤ 보완조치결과 제출 > ⑥ 인증심사 결과보고서 제출 > ⑦ 인증심사결과 심의·의결 요청 >
⑧ 심의·의결결과 통보 > ⑨ 인증서 발급

— 그림 4-2. 정보보호 관리체계 인증절차 개관

위와 같은 인증기관 운영과 더불어, 정보통신망법 제47조 제7항은 인증에 관한 업무를 효율적으로 수행하기 위하여 인증심사 업무를 수행하는 "정보보호 관리체계 심사기관"을 과학기술정보통신부장관이 지정할 수 있는 것으로 규정하고 있다. 이는 실무적 차원의 심사 업무를 전문적이고 공정하게 수행함과 아울러, 효율적인 인증심사 업무를 추진하기 위한 방안이라고 할 수 있다.

(3) 정보보호 관리체계 인증 사후관리

정보통신망법 제47조 제5항은 정보보호 관리체계 인증의 유효기간을 원칙적으로 3년으로 설정하고 있다. 이러한 인증관리를 통하여 정보보호 관리체계 인증의 실효성을 유지할 수 있도록 하는 방안이라고 하겠다. 이와 더불어, 새롭게 신설된 정보통신망법 제47조의5에 따른 정보보호 관리등급을 부여받은 경우에는 그 유효기간동안 정보보호 관리체계 인증을 받은 것으로 보는 간주규정을 두어 인증체계 간의 중복을 피하도록 하였다.

또한 정보통신망법 제47조 제8항은 한국인터넷진흥원, 정보보호 관리체계 인증기관 및 정보보호 관리체계 심사기관은 정보보호 관리체계의 실효성을 제고하기 위하여 연 1회 이상 사후관리를 실시하고 그 결과를 과학기술정보통신부장관에게 통보하여야 한다고 규정함으로써, 정보보호 관리체계 인증의 실질적인 기능을 확보하기 위한 장치를 해 두었다.

정보보호 관리체계 인증은 정보통신망법 제47조 제10항에 의거하여, 일정한 사유가 발생한 경우 인증을 취소할 수 있도록 하고 있다. 이러한 인증 취소사유로는 1) 거짓이나 그 밖의 부정한 방법으로 정보보호 관리체계 인증을 받은 경우, 2) 정보보호 및 개인정보보호 관리체계 인증 등에 관한 고시 등에 따른 인증기준에 미달하게 된 경우, 3) 법률에 근거한 각 기관의 사후관리를 거부 또는 방해한 경우 등이 있다. 또한 이러한 정보보호 관리체계 인증취소를 위해 동법 제64조의4 제3호는 청문절차를 거치도록 규정하고 있는데, 이는 절차적 적법성을 확보하기 위한 규정이다.

정보보호 관리체계 인증이 정보통신망법 제47조 제10항에 의해 취소된 경우, 동조 제2항에 따라 의무적으로 인증을 받아야 하는 사업자는 재차 인증을 받기 위해 요건을 갖추어 인증심사를 신청하여야 할 것이다. 이 경우 인증 무효가 아니라 취소이기 때문에 동조 제2항을 이유로 곧바로 과태료가 부과된다고 보지 않음이 타당하다.

제7절 정보보호 관리체계 인증기관 및 심사기관 지정취소

제47조의2(정보보호 관리체계 인증기관 및 정보보호 관리체계 심사기관의 지정취소 등)
① 과학기술정보통신부장관은 제47조에 따라 정보보호 관리체계 인증기관 또는 정보보호 관리체계 심사기관으로 지정받은 법인 또는 단체가 다음 각 호의 어느 하나에 해당하면 그 지정을 취소하거나 1년 이내의 기간을 정하여 해당 업무의 전부 또는 일부의 정지를 명할 수 있다. 다만, 제1호나 제2호에 해당하는 경우에는 그 지정을 취소하여야 한다.

1. 거짓이나 그 밖의 부정한 방법으로 정보보호 관리체계 인증기관 또는 정보보호 관리체계 심사기관의 지정을 받은 경우
2. 업무정지기간 중에 인증 또는 인증심사를 한 경우
3. 정당한 사유 없이 인증 또는 인증심사를 하지 아니한 경우
4. 제47조 제11항을 위반하여 인증 또는 인증심사를 한 경우
5. 제47조 제12항에 따른 지정기준에 적합하지 아니하게 된 경우

② 제1항에 따른 지정취소 및 업무정지 등에 필요한 사항은 대통령령으로 정한다.

—— I. 서 론

1 의의 및 기본취지

정보통신망법 제47조의2는 정보보호 관리체계 인증 및 심사의 공정성과 신뢰성, 그리고 효율성을 담보하기 위하여, 이에 적합하지 않은 인증기관 및 심사기관의 경우 지정의 취소 또는 정지가 가능하도록 규정하고 있다.

2 기본구조

정보통신망법 제47조의2는 두 부분으로 구성되어 있다. 첫째, 정보보호 관리체계 인증기관 및 심사기관의 지정취소 및 정지를 규정하고 있다. 둘째, 지정취소 및 업무정리에 필요한 사항을 대통령령으로 위임하고 있다.

── II. 주요내용

1 인증기관 및 심사기관의 지정취소 및 업무정지(제47조의2 제1항 및 제2항)

(1) 의의

정보통신망법 제47조의2 제1항은 과학기술정보통신부장관에게 정보보호 관리체계 인증기관 및 정보보호 관리체계 심사기관의 지정취소 및 업무정지 권한을 부여하고 있다. 이는 정보보호 관리체계 인증의 신뢰성과 효율성을 확보하기 위한 입법조치라고 할 수 있다.

정보보호 관리체계 인증기관 및 심사기관이 특정 사유에 해당하는 경우 일의적으로 지정취소만을 규정하게 되면, 오히려 정보보호 관리체계 인증 운영에 지장을 초래할 가능성도 있기 때문에, 동 규정은 단순히 지정취소만을 규정하는 것이 아니라 1년 이내의 기간에서 해당 업무의 전부 또는 일부의 정리를 명할 수 있도록 유연성을 확보하고 있다.

(2) 지정취소 및 업무정지 사유

정보통신망법 제47조의2 제1항은 인증기관 및 심사기관의 지정취소 및 업무정지사유를 정하고 있다. 이러한 사유에는 1) 거짓이나 그 밖의 부정한 방법으로 정보보호 관리체계 인증기관 또는 정보보호 관리체계 심사기관의 지정을 받은 경우, 2) 업무정지기간 중에 인증 또는 인증심사를 한 경우, 3) 정당한 사유 없이 인증 또는 인증심사를 하지 아니한 경우, 4) 대통령령 등에서 정하고 있는 방법 및 절차 등을 위반하여 인증 또는 인증심사를 한 경우, 대통령령 등에서 정하고 있는 지정기준에 적합하지 아니하게 된 경우가 있다.

정보통신망법 제47조의2에 따르면, 위 사유에 해당하는 경우 과학기술정보통신부장관은 그 정도 등을 고려하여 지정취소 또는 업무정지를 명할 수 있다. 다만 1) 거짓이나 그 밖의 부정한 방법으로 정보보호 관리체계 인증기관 또는 정보보호 관리체계 심사기관의 지정을 받은 경우, 2) 업무정지기간 중에 인증 또는 인증심사를 한 경우에는 필수적으로 지정취소만을 명할 수 있다. 이러한 지정취소 및 업무정지의 구체적인 기준은 정보통신망법 시행령 [별표 4]에서 규정하고 있다(※ 참고: 심사기관에 관한 사항은 법 개정으로 인하여 2016년 6월 2일 시행예정이므로, 아직까지 대통령령에서는 이를 정하고 있지 않지만, 내용적으로는 인증기관의 그것과 유사할 것으로 판단됨).

지정취소 및 업무정지에 관한 행정처분의 기준(제54조 관련)

1. 일반기준
    가. 위반행위가 둘 이상인 경우로서 그에 해당하는 각각의 처분기준이 다른 경우에는 그 중 무거운 처분기준에 따른다. 다만, 둘 이상의 처분기준이 같은 업무정지인 경우에는 각 처분기간을 합산한 기간을 넘지 않는 범위에서 무거운 처분기준의 2분의 1까지 가중(가중하는 경우에도 1년을 초과할 수 없다. 이하 같다)할 수 있다.
    나. 위반행위의 횟수에 따른 행정처분기준은 최근 2년간 같은 위반행위로 행정처분을 하는 경우에 적용한다. 이 경우 위반행위에 대하여 행정처분을 한 날과 다시 같은 위반행위를 적발한 날을 각각 기준으로 하여 위반횟

수를 계산한다.

다. 처분권자는 다음의 사유를 고려하여 처분을 가중하거나 감경(법 제47조의2 제1항 제1호 및 제2호에 해당하는 경우는 제외한다)할 수 있다. 이 경우 그 처분이 업무정지인 경우에는 처분기준의 2분의 1의 범위에서 가중하거나 감경할 수 있고, 지정취소인 경우에는 6개월의 업무정지로 감경할 수 있다.

  1) 가중 사유

    가) 위반행위가 사소한 부주의나 단순한 오류가 아닌 고의나 중대한 과실에 따른 것으로 인정되는 경우

    나) 위반의 내용과 정도가 중대하여 정보보호 관리체계 운영자 및 정보통신서비스 이용자에게 미치는 피해가 크다고 인정되는 경우

    다) 위반행위의 기간 등에 비추어 가중이 필요하다고 인정되는 경우

    라) 그 밖에 정보보호 관리체계 업무에 대한 정부 정책상 가중이 필요하다고 인정되는 경우

  2) 감경 사유

    가) 위반행위가 고의나 중대한 과실이 아닌 사소한 부주의나 단순한 오류로 인한 것으로 인정되는 경우

    나) 위반의 내용과 정도가 경미하여 즉시 시정할 수 있다고 인정되는 경우

    다) 그 밖에 정보보호 관리체계 업무에 대한 정부 정책상 감경이 필요하다고 인정되는 경우

2. 개별기준

위반행위	근거 법조문	위반횟수별 처분기준		
		1차	2차	3차 이상
가. 거짓이나 그 밖의 부정한 방법으로 정보보호 관리체계 인증기관의 지정을 받은 경우	법 제47조의2 제1항 제1호	지정취소		
나. 업무정지기간 중에 인증을	법 제47조의2 제1항 제2호	지정취소		

위반행위	근거 법조문	위반횟수별 처분기준		
		1차	2차	3차 이상
한 경우				
다. 정당한 사유 없이 인증을 하지 않은 경우	법 제47조의2 제1항 제3호			
1) 정보보호 관리체계 인증 기관으로 지정된 후 3년 이 경과하도록 정보보호 관리체계 인증 실적이 없는 경우		지정취소		
2) 천재지변, 인증심사원의 부족 등의 사유로 인증업 무를 원활하게 수행할 수 없는 경우 등 불가피한 경우가 아님에도 불구하 고 인증을 거부한 경우		업무정지 1개월	업무정지 2개월	업무정지 3개월
라. 법 제47조 제9항을 위반하 여 인증을 한 경우	법 제47조의2 제1항 제4호			
1) 인증심사원의 자격요건 을 갖추지 않은 자가 인 증심사를 수행한 경우		업무정지 3개월	업무정지 6개월	업무정지 9개월
2) 정보보호 관리체계 인증 기관이 신청인과 협의 없이 인증의 범위 및 일 정을 임의로 정한 경우		업무정지 2개월	업무정지 4개월	업무정지 6개월
3) 제51조에 따른 인증의 사후관리를 실시하지 않 은 경우		업무정지 1개월	업무정지 2개월	업무정지 3개월
마. 법 제47조 제10항에 따른 지정기준에 적합하지 않게 된 경우	법 제47조의2 제1항 제5호	업무정지 3개월	업무정지 6개월	지정취소

이러한 정보보호 관리체계 인증기관의 지정취소 및 업무정지를 명함에 있어 과학기술정보통신부장관은 정보통신망법 제64조의4 제4호에 의거하여 청문절차 를 거쳐야 한다. 관련 규정의 법문상 이러한 청문절차는 인증기관의 경우에만 해 당하는 것으로 인증 심사기관의 지정취소 및 업무정지에는 적용되지 않는다.

제8절 개인정보보호 관리체계 인증

제47조의3(개인정보보호 관리체계의 인증) ① 방송통신위원회는 정보통신망에서 개인정보보호 활동을 체계적이고 지속적으로 수행하기 위하여 필요한 관리적·기술적·물리적 보호조치를 포함한 종합적 관리체계(이하 "개인정보보호 관리체계"라 한다)를 수립·운영하고 있는 자에 대하여 제2항에 따른 기준에 적합한지에 관하여 인증을 할 수 있다.

② 방송통신위원회는 제1항에 따른 개인정보보호 관리체계 인증을 위하여 관리적·기술적·물리적 보호대책을 포함한 인증기준 등 그 밖에 필요한 사항을 정하여 고시할 수 있다.

③ 개인정보보호 관리체계의 수행기관, 사후관리 등에 대하여는 제47조 제6항부터 제12항까지의 규정을 준용한다. 이 경우 "제1항 및 제2항"은 "제1항"으로 본다.

④ 개인정보보호 관리체계 인증기관의 지정취소 등에 대하여는 제47조의2를 준용한다.

——— Ⅰ. 서 론

1️⃣ 의의 및 기본취지

개인정보보호 관리체계(PIMS: Personal Information security Management System) 인증은 개인정보보호를 위한 사후적 규제의 한계를 탈피하여 실질적인 개인정보보호의 목적을 달성하기 위하여 사전 예방 차원에서의 위험관리(risk management)를 실현하기 위한 제도적 방안이라고 할 수 있다.

정보통신망법 제47조의3에 규정되어 있는 개인정보보호 관리체계 인증은 동법 제47조에 규정되어 있는 정보보호 관리체계 인증과 유사한 측면이 있지만, 개인정보보호 관리체계 인증은 기본적으로 개인정보(개인 식별 가능성을 가지는 정보) 보호와 연관된 인증체계로서의 특수성을 가진다. 이러한 견지에서 개인정보보호 관리체계 인증은 정보통신망법상 개인정보보호 주무부처인 방송통신위원회가 소관한다.

다만 정보보호라는 측면에서 개인정보보호 관리체계 인증과 정보보호 관리체계 인증은 상당부분 유사한 측면이 있기 때문에, 정보보호 관리체계 인증에 관한 규정들을 상당부분 준용하고 있다.

개인정보보호 관리체계 인증의 경우에도, 여타의 인증제도와 유사하게 기본적으로는 자율적인 관리체계 구축을 전제로 한 규정이라고 할 수 있다. 특히 개인정보보호 관리체계 인증은 정보보호 관리체계 인증과는 달리 인증 의무화 규정 등을 두고 있지 않다.

2 기본구조

정보통신망법 제47조의3은 개인정보보호 관리체계 인증 부여권한, 인증기준, 수행기관 및 사후관리, 인증기관의 지정취소 등의 네 부분으로 구성되어 있다.

── II. 주요내용

1 개인정보보호 관리체계 인증(제47조의3 제1항)

(1) 의의

정보통신망법 제47조의3 제1항은 정보통신망에서 개인정보보호 활동을 체계적이고 지속적으로 수행하기 위하여 필요한 기술적·관리적·물리적 보호조치를 포함한 종합적 관리체계를 수립·운영하고 있는 자에 대하여 법령 및 고시 등에서 설정하고 있는 기준 등에 적합한지에 관하여 인증을 부여할 수 있는 권한을 방송통신위원회에 부여하고 있다.

'개인정보보호 관리체계 인증'은 '정보보호 관리체계 인증'과 그 운용 목적상 차별성을 가진다. 특히 개인정보보호 관리체계 인증은 개인정보에 특화된 관리체계 인증을 의미하는데, 정보통신망법 제2조 제1항 제6호에 따르면 개인 정보란 "생존하는 개인에 관한 정보로서 성명·주민등록번호 등에 의하여 특정한 개인을 알아볼 수 있는 부호·문자·음성·음향 및 영상 등의 정보(해당 정보만으로는 특정 개인을 알아볼 수 없어도 다른 정보와 쉽게 결합하여 알아볼 수 있는 경우에는 그 정보를 포함한다)"를 말한다.

이러한 개인정보보호 관리체계 인증을 통하여 사업자등 각 행위자들이 개인정보보호 기준에 부합하는 관련 대응체계를 사전에 확보하게 함으로써, 실질적인 개인정보 침해위협을 저감시키기 위한 제도적 방안이라고 할 수 있다.

(2) 개인정보 관리체계 인증시 혜택

개인정보보호 관리체계 인증은 어디까지나 인증대상 사업자 등의 자율적인 개인정보보호 노력을 강구하기 위한 제도적 수단이다. 그러나 정보보호 관리체계 인증과는 달리 개인정보보호 관리체계 인증 규정에는 인증 의무화 규정등을 별도로 두고 있지 않아 그 실효성을 담보하기 힘든 측면이 있다.

따라서 방송통신위원회는 인증 취득기업의 개인정보 사고 발생시, 정보통신망법 및 방통위 고시 등에 따라 부과되는 과징금의 경감을 고려할 수 있도록 재량을 발휘할 수 있는데, 특히 개인정보보호 법규 위반에 대한 과징금 부과기준(방통위 고시 제2014-27)([별표] 임의적 가중·감경 금액)은 위반 전기통신사업자가 개인정보 보호를 위해 방송통신위원회가 인정하는 인정을 받은 경우 100분의 50 이내로 할 수 있도록 규정하고 있다.

2 ▌ 개인정보보호 관리체계 인증기준(제47조의3 제2항)

(1) 의의

정보통신망법 제47조의3 제2항은 방송통신위원회로 하여금 개인정보보호 관리체계 인증을 위하여 관리적·기술적·물리적 보호대책을 포함한 인증기준 등 그 밖에 필요한 사항을 정하여 고시할 수 있도록 규정하고 있으며, 이에 따라 개인정보보호 관리체계 인증 등에 관한 고시가 제정되어 있다.

개인정보보호 관리체계의 인증기준은 KISA−ISMS, ISO/IEC 27001, BS10012 등 국내·외의 표준과 정보통신망법에 명시된 개인정보보호조치를 고려하여 국내 환경 및 그 변화상황에 적합하도록 보완하여 개발한 것이다.

(2) 인증기준

「(방송통신위원회) 정보보호 및 개인정보보호 관리체계 인증 등에 관한 고시」([별표 7])에 따른 개인정보보호 관리체계 인증기준은 개인정보 처리 단계별 요구사항을 정하고 있고, 이를 통해 개인정보보호를 위한 관리적·기술적·물리적 보호조치 등의 인증기준을 제시하고 있다.

━ 표 4-7. 개인정보보호 관리체계 인증기준

구분	통제분야	통제항목 수
개인정보 처리 단계별 요구사항	개인정보 수집 시 보호조치	7
	개인정보 보유 및 이용 시 보호조치	5
	개인정보 제공 시 보호조치	4
	개인정보 파기 시 보호조치	3
	정보주체 권리보호	3
	소계	22

3 ▌ 수행기관 및 절차 등(제47조의3 제3항 및 제4항)

(1) 의의

개인정보보호 관리체계의 인증기관 및 심사기관, 그리고 제반 절차에 관해서는 법률적 차원에서 정보통신망법 제47조 및 제47조의2 등 정보보호 관리체계 인증에 관한 내용들을 준용하고 있기 때문에, 이와 대동소이하다.

(2) 수행기관 및 지정취소

정보통신망법 제47조의3 제3항 및 제4항은 각각 정보보호 관리체계에 관한 동법 제47조 및 제47조의2를 준용하고 있으므로, 개인정보보호 관리체계 인증과 관련해서 방송통신위원회는 인증기관 및 심사기관을 지정할 수 있다. 또한 인증기관 및 심사기관의 수행업무 또한 정보보호 관리체계 인증의 경우와 동일하다.

이러한 인증기관(수행기관)의 지정취소와 관련해서도 정보보호 관리체계 인증과 동일하다고 할 수 있지만, 정보통신망법 제47조의3 제4항은 인증기관의 지정취소에 대해서만 동법 제47조의2(정보보호 관리체계 인증기관 및 정보보호 관리체계 심사기관의 지정취소 등)를 준용하고 있다.

(3) 인증절차 및 사후관리

정보통신망법 제47조의3 제3항은 인증절차는 물론이고, 사후관리와 관련해서도 정보보호 관리체계 인증 관련 규정을 준용하고 있다.

제9절 이용자 정보보호

제47조의4(이용자의 정보보호) ① 정부는 이용자의 정보보호에 필요한 기준을 정하여 이용자에게 권고하고, 침해사고의 예방 및 확산 방지를 위하여 취약점 점검, 기술 지원 등 필요한 조치를 할 수 있다.

② 주요정보통신서비스 제공자는 정보통신망에 중대한 침해사고가 발생하여 자신의 서비스를 이용하는 이용자의 정보시스템 또는 정보통신망 등에 심각한 장애가 발생할 가능성이 있으면 이용약관으로 정하는 바에 따라 그 이용자에게 보호조치를 취하도록 요청하고, 이를 이행하지 아니하는 경우에는 해당 정보통신망으로의 접속을 일시적으로 제한할 수 있다.

③ 「소프트웨어산업 진흥법」 제2조에 따른 소프트웨어사업자는 보안에 관한 취약점을 보완하는 프로그램을 제작하였을 때에는 한국인터넷진흥원에 알려야 하고, 그 소프트웨어 사용자에게는 제작한 날부터 1개월 이내에 2회 이상 알려야 한다.

④ 제2항에 따른 보호조치의 요청 등에 관하여 이용약관으로 정하여야 하는 구체적인 사항은 대통령령으로 정한다.

—— I. 서 론

1 의의 및 기본취지

인터넷 등 네트워크를 통한 정보 침해사고 및 그 확산의 방지를 위해서는 정부 및 사업자들의 노력은 물론이고, 개별 이용자들의 신속한 대응도 요청된다. 그러나 이를 위하여 단순한 소비자 수준의 지위에 있는 이용자들에게 정보보호를 위한 의무 및 기본권 제한을 규정하는 것은 타당하지 않기 때문에, 당초 정보통신서비스 제공자와 이용자 간의 약관 또는 계약에 기반하여 관련 조치를 요청할 수 있도록 하는 취지의 규정이 바로 정보통신망법 제47조의4(이용자의 정보보호)이다.

따라서 정보통신망법 제47조의4는 기본적으로 이용자의 자율적 정보보호 노력을 촉구 및 지원하는 성격을 가지는 규정이라고 할 수 있다. 다만 사업자와 이용자 간의 이용약관의 내용에 대해서는 일정 수준의 가이드라인이 필요할 수 있기 때문에, 이에 대해서는 대통령령으로 그 개괄적인 사항을 정하는 것으로 규정하고 있다.

2 ■ 기본구조

정보통신망법 제47조의4는 우선 정부는 정보보호에 필요한 조치를 이용자에게 권고하고 또한 정보 침해사고의 확산방지를 위한 기술적 차원의 지원을 규정하고 있고, 중대한 침해사고 등이 발생한 경우 약관에 따라 이용자에 대한 정보보호조치 요청권한 및 망 접속의 일시적 제한 권한을 정함과 아울러, 소프트웨어 취약점 보완사항의 사용자에 대한 통지를 규정하고 있다.

── II. 주요내용

1 ■ 이용자에 대한 권고 및 정부의 역할(제47조의4 제1항)

(1) 의의

정보통신망법 제47조의4 제1항은 정부로 하여금 이용자의 정보보호에 필요한 기준을 정하여 이용자에게 권고하고, 침해사고의 예방 및 확산을 방지하기 위하여 취약점 점검, 기술 지원 등 필요한 조치를 할 수 있다고 규정하고 있는 일종의 책무 규정이다.

이러한 입법적 조치는 여타의 정보보호 관련 규정이 정보침해행위 방지 등을 위한 정보통신서비스 제공자의 의무사항에 대한 규정만을 두고 있다는 점에서 그 의의를 가지는데, 특히 정보통신서비스 제공자뿐만 아니라 정부 및 이용자의 주의를 환기시키고 있다.

(2) 정부의 취약점 점검 및 기술 지원

정보통신망법 제47조의4 제1항은 침해사고의 예방 및 확산 방지를 위하여 취약점 점검, 기술 지원 등 필요한 조치를 취할 수 있다고 규정하고 있다. 이는 기본적으로 일반적인 정부의 책무를 규정한 것으로 볼 수 있다. 이 규정을 근거로 하여 구체적인 작위의무를 도출해 낼 수 있는지에 관해서는 견해가 대립할 수 있지만, 제47조의4 제1항을 문법적으로 해석하면 이를 근거로 하여 비례성 원칙에 합치하는 범위 안에서 정부의 구체적인 작위의무를 도출할 수 있다고 판단된다.

다만 이 규정을 근거로 이루어지는 이용자 정보보호를 위한 취약점 점검 및 기술 지원은 당연히 국가 행정권의 작용적 한계인 실정법 및 비례성 원칙을 준수하여야 한다. 즉 법문에 명확히 명시되어 있는 바와 같이, 기본적으로 사고의 예방 및 확산 방지를 위한 목적(예방목적)으로 이루어져야 하며, 이보다 적극적인 정부의 침해사건 관련 사실 및 원인 확인 등을 위한 개입 조치는 정보통신법 제48조의4(침해사고의 원인 분석 등) 및 「정보통신기반 보호법」 등의 제반규정들을 통해 이루어진다고 보는 것이 타당하다.

특히 동조는 "정부는 … 침해사고의 예방 및 확산 방지를 위하여 취약점 점검, 기술 지원 등 필요한 조치를 할 수 있다"고 규정하고 있는데, 조치의 주체를 정부로 한 것은 사안 발생의 영역에 따라 과학기술정보통신부뿐만 아니라 소관 영역을 규율하고 있는 다양한 정부부처 및 기관들이 연계되어 있기 때문이다.

2 이용자에 대한 정보보호조치 요청 및 접속제한(제47조의4 제2항)

(1) 의의

정보통신망법 제47조의4 제2항은 정보통신망에 중대한 침해사고가 발생하여 자신의 서비스를 이용하는 이용자의 정보시스템 또는 정보통신망 등에 심각한 장애가 발생할 가능성이 있으면 이용약관으로 정하는 바에 따라 그 이용자에게 보호조치를 취하도록 요청하고, 이를 이행하지 아니하는 경우에는 해당 정보통신망으로의 접속을 일시적으로 제한할 수 있다고 규정하고 있다.

이용자는 정보 침해사고로 인하여 중대한 피해확산의 우려가 있는 경우에 당연히 정보보호 조치를 취해야 하겠지만, 그렇지 않은 경우에 정보보호 업무가 정상적으로 이루어질 수 없기 때문에, 이의 실효성을 높이기 위하여 이용자의 망 접속에 일정한 제한을 가할 수 있는 근거규정을 둔 것이다.

(2) 주요정보통신서비스 제공자

1) 서론

정보통신망법 제47조의4 제2항은 "주요정보통신서비스 제공자"의 권한을 규정하고 있다. 그러나 정보통신망법에는 "주요정보통신서비스 제공자"에 대한 개념정의 규정을 두고 있지 않다. 이는 일종의 입법적 흠결에 해당한다.

당초 "주요정보통신서비스 제공자"라는 표현은 개정전 정보통신망법 제47조의2(이용자 정보보호) 등에서 도입되었으며(2004.1.29, 일부개정), 당시 그 개념정의 규정은 개정전 정보통신망법 제45조(정보통신망의 안정성 확보 등) 제4항 제1호에 "전기통신사업법 제2조 제1항 제1호의 규정에 의한 전기통신사업자로서 전국적으로 정보통신망접속서비스를 제공하는 자(이하 "주요정보통신서비스제공자"라 한다)"로 되어 있었다. 이후 정보통신망법의 잦은 개정으로 인하여, 이러한 개념정의 규정은 개정전 정보통신망법 제46조의3(정보보호 안전진단) 제1항 제1호로 이전되었다가(2007.1.26, 일부개정), 정보보호 관리체계 인증제도 제47조(정보보호 관리체계의 인증)로 이전되는 과정에서 삭제·변경되었다(2012.2.17. 일부개정). 결과적으로 현행 정보통신망법에는 "주요정보통신서비스 제공자"에 대한 개념정의 규정은 존재하지 않는다.

　　과거 개념정의에 따르면, '전기통신사업자로서 전국적으로 정보통신망접속서비스를 제공하는 자'가 주요정보통신서비스 제공자라고 할 수 있는데, 이는 현행법상 정보통신서비스제공자인 '전기통신사업법 제2조 제8호에 따른 전기통신사업자와 영리를 목적으로 전기통신사업자의 전기통신역무를 이용하여 정보를 제공하거나 정보의 제공을 매개하는 자'의 개념정의 내용에 해당하는 사업자 중 정보제공자가 제공하는 정보에 접근할 수 있도록, 즉 인터넷에 접속할 수 있도록 서비스(internet carriage service)를 제공하는 자를 의미한다. 이는 일명 인터넷접속서비스제공자라고 불린다. 이는 SK, KT, LG와 같은 광대역 초고속통신망서비스를 제공하는 사업자가 전형적인 사례이다.[1]

　　이는 분명히 입법과오(개정과정에서의 법문 수정 오류)에 해당하는 부분이라고 할 수 있지만, "주요정보통신서비스 제공자"의 개념정의가 문제시되고 있는 정보통신망법 제47조의4 제2항 별도의 벌칙 및 행정제재 규정과 연계되어 있지 않으므로, 한 동안은 행정재량에 근거하여 운용이 가능하겠지만, 향후 반드시 수정이 필요한 부분으로 보인다.

　　이 문제를 해결할 수 있는 가장 좋은 방법은 현행 정보통신망법을 개정하여 "주요정보통신서비스 제공자"의 개념정의를 새롭게 추가하는 것이다. 이렇게 명문으로 개념을 규정해야만 이에 관한 해석문제를 명확하게 해소할 수 있다.

　　다만 정보통신망법을 신속하게 개정하는 것은 쉽지 않으므로, 해석론을 통해 "주요정보통신서비스 제공자" 개념을 확정할 필요가 있다. 아래에서 이를 상세하게 살펴보도록 한다.

2) 정보통신서비스 제공자의 개념

　　우선 논의의 출발점으로서 '정보통신서비스 제공자'의 개념부터 살펴본다.

1　황성기, 『한국 인터넷 표현 자유의 현주소: 판례 10선』(커뮤니케이션북스, 2015), 25–26쪽.

정보통신망법 제2조 제1항 제2호에 따르면, "정보통신서비스 제공자"란 "전기통신사업법제2조 제8호에 따른 전기통신사업자와 영리를 목적으로 전기통신사업자의 전기통신역무를 이용하여 정보를 제공하거나 정보의 제공을 매개하는 자"를 말한다.

이러한 개념정의에서 특징적으로 확인할 수 있는 것은, "영리를 목적으로"라는 개념요소가 "정보통신서비스 제공자"의 개념에 포함된다는 점이다. 그렇다면 인터넷 안에서 쉽게 만나는 개인홈페이지 혹은 각종 블로그 등은 정보통신서비스 제공자 개념에 포섭시키기 어렵다는 결론을 이끌어낼 수 있다. 왜냐하면 이들은 "영리를 목적으로" 개인홈페이지나 블로그를 운영한다고 볼 수 없기 때문이다.

3) 주요정보통신서비스 제공자의 개념

이어서 주요정보통신서비스 제공자의 개념을 살펴본다. 이를 위해서는 역사적 해석방법과 체계적 해석방법을 동원할 필요가 있다.

역사적 해석방법에 따르면, 구 정보통신망법 제45조 제4항 제1호에서 "전기통신사업법 제2조 제1항 제1호의 규정에 의한 전기통신사업자로서 전국적으로 정보통신망접속서비스를 제공하는 자"를 "주요정보통신서비스 제공자"라고 규정하고 있었다는 점을 근거로 하여 현행 정보통신망법의 "주요정보통신서비스 제공자" 역시 이렇게 개념정의할 수 있다. 이에 따르면, "전국적으로 정보통신망접속서비스를 제공하는 자"가 "주요정보통신서비스 제공자"에 해당한다.

그러나 "주요정보통신서비스 제공자"의 개념을 이렇게만 정의하는 것은 현재 상황에 비추어볼 때 너무 협소하게 정의하는 것이라고 생각한다. 그러므로 현행 정보통신망법의 전체 체계를 종합적으로 고려하는 체계적 해석을 통해 "주요정보통신서비스 제공자"의 개념을 더욱 확장할 필요가 있다. 이러한 관점에서 볼 때 현행 정보통신망법 제47조 제2항 제3호는 이에 관해 의미 있는 시사점을 제공한다. 제47조는 "정보보호 관리체계의 인증"에 관해 규정하는 조항인데, 같은 법 제2항 제3호는 인증을 받아야 하는 주체로서 "연간 매출액 또는 세입 등이 1,500억 원 이상이거나 정보통신서비스 부문 전년도 매출액이 100억 원 이상 또는 3개월간의 일일평균 이용자수 100만 명 이상으로서, 대통령령으로 정하는 기준에 해당하는 자"를 규정한다. 현행 정보통신망법은 정보통신서비스 제공자 가운데서 그 중요성이 인정되는 제공자들이 '인증'을 받도록 규정하고 있으므로, 제47조 제2항 제3호가 규정하는 정보통신서비스 제공자도 "주요정보통신서비스 제공자"의 개념에 포함된다고 말할 수 있다.

이러한 취지에서 보면, "주요정보통신서비스 제공자"는 다음과 같이 정의내릴 수 있다. 첫째, "전국적으로 정보통신망접속서비스를 제공하는 자"를 말한다. 둘째, "연간 매출액 또는 세입 등이 1,500억 원 이상이거나 정보통신서비스 부문 전년도 매출액이 100억 원 이상 또는 3개월간의 일일평균 이용자수 100만 명 이상으로서, 대통령령으로 정하는 기준에 해당하는 자", 다시 말해 "정보보호 관리체계의 인증"을 받아야 하는 자를 말한다.[2]

(3) 일시적 접속제한

법문의 해석상, 주요정보통신서비스 제공자는 약관에 근거하여 이용자에게 정보보호 조치를 취하도록 요청할 수 있으며, 그러한 요청이 이루어진 이후에 이를 이행하지 않은 경우에만 정보통신망으로의 접속을 제한할 수 있다고 보아야 한다.

또한 접속제한 조치는 일시적인 것이어야 한다. 따라서 사실상 영구적인 접속제한 조치는 허용되지 않는다고 보아야 한다. 그렇다면 접속제한 조치 중단은 중대한 침해사고의 발생으로 인한 심각한 장애 발생 가능성이 해소된 경우에 이루어져야 한다고 해석하는 것이 타당하다.

---

2 이러한 해석에 반대하는 경우로는 이민영, "'정보통신서비스 제공자'에 관한 법적 고찰: 개념의 유용성과 범주의 정합성을 중심으로", 『성균관법학』 제30권 제4호(2018. 12), 93–128쪽 참조.

3 ▌ 프로그램 보안 취약점 보완사실 통보(제47조의4 제3항)

(1) 의의

정보통신망법 제47조의4 제3항은 소프트웨어사업자는 취약점 보완 프로그램을 제작하였을 때에는 한국인터넷진흥원과 당해 소프트웨어 사용자에게 그 사실을 통보하여야 한다고 규정하고 있다.

이 규정은 갈수록 지능화되고 대규모의 피해를 유발하는 정보통신망 침해사고에 대비하기 위해서는 이미 배포되어 사용되고 프로그램에 대해서 그 취약점을 보완한 프로그램이 제작되면 이를 관련자에게 즉시 알려줄 필요가 있다는 점에 착안하고 있는 규정이다.

다만 이 규정은 소프트웨어사업자들에게 보안 취약점 보완을 의무화하는 규정은 아니라는 점에 유의할 필요성이 있다. 즉 보안 취약점 보완은 사업자들의 자율적 판단에 맡겨져 있다.

(2) 소프트웨어 사용자에 대한 통보

정보통신망법 제47조의4 제3항은 한국인터넷진흥원과 프로그램 사용자에 대한 통보를 규정하고 있으나, 궁극적으로는 사용자에 대한 통보를 의도한 것이라고 할 수 있다.

이러한 맥락에서 동조항을 위반하여 사용자에 대해 프로그램 제작자가 보안 취약점 보완사실을 통보하지 않을 경우 동법 제76조 제3항 제10호의 규정에 의하여 1천만 원 이하의 과태료를 부과받는다.

4   보호조치 요청과 관련하여 이용약관에 정해야 하는 사항(제47조의4 제4항)

(1) 의의

정보통신망법 제47조의4 제4항은 주요정보통신서비스 제공자들이 정보통신망에 대한 중대한 침해사고로 인하여 심각한 장애가 발생할 가능성이 있는 경우 이용자들에게 보호조치를 요청할 수 있는 근거인 이용약관과 관련하여, 당해 이용약관에 규정하여야 하는 구체적인 사항을 대통령령으로 정하도록 하고 있다.

이는 기본적으로 이용자에 대한 정보보호 조치 요청이 이용약관에 근거하여 이루어지기 때문에, 가급적 사업자들의 이용약관을 이에 부합하도록 유도하기 위한 것이라고 할 수 있다.

(2) 필수적 약관사항

정보통신망법 제47조 제4항의 위임을 받고 있는 정보통신망법 시행령 제55조는 이용자에 대한 보호조치의 요청에 관하여 이용약관으로 정하여야 하는 사항으로, 1) 이용자에게 보호조치를 요청할 수 있는 사유 및 요청하는 방법, 2) 이용자가 하여야 할 보호조치의 내용, 3) 이용자가 보호조치를 이행하지 아니할 경우 정보통신망으로의 접속 제한 기간, 4) 이용자의 보호조치 불이행에 대하여 부당한 접속 제한을 한 경우 이용자의 이의제기 및 배상 절차 등을 규정하도록 하고 있다.

제10절 **정보보호 관리등급 부여**

제47조의5(정보보호 관리등급 부여) ① 제47조에 따라 정보보호 관리체계 인증을 받은 자는 기업의 통합적 정보보호 관리수준을 제고하고 이용자로부터 정보보호 서비스에 대한 신뢰를 확보하기 위하여 과학기술정보통신부장관으로부터 정보보호 관리등급을 받을 수 있다.

② 과학기술정보통신부장관은 한국인터넷진흥원으로 하여금 제1항에 따른 등급 부여에 관한 업무를 수행하게 할 수 있다.

③ 제1항에 따라 정보보호 관리등급을 받은 자는 대통령령으로 정하는 바에 따라 해당 등급의 내용을 표시하거나 홍보에 활용할 수 있다.

④ 과학기술정보통신부장관은 다음 각 호의 어느 하나에 해당하는 사유를 발견한 경우에는 부여한 등급을 취소할 수 있다. 다만, 제1호에 해당하는 경우에는 부여한 등급을 취소하여야 한다.

1. 거짓이나 그 밖의 부정한 방법으로 정보보호 관리등급을 받은 경우
2. 제5항에 따른 등급기준에 미달하게 된 경우

⑤ 제1항에 따른 등급 부여의 심사기준 및 등급 부여의 방법·절차·수수료, 등급의 유효기간, 제4항에 따른 등급취소의 방법·절차, 그 밖에 필요한 사항은 대통령령으로 정한다.

I. 서 론

1 의의 및 기본취지

정보통신망법 제47조 등에 규정되어 있는 정보보호 관리체계 인증은 사업자 등의 자율적인 정보보호 대응체계를 구축하는 데 기여할 수 있는 것은 사실이지만, 사업자 등의 정보보호 수준을 경쟁적으로 고양하고 이를 통해 정보보호의 신뢰성을 확보하기 위하여 정보보호 관리등급 부여제도를 정보통신망법

제47조의5에 규정하기에 이르렀다.

정보보호 관리등급 제도는 기업의 통합적 정보보호 관리 수준을 제고하고 이용자로부터 서비스에 대한 신뢰를 확보하기 위하여, 기업의 정보보호 수준에 따라 "우수" 및 "최우수" 등급을 부여하는 제도이다(「정보보호 관리등급 부여에 관한 고시」 제2조).

따라서 이 규정은 기본적으로 사업자의 정보보호 수준을 측정·평가할 수 있는 객관적인 기준의 마련을 통해, 상호 발전적인 경쟁을 유도하기 위한 목적이 있는 것이다.

2 ▮ 기본구조

정보통신망법 제47조의5는 크게 두 부분으로 구성되어 있다. 첫째, 과학기술정보통신부의 정보보호 관리등급 부여권한 및 수행체계, 둘째, 관리등급 활용 및 사후관리 등을 포괄하는 제반 절차가 그것이다.

── II. 주요내용

1 ▮ 정보보호 관리등급의 부여(제47조의5 제1항~제3항)

(1) 의의

정보통신망법 제47조의5 제1항은 동법 제47조에 따라 정보보호 관리체계 인증을 받은 자들이 기업의 통합적 정보보호 관리수준을 제고하고 이용자로부터 정보보호 서비스에 대한 신뢰를 확보하기 위하여 과학기술정보통신부장관으로부터 정보보호 관리등급을 받을 수 있다고 규정하고 있다.

또한 정보통신망법 제47조의5 제2항은 한국인터넷진흥원이 관리등급 부여 업무를 소관하게 하고 있으며, 관리등급을 받은 자는 대통령령으로 정하는 바에 따라 등급의 내용을 표시하거나 홍보할 수 있다고 규정하고 있다.

이는 궁극적으로 객관적이고 신뢰성 있는 관리등급을 부여할 수 있는 수행 체계를 규정하고 있는 것이라고 할 수 있다.

(2) 정보보호 관리등급의 신청자격

정보통신망법 제47조의5 제1항은 정보보호 관리등급 신청자격에 관해 기본적으로 동법 제47조에 의거하여 정보보호 관리체계 인증을 받은 자들을 대상으로 하고 있는데, 동조 제5항에 근거한 정보보호 관리등급 부여에 관한 고시에서 이에 대한 세부적인 기준을 명시하고 있다. 즉 정보보호 관리등급 부여에 관한 고시에 따르면, 정보보호 관리등급을 신청하려는 자는 정보보호 관리체계 인증을 연속하여 3년 이상 유지하여야 한다.

(3) 정보보호 관리등급의 구분

정보보호 관리등급의 구분에 관해서는 법률에 별도로 규정되어 있는 사항은 없고, 정보보호 관리등급 부여에 관한 고시에 규정되어 있다.

정보보호 관리등급 부여에 관한 고시 제2조에 따르면, 기본적으로 정보보호 관리등급은 우수와 최우수로 구분된다. 여기서 "우수 등급"이란 정보보호 관리등급 우수 심사기준을 만족하는 경우 부여하는 등급을 의미하며, "최우수 등급"이란 정보보호 관리등급 최우수 심사기준을 만족하는 경우 부여하는 등급을 말한다.

(4) 정보보호 관리등급 부여 절차 및 기준

정보보호 관리등급의 부여 절차에 대해서는 정보통신망법 시행령 제55조의3에 규정하고 있다. 우선, 정보보호 관리등급을 부여받으려는 자는 정보보호 관리등급 신청서(전자문서로 된 신청서를 포함한다)에 정보보호 관리체계 인증서 사본을 첨부하여 한국인터넷진흥원에 제출하여야 한다. 그리고 정보보호 관리등급 부여를 위한 심사는 서면심사 또는 현장심사의 방법으로 실시하며, 심사는 인증심사원만 수행할 수 있다. 심사결과가 심사기준에 적합한 때에 한국인터넷진흥원은 그 관리등급 부여를 신청한 자에게 정보보호 관리등급 증명서를 발급하여야 한다. 이러한 절차에 관한 세부적인 사항은 정보보호 관리등급 부여에 관한 고시로 정한다.

정보보호 관리등급 부여의 심사기준에 관한 세부적인 사항은 대통령령의 위임을 받은 정보보호 관리등급 부여에 관한 고시에서 규정하고 있다. 다만 대통령령인 정보통신망법 시행령 제55조의2는 이러한 심사기준에 관한 세부적인 사항을 규정하고 있다. 1) 정보보호 관리체계의 구축 범위 및 운영기간, 2) 정보보호를 위한 전담조직 및 예산, 3) 정보보호 관리 활동 및 보호조치 수준 등이 그것이다.

2 ▐ 정보보호 관리등급의 사후관리(제47조의5 제4항 및 제5항)

(1) 의의

정보통신망법 제47조의5 제4항 등은 정보보호 관리등급의 사후관리 등의 제반사항들에 대해 규정 또는 위임하고 있다. 정보보호 관리등급을 통한 사업자들 간 정보보호 업무의 경쟁적 발전을 위해서는 이러한 관리가 엄격해야 하며, 또한 신속하게 변화를 반영할 수 있어야 할 것이다.

정보통신망법 제47조의5는 정보보호 관리체계 인증 등의 규정과는 달리 세부적인 사항들을 대부분 대통령령에 위임하고 있으며, 이러한 대통령령은 다시 관련 사항들을 고시로 위임하고 있는데, 이는 입법기술의 한계상 불가피한 것으로 보인다.

(2) 유효기간 및 부여등급 취소

정보통신망법 시행령 제55조의5는 정보보호 관리등급의 유효기간을 1년으로 정하고 있는데, 이는 빠르게 변화하고 있는 정보보호 환경을 반영한 것이라고 평가할 수 있다.

정보통신망법 제47조의5 제4항은 정보보호 관리등급 부여의 취소를 규정하고 있다. 이에 따르면, 거짓이나 그 밖의 부정한 방법으로 정보보호 관리등급을 받은 경우에는 반드시 부여등급을 취소하여야 한다. 그러나 정보보호 관리등급 기준에 미달하게 되는 경우 부여등급 취소 여부는 정보보호 관리등급 부여에 관한 고시에 별도로 정한 경우가 아니라고 한다면 과학기술정보통신부장관의 재량사항이라고 할 수 있다.

이와 더불어, 정보통신망법 제64조의4 제5호는 등급부여를 취소하는 경우에는 청문절차를 거치도록 규정하고 있는데, 이는 적법절차의 준수를 요청하는 규정이라고 평가할 수 있겠다.

제11절 정보통신망 침해행위 금지

제48조(정보통신망 침해행위 등의 금지) ① 누구든지 정당한 접근권한 없이 또는 허용된 접근권한을 넘어 정보통신망에 침입하여서는 아니 된다.
② 누구든지 정당한 사유 없이 정보통신시스템, 데이터 또는 프로그램 등을 훼손·멸실·변경·위조하거나 그 운용을 방해할 수 있는 프로그램(이하 "악성프로그램"이라 한다)을 전달 또는 유포하여서는 아니 된다.
③ 누구든지 정보통신망의 안정적 운영을 방해할 목적으로 대량의 신호 또는 데이터를 보내거나 부정한 명령을 처리하도록 하는 등의 방법으로 정보통신망에 장애가 발생하게 하여서는 아니 된다.

──── I. 서 론

1 의의 및 기본취지

　　정보통신망법 제48조는 정보통신망의 안정성 및 정보의 신뢰성을 보장하기 위해 정보통신망 침해행위 등을 금지하는 내용을 규정한다. 일종의 의무규정이다. 또한 동법 제48조를 위반하는 경우에는 벌칙을 부과하므로, 제48조는 정보통신망 침해행위를 범죄화하는 범죄구성요건 규정이라고도 말할 수 있다. 이러한 점에서 제48조는 '정보통신형법'의 한 부분을 이룬다. 말하자면, 제48조는 정보통신형법의 '구성요건'에 해당한다. 그 점에서 제48조는 엄격하게 해석해야 할 필요가 있다.[3]
　　정보통신망법 제48조는 '정보통신망의 안정성' 및 '정보의 신뢰성'을 보장

3　이를 지적하는 조성훈, "정보통신망 침입에 관한 연구: 정보통신망 이용촉진 및 정보보호 등에 관한 법률 제48조를 중심으로", 『법조』 제687호(2013. 12), 119쪽 아래 참조.

하기 위해 마련된 것이다. 여기서 정보통신망의 안정성이란 정보통신망체계의 물리적·기능적 안정성을 뜻한다. 달리 말해, 정보통신망이 물리적·기능적 차원에서 제 역할을 수행할 수 있도록 보장된 상태가 바로 정보통신망의 안정성이라고 말할 수 있다. 이를테면 정보통신망이 물리적으로 훼손되지 않은 상태, 정보통신망의 운영시스템 등이 외부의 바이러스 공격으로부터 보호되고 있는 상태가 바로 정보통신망의 안정성에 해당한다.

이에 대해 정보의 신뢰성이란 정보가 내용적인 측면에서 제 역할을 수행할 수 있는 상태를 뜻한다. 달리 말해, 정보가 내용적인 면에서 사실 혹은 진실을 담고 있는 상태를 말한다. 정보통신의 본래 기능은 사실 또는 진실을 전달하는 것이므로, 만약 특정한 정보가 사실 또는 진실을 담고 있지 않다면 정보로서 그 기능을 상실한다고 말할 수 있다.

정보통신망이 본래 기능을 제대로 수행할 수 있으려면, 이러한 정보통신망의 안정성 및 정보의 신뢰성이 보장되어야 한다. 비유적으로 말하면, 정보를 담고 있는 형식적인 틀이 안정적이어야 하고, 그 정보가 내용적으로 믿을 만한 것이어야 한다. 정보통신망법 제48조는 이러한 정보통신망의 안정성 및 정보의 신뢰성을 파괴할 수 있는 침해행위를 금지한다.

2 기본구조

이미 언급한 것처럼, 정보통신망법 제48조는 정보통신망 침입행위를 금지한다. 정보통신망법은 이러한 침입행위를 "침해사고"라는 개념으로 규정한다. 정보통신망법 제2조 제1항 제7호에 따르면, "침해사고"란 "해킹, 컴퓨터바이러스, 논리폭탄, 메일폭탄, 서비스 거부 또는 고출력 전자기파 등의 방법으로 정보통신망 또는 이와 관련된 정보시스템을 공격하는 행위를 하여 발생한 사태"를 뜻한다. 이러한 개념정의에서 자연스럽게 "침해행위"의 개념도 도출된다. 이에 따르면, "침해행위"란 "해킹, 컴퓨터바이러스, 논리폭탄, 메일폭탄, 서비스 거부 또는 고출력 전자기파 등의 방법으로 정보통신망 또는 이와 관련된 정보시스템을 공격하는 행위"를 뜻한다.

정보통신망법 제48조는 이러한 침해행위로서 크게 세 가지 침해행위를 규정한다. 첫째는 이른바 '해킹'으로 알려진 행위이고,4 둘째는 악성프로그램 전달 및 유포행위이며, 셋째는 최근 이슈가 되었던 이른바 D−DoS(분산서비스 거부) 공격행위이다. 이 중에서 제48조 제1항은 주로 (좁은 의미의) 해킹행위를, 제2항은 악성프로그램 전달 및 유포행위를, 제3항은 D−DoS 공격행위를 규율한다.

───── **Ⅱ. 주요내용**

1 ▨ 해킹행위 등 금지(제48조 제1항)

(1) 의의 및 유형

정보통신망법 제48조 제1항에 따르면, "누구든지 정당한 접근권한 없이 또는 허용된 접근권한을 넘어 정보통신망에 침입하여서는 안 된다." 이는 이른바 '해킹'으로 알려진 행위를 규범화한 것이다. "정당한 접근권한 없이 또는 허용된 접근권한을 넘어 정보통신망에 침입"하는 행위가 바로 해킹행위이기 때문이다.

정보통신망법 제48조 제1항이 금지하는 해킹행위는 크게 두 가지 유형으로 구분할 수 있다. 첫째는 정당한 접근권한이 없는 자, 즉 '무권한자'가 정보통신망에 침입하는 것이다. 둘째는 일정한 접근권한을 허용받기는 했지만, 이렇게 허용된 접근권한을 넘어 정보통신망에 침입하는 것이다. 달리 말해, '월권에 의한 해킹행위'라고 말할 수 있다.

---

4 물론 제48조 제1항이 규정하는 침해행위는 흔히 말하는 '해킹'뿐만 아니라, 이를 넘어서는 부정당한 접속행위도 포함한다.

(2) 정당한 접근권한의 의미 및 판단주체

"정당한 접근권한"이란 정보통신망에 적법하게 접근할 수 있는 권한을 뜻한다. 여기서 정보통신망에 적법하게 접근할 수 있는 권한을 누가 부여하는지가 문제될 수 있다. 이에 대해 판례는 "정보통신망 이용촉진 및 정보보호 등에 관한 법률 제48조 제1항은 이용자의 신뢰 내지 그의 이익을 보호하기 위한 규정이 아니라 정보통신망 자체의 안정성과 그 정보의 신뢰성을 보호하기 위한 것이라고 할 것"이라는 이유에서 "위 규정에서 접근권한을 부여하거나 허용되는 범위를 설정하는 주체는 서비스제공자"라고 한다.5 따라서 판례에 따르면, "서비스제공자로부터 권한을 부여받은 이용자가 아닌 제3자가 정보통신망에 접속한 경우 그에게 접근권한이 있는지 여부는 서비스제공자가 부여한 접근권한을 기준으로 판단"해야 한다.

물론 접근권한은 서비스제공자만이 부여할 수 있는 것은 아니다. 정보통신망에서 특정한 서비스를 제공하지 않는 개인 이용자 역시 자신이 사용하는 개인용 컴퓨터에 대해서는 접근권한을 부여할 수 있다. 따라서 개인용 컴퓨터 사용자로부터 접근권한을 부여받지 않은 채 해당 컴퓨터에 접근하는 것은 정당하지 않은 접근으로서 침입에 해당한다.

(3) '정당한 접근권한이 없는 경우'와 '허용된 접근권한을 넘는 경우' 의 의미

'정당한 접근권한이 없는 경우'는 해당 정보통신망 서비스제공자로부터 해당 정보통신망 서비스에 접근할 수 있는 적법한 접근권한을 부여받지 않은 경우를 뜻한다.

'허용된 접근권한을 넘는' 경우란 서비스제공자로부터 부여받은 적법한 접근권한의 범위를 일탈하는 경우를 뜻한다. 이에 대한 판단기준은 서비스제공자

---

5 대법원 2005. 11. 25. 선고 2005도870 판결.

가 부여한 접근권한의 범위가 된다.

(4) '침입'의 의미

'정보통신망에 침입'하는 것은 서비스제공자로부터 정당한 접근권한을 부여받지 않은 채 또는 허용된 접근권한을 넘어 정보통신망 서비스에 접근하는 것을 말한다. 이는 해당 정보통신망 서비스에 접근하는 것이 제한되어 있다는 것을 전제로 한다. 따라서 그 누구에게나 공개된 정보통신망 또는 정보통신망 서비스에 접근하는 것은 정보통신망에 침입하는 것이라고 말할 수 없다.

'정보통신망에 대한 침입'은 물리적 침입을 전제로 해야 하는 것은 아니다. 이를테면 구 「정보통신망 이용촉진 등에 관한 법률」 제19조 제3항이 규정하는 것처럼 "정보통신망에 대한 보호조치를 침해하거나 훼손할 것"을 구성요건으로 하지는 않는다. 그러므로 정보통신망의 물리적 안정성을 훼손하지 않는 경우라 하더라도 정당한 권한 없이 또는 허용된 권한을 넘어 해당 정보통신망에 접속하는 이상, 이는 '침입행위'라고 규정할 수 있다.

이러한 맥락에서 판례는 "그 보호조치에 대한 침해나 훼손이 수반되지 않더라도 부정한 방법으로 타인의 식별부호(아이디와 비밀번호)를 이용하거나 보호조치에 따른 제한을 면할 수 있게 하는 부정한 명령을 입력하는 등의 방법으로 침입하는 행위" 역시 정보통신망법 제48조 제1항이 금지하는 '침입행위'에 해당한다고 본다.[6]

▌관련판례: 대법원 2005. 11. 25. 선고 2005도870 판결

그렇다면 실제공간과는 달리 행위자가 누구인지 명확하게 확인하기 어려운 가상공간에서 아이디와 비밀번호 등 식별부호는 그 행위자의 인격을 표상하는 것으로서, 무분별한 아이디의 공유 등 익명성의 남용으로 인한 정보통신망의 무질서 내지 상호신뢰의 저하는, 부정한 방법으로 보호조치를 물리적으로 침해하는 소위 해킹 등의 경우와 마찬가지로 정보통신망의

---

6 대법원 2005. 11. 25. 선고 2005도870 판결.

안정성과 그 안에 담긴 정보의 신뢰성을 해할 수 있다 할 것이므로, 비록 이용자가 자신의 아이디와 비밀번호를 알려주며 사용을 승낙하여 제3자로 하여금 정보통신망을 사용하도록 한 경우라고 하더라도, 그 제3자의 사용이 이용자의 사자(使者) 내지 사실행위를 대행하는 자에 불과할 뿐 이용자의 의도에 따라 이용자의 이익을 위하여 사용되는 경우와 같이 사회통념상 이용자가 직접 사용하는 것에 불과하거나, 서비스제공자가 이용자에게 제3자로 하여금 사용할 수 있도록 승낙하는 권한을 부여하였다고 볼 수 있거나 또는 서비스제공자에게 제3자로 하여금 사용하도록 한 사정을 고지하였다면 서비스제공자도 동의하였으리라고 추인되는 경우 등을 제외하고는, 원칙적으로 그 제3자에게는 정당한 접근권한이 없다고 봄이 상당하다.

돌이켜 이 사건 공소사실에 관하여 보건대, 피고인이 육군웹메일이나 핸드오피스 시스템에 위 공소외 소령의 아이디와 비밀번호로 접속하여 소령이 알지 못하는 사이에 그의 명의로 대장에게 피고인의 이익을 위한 이메일을 보낸 것은 사회통념상 서비스제공자가 소령에게 부여한 접근권한을 소령이 직접 사용한 것과 동일시할 수 있는 경우라고 할 수 없을 뿐 아니라, 군 내부전산망이나 전자결제시스템에서 서비스제공자가 이용자인 소령에게 자신의 식별부호를 타인으로 하여금 마음대로 사용할 수 있도록 하는 것을 승낙하는 권한을 부여하였다고 보기도 어렵고, 공소사실 기재와 같은 피고인의 사용은 별개의 인격으로 새로운 이용자가 되어야 할 피고인이 자신의 이익을 위하여 소령에게 부여된 접근권한을 함부로 사용한 것으로 이에 대하여 서비스제공자가 동의하였으리라고 보이지도 아니하므로, 피고인이 소령의 식별부호를 이용하여 육군웹메일과 핸드오피스의 소령의 계정에 접속한 행위는 모두 정보통신망법 제48조 제1항에 규정한 정당한 접근권한 없이 정보통신망에 침입하는 행위에 해당한다고 할 것이다.

다만 '정보통신망에 대한 침입'과 관련하여 검토해야 할 쟁점이 있다. 일단 위에서 언급한 것처럼, 부정한 명령 등으로써 접근이 허용되지 않은 정보통신망에 접근하는 것은 당연히 '권한 없는 접근'에 해당한다. 이를 달리 "코드기반규제(code-based restriction)를 위반한 경우"라고 말하기도 한다. 여기서 코드기반규제란 "패스워드에 의하여만 접근을 허용하거나 사용권한을 각자 다르게 규정한 계정(account)을 부여하는 등 프로그램을 기반으로 접근권한을 정하여 주

는 방법"을 말한다.[7]

이와 달리 "정보서비스 이용약관(terms of service)을 위반한 경우"에도 권한 없는 접근에 해당한다고 보는 견해가 있다.[8] 이 견해에 따르면, 이용자가 부정한 명령 등을 사용함으로써 정보통신망에 접근한 경우가 아니라 하더라도, 그가 정보통신서비스 제공자가 정한 "정보서비스 이용약관"을 위반하여 정보통신망 등에 접근하면, 이는 '권한 없는 접근'으로서 '정보통신망에 대한 침입'에 해당한다.

이러한 두 견해는 다음과 같은 점에서 차이가 있다. 첫 번째 견해처럼 코드기반규제에 기반을 두어 권한 없는 접근을 파악하면, 그 만큼 권한 없는 접근에 해당하는 범위가 좁아진다. 이와 달리 두 번째 견해처럼 정보서비스 이용약관에 바탕을 두어 권한 없는 접근을 이해하면, 그 만큼 권한 없는 접근에 해당하는 범위가 넓어진다. 전자의 견해를 취하면, 제48조가 적용되는 영역이 좁아진다. 그 만큼 정보통신망법이 개입할 여지가 적어진다. 이와 달리 후자의 견해를 취하면, 제48조가 적용되는 영역이 넓어진다. 그 만큼 정보통신망법이 개입할 여지가 많아진다.

정보통신망은 자유로운 공공영역이라는 점을 근거로 하여 전자의 견해를 지지하는 경우도 있지만,[9] 정보통신망의 안정성과 신뢰성을 보호한다는 측면에서는 후자의 견해가 타당하다고 생각한다. 우리 대법원 역시 대법원 2013. 3. 28. 선고 2010도14607 판결에서 이러한 취지로 권한 없는 접근을 판단하였다.[10]

---

7 조성훈, "정보통신망 침입에 관한 연구: 정보통신망 이용촉진 및 정보보호 등에 관한 법률 제48조를 중심으로", 『법조』 제687호(2013. 12), 144쪽.

8 이에 관해서는 조성훈, 위의 논문, 145쪽.

9 조성훈, 앞의 논문, 153쪽 아래.

10 대법원 2013. 3. 28. 선고 2010도14607 판결의 태도를 이러한 취지로 파악하는 조성훈, 앞의 논문, 157쪽 아래 참조.

관련판례: 대법원 2013. 3. 28. 선고 2010도14607 판결

원심은, 피고인 4의 주식회사 '공소외 1'(이하 '공소외 1회사'라 한다)은 그 회사가 운영하는 (인터넷 주소 생략)이라는 웹사이트에서 컴퓨터 사용자들이 무료프로그램을 다운로드 받을 경우 eweb.exe(이하 '이 사건 프로그램'이라 한다)이라는 악성프로그램이 몰래 숨겨진 'activeX'를 필수적으로 설치하도록 유도하는 방법으로 그들의 컴퓨터(이하 '피해 컴퓨터'라 한다)에 이 사건 프로그램을 설치하였는데, 이 사건 프로그램의 목적, 기능에 비추어 이 사건 프로그램에 대한 정확한 정보를 제공받았다면 그들이 이를 설치하지 않았을 것으로 보이므로, 그들이 "키워드 프로그램을 설치하겠습니까"라는 공지사항을 확인한 후 'activeX'를 설치하였다고 하더라도 그것만으로 이 사건 프로그램의 설치에 동의한 것으로 볼 수 없다고 판단하고, 이 사건 프로그램이 피해 컴퓨터에서 사용자가 인식하지 못하는 상태에서 추가적인 명령 없이 자동으로 실행되면서 공소외 1 회사의 서버 컴퓨터와 주기적으로 http로 통신을 하다가 공소외 1회사 서버 컴퓨터 작업지시에 따라 피해 컴퓨터로 하여금 네▼버[엔△△△엔 주식회사가 정보통신서비스 제공자로서 설치한 인터넷에 관한 종합서비스(인터넷 이용자들은 이를 '포털서비스'라 부른다)이다]시스템에 연결하여 특정 검색어를 검색하거나 검색 후 나오는 결과 화면에서 특정 링크를 클릭한 것처럼 네▼버 시스템에 허위의 신호를 발송하는 등의 작업을 하도록 한 원심 판시 인정사실에 비추어, 위 피고인이 정당한 접근권한 없이 또는 허용된 접근권한을 초과하여 피해 컴퓨터 사용자들이 사용하는 정보통신망을 침입한 사실을 인정할 수 있다는 이유로, 이를 다투는 항소이유를 받아들이지 아니하고 이 부분 공소사실에 대하여 유죄를 선고한 제1심판결을 그대로 유지하였다.

구 정보통신망 이용촉진 및 정보보호 등에 관한 법률(2008.6.13. 법률 제9119호로 일부 개정되기 전의 것, 이하 '정보통신망법'이라고 한다) 제72조 제1항 제1호, 제48조 제1항 위반죄는 정당한 접근권한 없이 또는 허용된 접근권한을 넘어 정보통신망에 침입하면 성립할 수 있다(대법원 2011.7.28. 선고 2011도5299판결 등 참조). 원심 판시에서 알 수 있는 피해 컴퓨터에 연결된 정보통신망을 이용한 이 사건 프로그램의 피해 컴퓨터 내의 설치 경위, 피해 컴퓨터 사용자들이 인식하지 못하는 상태에서의 이 사건 프로그램의 실행 및 피해 컴퓨터에 연결된 정보통신망을 이용한 공소외 1회사 서버 컴퓨터와의 통신, 그 통신에 의한 지시에 따라 피해 컴퓨터와 네▼버 시스템 사이에 연결되는 정보통신망을 이용한 네▼버 시스템에 대한 허위 신호 발송 결과 등에 비추어 보면, 이 사건 프로그램이 설치됨으로써 피해 컴퓨터 사용자들이 사용하는 정보통신망에 침입하였다고 판단한 원심판결은 위의 법리에 기초한 것으로서, 거기에 상고이유의 주장과 같이 정보통신망법 제48조 제1항에서 정한 정보통신망의 침입에 관한 법리를 오해하는 등의 사유로 판결에 영향을 미친 위법이 없다.

이는 대법원 2011. 7. 28. 자 2011도5299 결정에서도 확인할 수 있다.

▌관련판례: 대법원 2011. 7. 28. 자 2011도5299 결정

정보통신망 이용촉진 및 정보보호 등에 관한 법률(이하 '정보통신망법'이라 한다) 제72조 제1항 제1호, 제48조 제1항 위반죄는 정당한 접근권한 없이 또는 허용된 접근권한을 넘어 정보통신망에 침입하면 성립한다(대법원 2010.7.22. 선고 2010도63 판결 등 참조).

원심은, 피해자 회사의 위탁대리점 계약자가 휴대전화 가입자들에 대한 서비스를 위하여 피해자 회사의 전산망에 접속하여 유심칩(usim chip)읽기를 할 수 있는 경우는 개통, 불통, 휴대폰개설자의 유심칩 변경 등 세 가지 경우로 한정되는데, 피고인은 오직 요금수납 및 유심칩 읽기를 통하여 휴대전화를 다량의 문자메시지 발송을 할 수 있는 상태로 조작하기 위한 목적에서 피해자 회사의 정보통신망에 접속한 것이므로 이는 허용된 접근권한을 초과하여 피해자 회사의 정보통신망에 침입한 것으로서 정보통신망법 제72조 제1항 제1호, 제48조 제1항 위반죄에 해당한다고 판단하였다.

위 법리와 기록에 비추어 살펴보면, 원심의 판단은 정당하고, 거기에 상고이유로 주장하는 바와 같은 정보통신망법 제72조 제1항 제1호, 제48조 제1항에 관한 법리오해 등의 위법이 없다.

이외에도 대법원은 특정한 이용자에게 정보통신망에 대한 접근권한이 있는지를 판단하는 주체는 정보통신서비스 제공자라고 하고 있으므로,[11] 이 역시 대법원이 일관되게 '권한 없는 접속'의 기준을 '정보서비스 이용약관'을 기준으로 하여 판단하고 있음을 보여준다. 왜냐하면 정보통신망에 대한 접근 권한이

---

11 대법원 2005. 11. 25. 선고 2005도870 판결; 대법원 2010. 7. 22. 자 2010도63 결정 등 참조.

있는지 여부를 정보통신서비스 제공자가 판단한다는 것은, 달리 말해 정보통신서비스 제공자가 마련한 '정보서비스 이용약관'에 따라 정보통신망에 대한 접근권한을 판단하는 것이라고 볼 수 있기 때문이다.

이에 따르면, 정보통신서비스 제공자의 허락을 받지 않은 채 해당 정보통신서비스망에 접근하여 스파이웨어 등과 같은 악성코드를 설치하는 것도 권한 없는 접속, 즉 '정보통신망에 대한 침입행위'에 해당한다고 말할 수 있다. 이뿐만 아니라, 개인 컴퓨터 사용자의 허락을 받지 않고 해당 컴퓨터에 스파이웨어 등과 같은 악성코드를 설치하거나 개인 컴퓨터 사용자가 설치하도록 유도하는 것도 '정보통신망에 대한 침입행위'로 볼 수 있다. 예를 들어, 정보통신망 이용자가 스스로 선택하여 특정한 프로그램을 다운로드받는 경우에, 이러한 프로그램이 설치되는 과정에서 스파이웨어 등과 같은 악성코드가 이용자 몰래 다운로드 된다면, 이 역시 '정보통신망에 대한 침입행위'로 볼 수 있다. 다만 이러한 경우는 정보통신망법 제48조 제2항으로 규율할 수도 있다.

2 ▌ 악성프로그램 전달 및 유포 금지(제48조 제2항)

(1) 의의

정보통신망법 제48조 제2항은 다음과 같이 규정한다. "누구든지 정당한 사유 없이 정보통신시스템, 데이터 또는 프로그램 등을 훼손·멸실·변경·위조하거나 그 운용을 방해할 수 있는 프로그램(이하 "악성프로그램"이라 한다)을 전달 또는 유포하여서는 아니 된다." 이 규정은 컴퓨터 바이러스 등과 같은 악성프로그램을 전달하거나 유포하는 것을 금지한다.

여기서 "악성프로그램"이란 "정보통신시스템, 데이터 또는 프로그램 등을 훼손·멸실·변경·위조하거나 그 운용을 방해할 수 있는 프로그램"을 말한다. 훼손이란 프로그램에 손상을 가하는 것을 말한다. 멸실이란 프로그램 자체를 없애버리는 것을 말한다. 변경이란 프로그램의 내용이나 기능을 권한 없이 바꾸는 것을 말한다. 위조란 프로그램을 만들 수 있는 권한을 갖고 있지 않은 자가 동일한 프로그램을 만들어 내는 것을 말한다. 마지막으로 그 운용을 방해한다는 것은 프로그램 자체를 손상시키거나 없애버리지 않으면서 그 기능이 제대로 작동하지 못하도록 하는 것을 말한다. 이러한 악성프로그램으로는 컴퓨터 바이러스, 논리폭탄, 메일폭탄 등을 들 수 있다.

(2) 행위주체

정보통신망법 제48조 제2항이 염두에 두는 행위주체에는 제한이 없다. 법문언이 보여주는 것처럼, 그 누구라도 제48조 제2항의 행위주체가 될 수 있다. 그러므로 정보통신서비스를 이용하는 이용자뿐만 아니라, 정보통신서비스 제공자 역시 이러한 행위주체가 될 수 있다. 따라서 정보통신서비스 제공자라 할지라도 정당한 사유 없이 악성프로그램을 전달 또는 배포하면 제48조 제2항에 의한 제재를 받을 수 있다.

(3) 행위

정보통신망법 제48조 제2항이 금지하는 행위는 악성프로그램을 전달 또는 유포하는 것이다. 여기서 전달이란 특정한 상대방에게 프로그램을 옮기는 것을 말한다. 유포란 불특정다수에게 프로그램을 옮기는 것을 말한다. 행위자가 전달과 유포 중에서 어느 한 행위를 하기만 하면 제48조 제2항이 금지하는 구성요건에 해당한다.

(4) 정당화 사유

그러나 제48조 제2항은 모든 행위를 무조건적으로 금지하는 것은 아니다. 여기에는 정당화 사유가 존재한다. 따라서 제48조 제2항을 반대로 추론하면, 정당한 사유가 있는 상태에서 악성프로그램을 전달 또는 배포하는 경우에는 제48

조 제2항에 해당하지 않는다. 이를테면 국가안전보장이나 질서유지 혹은 공공 복리를 위해 유해한 정보통신서비스제공 사이트에 악성프로그램을 전달 혹은 유포하는 것은 정당한 사유가 있는 경우로서 제48조 제2항의 제재를 받지 않을 수 있다.

3 분산서비스 거부 등을 통한 정보통신망 장애발생 금지(제48조 제3항)

(1) 의의

정보통신망법 제48조 제3항은 다음과 같이 규정한다. "누구든지 정보통신망의 안정적 운영을 방해할 목적으로 대량의 신호 또는 데이터를 보내거나 부정한 명령을 처리하도록 하는 등의 방법으로 정보통신망에 장애가 발생하게 하여서는 아니 된다." 이미 언급한 것처럼, 이 규정은 이른바 'D-DoS 공격'으로 잘 알려진 '분산서비스 거부공격'을 규율하기 위해 마련된 것이다. 물론 정보통신망법 제48조 제2항을 넓게 해석하면, 이를 통해서도 '분산서비스 거부공격'을 규율할 수 있다. 왜냐하면 '분산서비스 거부공격' 역시 악성프로그램 전달 혹은 유포행위에 바탕을 두고 있기 때문이다. 그렇지만 '분산서비스 거부공격' 자체가 사회적으로 큰 파장을 불러일으키면서 이러한 침해행위 자체를 독자적으로 규율할 필요가 사회적으로 생기게 되었고 이에 대응하기 위해 정보통신망법 제48조 제3항이 제정된 것이다.

(2) 행위주체

제48조 제1항 및 제2항과 마찬가지로, 제48조 제3항이 예정하는 행위주체에는 제한이 없다. 법문언 그대로 "누구든지" 제48조 제3항이 금지하는 행위를 하는 경우에는 제48조 제3항이 적용된다.

(3) 행위

1) 객관적 측면

제48조 제3항이 금지하는 행위는 두 가지 측면에서 바라볼 수 있다. 객관적 측면과 주관적 측면이 그것이다. 먼저 객관적 측면에서 보면, 행위자는 "대량의 신호 또는 데이터를 보내거나 부정한 명령을 처리하도록 하는 등의 방법으로 정보통신망에 장애가 발생하게" 하는 행위를 해서는 안 된다. 이러한 행위는 다시 다음과 같이 분석할 수 있다.

제48조 제3항이 금지하는 행위는 크게 두 가지 방법을 사용한다. 첫째는 "대량의 신호 또는 데이터"를 보내는 방법이다. 둘째는 "부정한 명령을 처리하도록 하는 등"의 방법이다. 그러나 이러한 두 가지 방법을 사용하는 것만으로는 제48조 제3항이 금지하는 행위가 되지 못한다. 제48조 제3항이 금지하는 행위가 되려면, 이러한 두 가지 방법을 사용하여 "정보통신망에 장애"가 발생하도록 해야 한다. 이러한 두 가지 방법을 사용했다 하더라도 "정보통신망에 장애"가 발생하지 않았다면, 이는 제48조 제3항이 금지하는 행위에 해당하지 않는다. 이 점에서 제48조 제3항이 금지하는 행위는, 형법적으로 말하면, '결과범'에 속한다고 말할 수 있다.

2) 주관적 측면

나아가 주관적 측면에서 제48조 제3항이 금지하는 행위에 해당하려면, "정보통신망의 안정적 운영을 방해할 목적"을 지니고 있어야 한다. 제48조 제3항은 정보통신형법의 구성요건을 이루는 것이므로, 이는 일종의 '목적범'을 규정한 것이라고 말할 수 있다. 이에 따르면, 단순한 고의만을 가지고 분산서비스거부공격을 하는 것만으로는 제48조 제3항이 금지하는 행위에 해당하지 않는다. 왜냐하면 이 경우에는 "정보통신망의 안정적 운영을 방해할 목적"을 갖고 있지 않기 때문이다. 형법적으로 말하면, '단순한 고의'와 '목적'은 구별된다. 따라서 제48조 제3항이 금지하는 행위에 해당하려면, 행위자가 단순한 고의를 넘어서 "정보통신망의 안정적 운영을 방해할 목적"을 지니고 있어야 한다.

4   벌칙

(1) 의의

정보통신망법은 특정한 행위자가 제48조가 금지하는 행위를 한 경우에 벌칙을 부과한다. 이때 말하는 벌칙이란 형벌을 말한다. 정보통신망법은 벌칙으로서 '징역'과 '벌금'을 규정한다. 이러한 점에서 제48조는 일종의 형법구성요건에 해당한다. 또한 이러한 근거에서 정보통신망법은 정보통신형법을 포함하는 법규범이라고 말할 수 있다.

(2) 정보통신망법 제70조의2

정보통신망법 제70조의2는 같은 법 제48조 제2항을 위반한 행위에 대한 벌칙을 규정한다. 이에 따르면 "제48조 제2항을 위반하여 악성프로그램을 전달 또는 유포하는 자"에 대해서는 7년 이하의 징역 또는 7천만 원 이하의 벌금에 처한다. 디지털 기술의 발달과 악성프로그램으로 인한 사회적 피해가 커지면서 악성프로그램을 전달 또는 유포하는 자에 대한 처벌은 기존(2016. 3. 22. 이전) 5년 이하의 징역 또는 5천만 원 이하의 벌금에 처한 것에서 보다 강화된 내용으로 개정되었다.

(3) 정보통신망법 제71조 제1항 제9호 및 제10호

정보통신망법 제71조 제1항 제9호 및 제10호는 같은 법 제48조 제1항 및 제3항을 위반한 행위에 대한 벌칙을 규정한다.

우선 정보통신망법 제71조 제1항 제9호는 "제48조 제1항을 위반하여 정보통신망에 침입한 자"에 대해 5년 이하의 징역이나 5천만 원 이하의 벌금에 처한다고 규정한다.

나아가 정보통신망법 제71조 제1항 제10호는 "제48조 제3항을 위반하여 정보통신망에 장애가 발생하게 한 자"에 대해서도 5년 이하의 징역이나 5천만 원 이하의 벌금에 처한다고 규정한다.

여기서 알 수 있듯이, 정보통신망법은 제48조 제1항과 제3항을 위반한 경우보다 제2항을 위반한 경우를 더욱 중대한 침해로 파악한다. 제48조 제1항 및 제3항을 위반한 경우에는 5년 이하의 징역이나 5천만 원 이하의 벌금을 부과하지만, 제48조 제2항을 위반한 경우에는 7년 이하의 징역이나 7천만 원 이하의 벌금을 부과하기 때문이다.

제12절 **침해사고의 대응 등**

제48조의2(침해사고의 대응 등) ① 과학기술정보통신부장관은 침해사고에 적절히 대응하기 위하여 다음 각 호의 업무를 수행하고, 필요하면 업무의 전부 또는 일부를 한국인터넷진흥원이 수행하도록 할 수 있다.

1. 침해사고에 관한 정보의 수집·전파

2. 침해사고의 예보·경보

3. 침해사고에 대한 긴급조치

4. 그 밖에 대통령령으로 정하는 침해사고 대응조치

② 다음 각 호의 어느 하나에 해당하는 자는 대통령령으로 정하는 바에 따라 침해사고의 유형별 통계, 해당 정보통신망의 소통량 통계 및 접속경로별 이용 통계 등 침해사고 관련 정보를 과학기술정보통신부장관이나 한국인터넷진흥원에 제공하여야 한다.

1. 주요정보통신서비스 제공자

2. 집적정보통신시설 사업자

3. 그 밖에 정보통신망을 운영하는 자로서 대통령령으로 정하는 자

③ 한국인터넷진흥원은 제2항에 따른 정보를 분석하여 과학기술정보통신부장관에게 보고하여야 한다.

④ 과학기술정보통신부장관은 제2항에 따라 정보를 제공하여야 하는 사업자가 정당한 사유 없이 정보의 제공을 거부하거나 거짓 정보를 제공하면 상당한 기간을 정하여 그 사업자에게 시정을 명할 수 있다.

⑤ 과학기술정보통신부장관이나 한국인터넷진흥원은 제2항에 따라 제공받은 정보를 침해사고의 대응을 위하여 필요한 범위에서만 정당하게 사용하여야 한다.

⑥ 과학기술정보통신부장관이나 한국인터넷진흥원은 침해사고의 대응을 위하여 필요하면 제2항 각 호의 어느 하나에 해당하는 자에게 인력지원을 요청할 수 있다.

시행령

제56조(침해사고 대응조치) 법 제48조의2 제1항 제4호에서 "그 밖에 대통령령으로 정한 침해사고 대응조치"란 다음 각 호의 조치를 말한다.

1. 주요정보통신서비스 제공자 및 법 제46조 제1항에 따른 타인의 정보통신서비스 제공

을 위하여 집적된 정보통신시설을 운영·관리하는 사업자에 대한 접속경로(침해사고 확산에 이용되고 있거나 이용될 가능성이 있는 접속경로만 해당한다)의 차단 요청

2. 「소프트웨어산업 진흥법」 제2조 제4호에 따른 소프트웨어사업자 중 침해사고와 관련이 있는 소프트웨어를 제작 또는 배포한 자에 대한 해당 소프트웨어의 보안상 취약점을 수정·보완한 프로그램(이하 "보안취약점보완프로그램"이라 한다)의 제작·배포 요청 및 정보통신서비스 제공자에 대한 보안취약점보완프로그램의 정보통신망 게재 요청

3. 언론기관 및 정보통신서비스 제공자에 대한 법 제48조의2 제1항 제2호에 따른 침해사고 예보·경보의 전파

4. 국가 정보통신망 안전에 필요한 경우 관계 기관의 장에 대한 침해사고 관련정보의 제공

제57조(침해사고 관련정보 제공자) 법 제48조의2 제2항 제3호에서 "정보통신망을 운영하는 자로서 대통령령으로 정하는 자"란 정보통신망을 운영하는 자 중 다음 각 호의 어느 하나에 해당하는 자를 말한다.

1. 「정보통신기반 보호법」 제6조 및 제10조에 따라 과학기술정보통신부장관이 수립 및 제정하는 주요정보통신기반시설보호계획 및 보호지침의 적용을 받는 기관

2. 정보통신서비스 제공자의 정보통신망운영현황을 주기적으로 관찰하고 침해사고 관련정보를 제공하는 서비스를 제공하는 자

3. 인터넷진흥원으로부터 「인터넷주소자원에 관한 법률」 제2조 제1호 가목에 따른 인터넷 프로토콜 주소를 할당받아 독자적으로 정보통신망을 운영하는 민간사업자 중 과학기술정보통신부장관이 정하여 고시하는 자

4. 정보보호산업에 종사하는 자 중 컴퓨터바이러스 백신소프트웨어 제조자

제58조(침해사고 관련정보의 제공방법) 법 제48조의2 제2항에 따라 침해사고 관련정보를 제공하는 자는 다음 각 호의 방법에 따라 침해사고 관련정보를 제공하여야 한다.

1. 과학기술정보통신부장관이 정보통신망의 특성, 침해사고 동향 등을 고려하여 정하는 제공방식에 적합할 것

2. 침해사고 관련정보의 훼손·멸실 및 변경 등을 방지할 수 있는 조치를 취할 것

3. 필요할 때에는 과학기술정보통신부장관이 정하는 암호기술을 적용할 것

4. 그 밖에 과학기술정보통신부장관이 정하여 고시하는 방법 및 절차에 적합할 것

행정규칙

인터넷 프로토콜 주소를 할당받아 독자적으로 정보통신망을 운영하는 민간사업자 중 침해사고 관련정보 제공자의 범위[과학기술정보통신부고시 제2013-170호, 2013.10.29., 일부개정]

1. 「전기통신사업법」 제5조에 따른 기간통신사업자
2. 포털서비스(다른 인터넷 주소·정보 등의 검색과 전자우편·커뮤니티 등을 제공하는 서비스)를 제공하는 사업자
3. 호스팅서비스(인터넷 전용회선을 갖추고 웹서버·메일서버 등을 제공하거나 도메인등록 및 유지보수 등의 업무를 대행해 주는 서비스)를 제공하는 자
4. 「게임산업진흥에 관한 법률」 제2조 제1호에 따른 게임물을 정보통신망을 이용하여 제공하는 사업자
5. 「인터넷 멀티미디어 방송사업법」 제4조에 따른 인터넷 멀티미디어 방송 제공사업자

——— I. 서 론

1 의의 및 기본취지

정보통신망법 제48조의2는 제48조에서 규정하고 있는 정보통신망의 안정성 및 정보의 신뢰성을 침해하는 사고에 대한 대응조치의 권한과 의무를 정하고 있으며, 침해대응 업무의 내용, 정보통신망 운영자의 협력 의무 및 이행 강제 수단, 침해관련 정보의 분석주체 및 이용한계 등을 그 내용으로 하고 있다.

과학기술정보통신부장관이나 한국인터넷진흥원은 정보통신망법 제48조의3에 의한 침해사고의 신고를 받거나 침해사고를 알게 되면 본조에 따른 필요한 조치를 하여야 한다. 본조는 침해사고에 대한 사후적 대응뿐만 아니라 사전 예방조치에 관하여 규정하고 있으며, 특히 침해사고와 관련된 정보를 수집·분석하여 피해의 발생 및 확산을 사전적으로 차단하는 것을 주된 목적으로 한다.

주요정보통신서비스 제공자, 집적정보통신시설 사업자(정보통신망법 제46조) 등은 침해사고 관련 정보를 과학기술정보통신부장관이나 한국인터넷진흥원에 제공하여야 하며, 이와 관련하여 과학기술정보통신부장관의 시정명령을 위반하면 정보통신망법 제76조 제3항 제11호에 따라 1천만 원 이하의 과태료가 부과된다.

2 기본구조

정보통신망법 제48조의2는 침해사고 대응 업무에 관하여 규정한다. 제1항에서는 침해사고 대응 업무의 주체 및 내용을 정하고 있으며, 제2항에서는 대응 업무를 수행하기 위하여 주요정보통신서비스 제공자 등에게 침해사고 관련 정보 제공 의무를 부과하고 있다. 제공된 정보와 관련하여 제3항은 정보의 분석 주체, 제4항은 시정명령권한, 제5항은 정보의 사용 범위를 명시하고 있으며, 끝으로 제6항은 침해사고 대응을 위하여 주요정보통신서비스 제공자 등에게 인력지원을 요청할 수 있도록 하고 있다.

── Ⅱ. 주요내용

1 침해사고 대응 업무의 주체 및 내용(제48조의2 제1항)

(1) 침해사고 대응 주체

침해사고란 "해킹, 컴퓨터바이러스, 논리폭탄, 메일폭탄, 서비스 거부 또는 고출력 전자기파 등의 방법으로 정보통신망 또는 이와 관련된 정보시스템을 공격하는 행위를 하여 발생한 사태"(정보통신망법 제2조 제1항 제7호)를 의미하며 이

에 해당하는 행위는 대체로 제48조에 의하여 금지된다. 정보통신망법 제48조의
2 제1항은 정보통신망의 안정성 및 정보의 신뢰성을 침해하는 사고를 예방하고
피해확산을 방지하기 위한 대응조치의 권한과 책무의 내용을 규정한다.

　　정보통신망법 제48조의2 제1항에 따르면 "정보통신망 침해사고"에 대한
대응은 원칙적으로는 과학기술정보통신부의 권한과 책무로 규정되어 있으나,
동조 제1항 후단에서 필요시 예외적으로 업무의 전부 또는 일부를 한국인터넷
진흥원에 위임하도록 하고 있다. 그러나 한국인터넷진흥원은 "정보통신망 침해
사고의 처리·원인분석 및 대응체계 운영" 등의 사무를 담당하기 위하여 정보통
신망법 제52조에 따라 설립된 공법인으로, 사실상 침해대응 업무는 "원칙적"으
로 한국인터넷진흥원이 담당하고 있다.

(2) 침해사고 대응 업무의 개요

　　정보통신망법 제48조의2 제1항이 명시하고 있는 침해사고 대응 업무의 내
용은 다음과 같다. 1) 침해사고에 관한 정보의 수집·전파(제1호), 2) 침해사고의
예보·경보(제2호), 3) 침해사고에 대한 긴급조치(제3호). 이외에도 동조 제1항
제4호는 침해사고 대응조치의 내용을 대통령령에 위임하고 있으며, 동법 시행
령 제56조는 다음의 네 가지를 열거하고 있다. 1) 주요정보통신서비스 제공자
등에 대한 접속경로 차단요청(제1호), 2) 소프트웨어사업자 등에 대한 보안취약
점보완프로그램의 제작·배포·게재 요청(제2호), 3) 언론기관 등에 대한 침해사
고 예보·경보의 전파(제3호), 4) 관계 기관의 장에 대한 침해사고 관련정보 제
공(제4호).

(3) 침해사고 관련 정보 수집 및 전파

　　한국인터넷진흥원은 침해사고에 관한 정보를 수집하여야 하며, 침해사고를
예방하고 피해의 확산을 막기 위하여 이를 적절하게 전파하여야 한다. 침해사고
에 관한 정보는 이미 발생한 구체적인 침해사고만을 의미하는 것은 아니며, 앞

으로 발생할 가능성이 있는 침해사고를 예방하기 위한 정보를 포함한다. 침해사고 대응업무는 사전 예방적 조치를 포함하기 때문이다(제2항의 "침해사고 관련 정보"에 대한 예시 참조). 따라서 침해사고에 관한 정보의 수집은 정보통신망 침해 범죄행위에 대한 수사와는 구별된다. 그러나 이렇게 수집된 정보는 추후 (형사)법적 책임을 확정하기 위하여 소송절차에서 이용되어야 하는 상황이 발생할 수 있으므로, 정보의 무결성은 물론 증거수집과정의 적법성에도 유의해야 한다.

정보통신망법은 물론 시행령, 시행규칙 등에 침해사고 관련 정보의 수집 및 전파에 관한 구체적인 절차와 방법은 명시되어 있지 않으며, 따라서 누구로부터 어떠한 정보를 어떻게 수집해야 하는지, 그리고 누구에게 전파해야 하는지도 명확하게 규정되어 있지 않다. 일반적으로는 정보통신서비스 제공자 등으로부터 침해사고 관련 정황(사후적) 및 취약점 관련 정보(사전적)를 수집하여 사고발생 또는 피해 확산을 방지하기 위하여 필요한 범위 내에서 관련자(경우에 따라서는 국민 전체)에게 전파해야 하는 것으로 해석된다. 그러나 이러한 불명확성은 정보기술의 빠른 발전과 통신환경의 급격한 변화로 인하여 불가피한 것으로 보이며, 따라서 구체적인 절차와 방법은 원칙적으로는 침해사고 대응 업무를 전담하고 있는 한국인터넷진흥원의 전문성에 근거한 재량적 판단에 맡겨져 있는 것으로 보아야 한다.

정보를 수집하기 위한 강제수단이 규정되어 있지 않으므로, 한국인터넷진흥원이 민간사업자 등의 자발적인 협력 없이 침해관련 정보를 수집하는 것에는 현실적인 한계가 있을 수밖에 없다. 그래서 정보통신망법은 주요정보통신서비스 제공자 등에게 정보제공의무를 부여(제2항)하는 방법으로 이를 보완하고 있다.

관련 사업자와 한국인터넷진흥원 및 과학기술정보통신부와의 관계를 고려할 때 특별한 사정이 없는 한 대부분의 사업자들은 객관적으로 합리적인 수준의 정보제공요청에는 당연히 따를 것으로 보인다. 그러나 경우에 따라 침해사고와 관련자가 다양한 법적·사실적 책임을 져야 할 상황이 발생할 수 있으므로[12] 정

---

12 예컨대 이미 발생한 침해사고와 관련하여, 기술적·관리적 조치를 하지 아니하여 이용자의 개인정보를 분실·도난·유출·위조·변조 또는 훼손한 경우 정보통신서비스 제공자 등은 정보통신망법 제73조 제1호에 따라 2년 이하의 징역 또는 2천만 원 이하의 벌금으로 처벌된다. 또한 아직

보제공요청에 적극적으로 응하지 않거나 의도적으로 정보를 감출 가능성도 생각해 볼 수 있다.

그러므로 만약 이러한 경우 정보통신망법 제48조의2 제2항의 정보제공의무, 제4항의 시정명령 및 과태료 규정을 보다 적극적으로 활용할 가능성을 생각해 볼 수 있다. 후술하는 바와 같이 정보제공의무 대상자가 시행령 및 행정규칙을 통해 상당히 광범위하게 확대되어 있으며, 제공하여야 하는 정보의 범위도 침해사고 관련 정보로 폭넓게 규정되어 있기 때문에, 침해사고에 적절히 대응하기 위하여 필요한 정보의 수집에 응하지 않을 경우 제4항에 근거하여 정보제공을 명하고 이행하지 않을 경우 과태료로 강제할 수 있는 것으로 해석할 여지가 있다.

그러나 침해사고에 관련한 정보수집은 침해사고를 예방하고 신속하게 대응하여 피해 확산을 방지하는 것을 목적으로 하는 것이며, 실체적 진실을 철저하게 규명하기 위한 강제수사가 아니다. 역시 후술하는 바와 같이 "일반적인" 정보제공 의무 규정에서 정보제공 의무 주체 및 제공하여야 하는 정보의 내용은 합리적인 범위로 제한해석하여야 하는 것이 원칙이다. 그러므로 신속하고 실효적인 사고대응 및 피해예방이라는 공익적 목적을 달성하기 위하여, 만약 필요하다면 예외적으로 사업자 등에 대한 침해사고 관련 서버에 대한 접근 및 분석 등에 협조하도록 하는 것 등을 내용으로 하여 "개별적이고 구체적인" 이행강제 및 면책을 위한 근거규정이 별도로 마련될 필요가 있을 것을 생각된다. 이 경우에도 달성하고자 하는 목적과 수단은 서로 비례적이어야 하므로, 침해사고의 중대성, 대응조치의 긴급성 및 필요성 등이 요건으로 충분히 고려되어야 한다.[13]

침해사고가 발생하기 이전이라 하더라도 기술적·관리적 조치를 하지 않은 취약점이 드러나는 경우 정보통신망법 제76조 제1항 제3호에 따라 3천만 원 이하의 과태료가 부과된다.

[13] 다만 중대한 침해사고에 대한 사후적 조사는 이미 정보통신망법 제48조의4(침해사고의 원인 분석 등)에 근거하여 강제적으로 수행할 수 있다. 만약 동조 제3항에 의한 자료보전명령에 따르지 않으면 정보통신망법 제73조 제6호에 따라 2년 이하의 징역 또는 2천만 원 이하의 벌금으로 처벌되며, 정보통신망법 제48조의4 제4항을 위반하여 사업장 출입 및 조사를 방해하거나 거부 또는 기피한 자는 정보통신망법 제76조 제3항 제12호에 따라 1천만 원 이하의 과태료가 부과된다.

(4) 침해사고 예보 및 경보

한국인터넷진흥원은 수집된 정보를 분석하여 침해사고에 관한 예보 및 경보를 제공하여야 한다. 역시 침해사고의 예보 및 경보에 관한 상세한 내용은 정보통신망법에 정해져 있지 않다. 다만 시행령을 통하여 언론기관 및 정보통신서비스 제공자에게 침해사고 예보 및 경보를 전파하도록 하고 있다. 또한 한국인터넷진흥원은 KISA 보호나라&KrCERT 홈페이지(www.boho.or.kr)등을 통하여 침해사고 관련 예보 및 경보에 관한 정보를 상시 제공한다.(〈그림 4-3〉 참조)

그림 4-3. 한국인터넷진흥원 KrCERT 홈페이지

한국인터넷진흥원은 침해사고를 예보하기 위하여, 과거 침해사고 정보 등을 활용하여 침해사고를 유형화하고 추후 발생 가능한 공격 시나리오를 도출하여 이를 기반으로 침해사고를 예측하는 모델링 알고리즘을 개발하고 있다. 그러나 개별적인 침해사고를 사전에 구체적으로 "예보"하는 것은 아직까지는 매우 예외적인 경우를 제외하고는 현실적으로 쉽지 않은 것으로 보인다.

한국인터넷진흥원은 각종 침해관련 정보를 분석하여 침해사고 발생 위협의 정도를 5단계로 나누어 "경보"를 발령하고 있다. 각 단계의 경보발령 조건 및 위협의 정도는 〈그림 4-4〉와 같다.

― 그림 4-4. 한국인터넷진흥원의 정보통신망 침해사고 경보단계

(5) 침해사고에 대한 긴급조치

한국인터넷진흥원은 이미 발생한 침해사고 또는 발생 가능성이 매우 높을 것으로 예측되는 침해사고에 대하여 사후적, 사전적 긴급조치를 실시한다. 긴급조치의 상세한 내용과 한계, 방법과 절차 역시 정보통신망법에 명시되어 있지 않으며, 한국인터넷진흥원의 전문성에 근거한 재량적 판단에 맡겨져 있다. 이러

한 불명확성은 예측 불가능한 침해사고에 적절히 대응하기 위하여 역시 불가피한 것으로 보인다. 다만 후술하는 바와 같이 시행령을 통하여 접속경로 차단 및 백신 제작·배포 등 주요한 대응방법은 확인할 수 있다. 이에 근거하여 한국인터넷진흥원은 악성코드를 유포하는 서버를 차단하고, 맞춤형 전용백신을 제작하여 배포하는 등의 긴급조치를 취한 바 있다.

(6) 시행령상의 침해사고 대응조치

한국인터넷진흥원은 주요정보통신서비스 제공자 및 집적정보통신시설 사업자에게 침해사고 확산에 이용되고 있거나 이용될 가능성이 있는 접속경로의 차단을 요청한다. 현실적으로 가장 실효적인 침해사고 대응조치가 될 것으로 생각된다.

다만 침해사고 대응조치는 대체로 긴급하게 이루어지는 경우가 대부분이며, 따라서 침해사고 관련 접속경로인지 여부에 대한 판단에 오류가 개입할 가능성이 상존하므로, 불필요한 기본권 침해를 최소화하기 위하여 입법적으로 차단해제와 관련한 절차와 판단 기준 등을 명확하게 제시하는 것이 바람직하다. 또한 관련자의 법적 책임의 범위와 한계가 명확하게 규정될 필요가 있다. 특히 긴급한 상황에서 신속한 조치가 적절하게 이루어질 수 있도록 차단으로 인하여 발생한 손해에 대한 민사상 배상 책임 등에 대한 적절한 제한 또한 명확히 할 필요가 있을 것으로 사료된다.[14]

또한 한국인터넷진흥원은 침해사고와 관련이 있는 소프트웨어를 제작 배포한 소프트웨어사업자에게 해당 소프트웨어의 보안상 취약점을 수정·보완한 프로그램의 제작·배포를 요청하고, 더 나아가 정보통신서비스 제공자에게 해당

---

14 실제 정보통신망법 제49조의2 제3항 제3호에 근거한 접속경로 차단요청과 관련하여 실제 정보통신망법을 위반하지 않았음에도 패러디 사이트를 피싱 사이트로 오인하고 차단을 요청한 한국인터넷진흥원에게 고도의 주의의무가 있음에도 불구하고 법위반 여부를 제대로 심사하지 않은 과실을 인정하여 100만 원의 손해배상책임이 인정된 바 있다. 아울러 이동통신사도 제때 접속차단을 해제하지 않은 과실이 인정되어 각자 100만 원의 손해배상책임이 인정되었다(서울중앙지방법원 2014. 9. 2. 선고 2014나5523 판결).

보안취약점보완프로그램의 게재를 요청하는 방법으로 침해사고에 대응한다. 또한 한국인터넷진흥원은 소프트웨어 신규 취약점 신고포상제를 운영하고 있으며, 매 분기별 최고 500만 원의 포상금을 지급한다.

이외에도 한국인터넷진흥원은 언론기관 및 정보통신 서비스 제공자에게 침해사고 예보·경보를 전파하며, 국가 정보통신망 안전에 필요한 경우 관계 기관의 장에게 침해사고 관련정보를 제공한다.

2 침해사고 관련 정보제공의무(제48조의2 제2항)

(1) 침해사고 관련 정보제공의무의 주체

주요정보통신서비스 제공자, 집적정보통신시설 사업자 그리고 그 밖에 정보통신망을 운영하는 자로서 대통령령으로 정하는 자는 침해사고 관련 정보를 한국인터넷진흥원에 제공하여야 할 의무를 진다.

(2) 주요정보통신서비스 제공자

"주요정보통신서비스 제공자"란 본래 정보통신서비스 제공자 중 "전국적으로 정보통신망서비스를 제공하는 자"를 의미하였다. 하지만 주요정보통신서비스 제공자의 개념을 정의하던 정보통신망법 제46조의3이 2012. 2. 17. 법률개정으로 삭제됨에 따라 현재는 그 의미가 명확하지 않게 되었다.

다만 정보통신망법 제46조의3에서 규정하고 있었던 "정보보호 안전진단"이 현행법상 제47조의 "정보보호 관리체계 인증"으로 개편되었으므로, 정보보호 관리체계 인증 대상자의 기준을 유추적용해 보면, 주요정보통신서비스 제공자란 1) 전기통신사업법 제6조 제1항에 의한 기간통신사업자 중 서울특별시 및 모든 광역시에서 정보통신망서비스를 제공하는 자(법 제47조 제2항 제1호, 시행령 제49조 제1항)와, 2) 연간 매출액 또는 세입 등이 1,500억 원 이상이거나 정보통신서비스 부문 전년도 매출액이 100억 원 이상 또는 3개월간의 일일평균 이용자수 100만 명 이상으로서 대통령령으로 정하는 기준에 해당하는 자(법 제47조 제2항 제3호, 시행령 제49조 제2항)를 의미하는 것으로 볼 수 있다. 입법적 개선이 요망된다.

(3) 집적정보통신시설 사업자

"집적정보통신시설 사업자"란 타인의 정보통신서비스 제공을 위하여 집적된 정보통신시설을 운영·관리하는 사업자(제46조 제1항)를 의미한다. "집적정보통신시설 보호지침(방송통신위원회 고시)" 제2조에 의하면 "집적정보통신시설"이라 함은 정보통신망법 제2조 제2호에 따른 정보통신서비스를 제공하는 고객의 위탁을 받아 컴퓨터장치 등 전자정부법 제2조 제13호에 따른 정보시스템을 구성하는 장비를 일정한 공간(전산실)에 집중하여 관리하는 시설을 말한다.

(4) 시행령에 의한 정보제공의무(시행령 제57조)

이외에도 1) 「정보통신기반 보호법」 제6조 및 제10조에 따라 과학기술정보통신부장관이 수립 및 제정하는 주요정보통신기반시설보호계획 및 보호지침의 적용을 받는 기관, 2) 정보통신서비스 제공자의 정보통신망운영현황을 주기적으로 관찰하고 침해사고 관련정보를 제공하는 서비스를 제공하는 자, 3) 인터넷진흥원으로부터 「인터넷주소자원에 관한 법률」 제2조 제1호 가목에 따른 인터넷 프로토콜 주소를 할당받아 독자적으로 정보통신망을 운영하는 민간사업자 중 과학기술정보통신부장관이 정하여 고시하는 자, 4) 정보보호산업에 종사하는 자 중 컴퓨터바이러스 백신소프트웨어 제조자도 침해사고 관련 정보를 제공해야 할 의무를 진다.

"인터넷 프로토콜 주소를 할당받아 독자적으로 정보통신망을 운영하는 민간사업자 중 침해사고 관련정보 제공자의 범위(과학기술정보통신부고시)"에 따라 정보제공 의무의 주체가 되는 자는 다음과 같다. 1) 「전기통신사업법」 제5조에 따른 기간통신사업자, 2) 포털서비스(다른 인터넷 주소·정보 등의 검색과 전자우편·커뮤니티 등을 제공하는 서비스)를 제공하는 사업자, 3) 호스팅서비스(인터넷 전용회선을 갖추고 웹서버·메일서버 등을 제공하거나 도메인등록 및 유지보수 등의 업무를 대행해 주는 서비스)를 제공하는 자, 4) 「게임산업진흥에 관한 법률」 제2조 제1호에 따른 게임물을 정보통신망을 이용하여 제공하는 사업자, 5) 「인터넷 멀티미디어 방송사업법」 제4조에 따른 인터넷 멀티미디어 방송 제공사업자.

시행령에 의하여 정보제공의무를 지는 자는 대부분 취급하는 업무의 범위, 또는 명시된 법령 및 고시 등을 통하여 그 대상 여부가 구체적으로 명확하게 확정된다. 다만 "정보통신서비스 제공자의 정보통신망운영현황을 주기적으로 관찰하고 침해사고 관련정보를 제공하는 서비스를 제공하는 자"의 구체적인 대상범위에는 다소 해석의 여지가 있다. 대체로 외주 보안용역업체들이 여기에 해당할 것으로 생각된다. 중소 보안용역업체가 수시로 창·폐업하는 상황을 고려하면 일정 규모 이상의 보안용역업체에게 등록의무를 부여하는 등의 방법으로 대상 범위를 명확하게 할 필요가 있다.

다만, 보안용역업체에게 정보제공을 강제하는 것은, "침해사고 관련정보를 제공하는 서비스"를 영업의 내용으로 하는 자가 영리목적으로 수집하여 활용하려는 정보를 제공하도록 의무지우는 것이 되며, 동시에 해당 업체가 정보보안 서비스를 제공하고 있는 정보통신서비스 제공자와의 계약관계에서 비밀준수 등과 관련하여 책임문제가 발생할 가능성도 있다. 그러므로 침해사고 대응이라는 공익을 위하여 꼭 필요한 범위 내에서만 정보제공의무가 있는 것으로 해석되어야 한다.

(5) 제공해야 하는 정보의 내용

의무의 주체가 제공해야 하는 침해사고 관련 정보는 침해사고의 유형별 통계, 해당 정보통신망의 소통량 통계, 접속경로별 이용 통계 등이다. 정보통신망법이 열거하고 있는 정보의 내용은 모두 "통계"에 해당하는 것으로, 구체적인 개별사건에 관련하여 사후적으로 대응하기 위한 정보라기보다는, 침해사고의 전반적인 동향을 파악하고 비정상적인 트래픽 변동을 확인하기 위한 것이며, 또한 추후 사고 발생시 그간의 통계를 토대로 이상이 발생한 경로를 쉽게 확인함으로써 공격을 조기에 차단하여 피해의 확산을 막기 위한 것으로 보인다.

그러나 정보통신망법 제48조의2 제2항은 제공해야 하는 침해사고 관련정보의 범위를 한정하지 않는다. 따라서 침해사고와 관련이 있는 정보라면 그 어떤 정보라도 모두 제공해야 하는 것으로 해석될 여지도 있다. 하지만 의무의 내용은 침해사고 대응이라는 공익을 위하여 꼭 필요한 범위로 제한해석되어야 하며, 아울러 앞서 열거한 세 가지 유형의 "통계"와 유사한 수준의 정보들을 의미하는 것으로 보아야 한다.

이러한 논증을 종합하면, 다음과 같은 결론을 이끌어낼 수 있다. 정보통신망법 제48조의2 제2항이 말하는 '정보'는 기본적으로 제2항이 명시하는 통계를 뜻한다. 그렇지만 침해사고가 고도화, 다양화되고 있는 현 상황에 비추어볼 때, 단순한 통계만으로는 동향을 파악하고 추후 침해사고에 예방적으로 대응하는데 한계가 있을 수 있다. 그러므로 정보통신망법 제48조의2 제2항이 규정하는 "등"을 근거로 하여 "정보"의 범위를 다소 확장할 수 있다. 이를테면 침해사고에 적절하게 대응할 수 있도록 단순한 통계를 넘어서는 더욱 상세한 정보제공을 요청할 수 있다. 그러나 이 경우에도 「개인정보보호법」의 기본취지를 존중할 필요가 있다. 따라서 정보통신망의 운영상태를 개관하는 데 직접적으로 필요하지 않은 개별적이고 구체적인 정보통신망 이용행태, 가령 특정 개인의 정보가 노출될 수 있는 정보들은 원칙적으로 제공하여야 하는 정보에 포함되지 않는다고 해석해야 한다.

(6) 정보의 제공방법(시행령 제58조)

침해사고 관련정보 제공자는 다음과 같은 방법으로 정보를 제공해야 한다. 즉 1) 과학기술정보통신부장관이 정보통신망의 특성, 침해사고 동향 등을 고려하여 정하는 제공방식에 적합할 것, 2) 침해사고 관련정보의 훼손·멸실 및 변

경 등을 방지할 수 있는 조치를 취할 것, 3) 필요할 때에는 과학기술정보통신부
장관이 정하는 암호기술을 적용할 것, 4) 그 밖에 과학기술정보통신부장관이 정
하여 고시하는 방법 및 절차에 적합할 것이다.

정보통신망법 시행령 제58조는 침해사고 관련 정보의 제공방법을 과학기
술정보통신부장관이 정하도록 하고 있으며, 다만 훼손 등을 방지할 수 있는 조
치와 필요시 암호기술을 적용하도록 하고 있다. 다만 아직 그 구체적인 방법에
대한 고시는 확인되지 않는다. 빠른 기술발전과 침해유형의 지속적인 변화 때
문인 것으로 생각된다. 다만, 정보의 제공을 해태할 경우 시정명령의 대상이 되
고, 결국 과태료 처분을 받을 수 있다는 점에서 최소한 기본적인 제공방법에 대
한 고시를 제정하여 그 방법을 명확히 할 필요가 있다.

3 ▮ 침해관련 정보의 분석(제48조의2 제3항)

한국인터넷진흥원은 제2항에 의하여 주요정보통신서비스 제공자 등이 제
공한 침해사고 관련정보를 분석하여 과학기술정보통신부장관에게 그 결과를 보
고하여야 한다. 조문에는 주요정보통신서비스 제공자 등이 제공한 정보만이 명
시되어 있으나, 해석상 제1항 제1호에 의하여 수집된 정보 역시 당연히 종합적
으로 분석되는 것으로 보아야 할 것이다.

4 ▮ 정보의 불성실 제공 및 시정명령(제48조의2 제4항)

과학기술정보통신부장관은 제2항에 의하여 침해사고 관련정보를 제공하여
야 하는 사업자가 정당한 사유 없이 정보의 제공을 거부하거나 거짓 정보를 제
공하면 상당한 기간을 정하여 그 사업자에게 시정을 명할 수 있다. 상기한 바와
같이 침해사고와 관련된 주요 정보는 침해사고와 관계있는 정보통신망을 실제
관리하는 자가 능동적으로 제공하지 않을 경우 사실상 이를 적극적으로 확인할

방법이 없으므로 정보제공 의무자의 정보제공을 강제할 필요가 있다.[15] 이를 위하여 사업자 등이 시정명령을 이행하지 않을 경우 과태료를 부과한다.

과학기술정보통신부장관 또는 방송통신위원회는 사업자가 시정명령을 이행하지 아니할 경우 제76조 제3항 제11호에 의하여 1천만 원 이하의 과태료를 부과한다. 최근 3년간 최초의 위반에 대하여는 300만 원, 2회째의 위반에 대하여는 600만 원, 위반 횟수가 3회 이상인 경우는 1,000만 원의 과태료를 부과하는 것이 원칙이나, 감경 또는 가중의 사유가 있는 경우 상기한 금액의 2분의 1 범위에서 감경 또는 가중할 수 있다. 다만 가중하는 경우에도 1,000만 원을 넘을 수 없다.

다만, 인터넷의 초국가성을 고려하면 국외소재 기업에 대하여는 현실적으로 제재효과가 떨어질 수밖에 없다. 외국기업의 국내영업을 위한 법인 등이 있는 경우라면 해당 법인 등에 대하여 과태료를 부과할 수 있지만 그렇지 않은 경우에는 사실상 과태료를 부과하여 징수할 방법이 없기 때문이다. 또한 국내 사업자에 대한 과도한 의무강제는 오히려 역차별이 되어 장기적으로는 국제경쟁력을 악화시키는 요인이 될 우려도 있으므로 강제적인 수단은 신중하게 활용되어야 하며, 자발적인 협조를 유도하기 위한 인센티브를 제공하는 방법으로 목적을 달성하는 것이 바람직할 것으로 생각된다.

5 ▌ 정보이용의 범위(제48조의2 제5항)

과학기술정보통신부장관이나 한국인터넷진흥원은 사업자에게 제공받은 침

---

15 다만 제29조 제1항에서 정하고 있는 "기술적·관리적 조치"를 하지 아니하여 이용자의 개인정보를 분실·도난·유출·위조·변조 또는 훼손한 자는 제73조 제1호에 의하여 2년 이하의 징역 또는 2천만 원 이하의 벌금에 처해지므로, 침해사고를 통하여 보관하고 있던 고객 등의 개인정보를 침해당한 사업자의 경우 사고의 피해자이면서 동시에 피의자가 될 가능성이 있다. 따라서 이러한 경우에 기술적·관리적 조치에 관련된 정보까지 제공할 것을 강제한다면 헌법 제12조 제2항이 보장하고 있는 "형사상 자기에게 불리한 진술을 강요당하지 않을 권리"를 침해하는 것으로 해석될 우려가 있다.

해사고 관련정보를 침해사고의 대응을 위하여 필요한 범위에서만 정당하게 사용하여야 한다. 다만 이를 강제하기 위한 규정은 별도로 없으며, 따라서 훈시규정으로 해석된다. 물론 범위를 넘어 정보를 이용한 개별적인 행위자에 대한 민형사상의 법적 책임(예컨대 법 제49조에서 금지하고 있는 비밀 누설 등)이나 징계책임 등은 당연히 발생한다.

6 인력지원의 요청(제48조의2 제6항)

과학기술정보통신부장관이나 한국인터넷진흥원은 침해사고의 대응을 위하여 필요하면 정보제공의무가 있는 사업자 등에게 인력지원을 요청할 수 있다. 정보기술의 빠른 발전과 통신환경의 급격한 변화로 인하여 한국인터넷진흥원만의 인력으로는 해당 침해사고에 적절히 대응할 수 없는 경우에 대비하기 위한 규정이다. 그러나 사업자 등이 인력지원을 거부하면 이를 강제할 방법은 별도로 규정되어 있지 않다. 궁극적으로는 한국인터넷진흥원의 담당인력의 전문화를 통하여 사업자 등의 추가적인 인력지원을 최소화하여야 할 것이다.

제13절 **침해사고의 신고 등**

제48조의3 (침해사고의 신고 등) ① 다음 각 호의 어느 하나에 해당하는 자는 침해사고가 발생하면 즉시 그 사실을 과학기술정보통신부장관이나 한국인터넷진흥원에 신고하여야 한다. 이 경우 「정보통신기반 보호법」 제13조 제1항에 따른 통지가 있으면 전단에 따른 신고를 한 것으로 본다.
1. 정보통신서비스 제공자
2. 집적정보통신시설 사업자
② 과학기술정보통신부장관이나 한국인터넷진흥원은 제1항에 따라 침해사고의 신고를 받거나 침해사고를 알게 되면 제48조의2 제1항 각 호에 따른 필요한 조치를 하여야 한다.

—— I. 서 론

1 의의 및 기본취지

　　정보통신망법 제48조의3은 발생한 침해사고에 대한 피해 당사자의 사후적 신고의무를 규정하고 있다. 정보통신망의 특성으로 인하여 적극적인 신고 없이는 침해대응 업무를 담당한 기관이 침해사고의 발생 여부조차 알기 어려운 경우가 많기 때문이다. 따라서 본조는 사전적 예방이 아니라 신속한 사후적 대응 및 추가적인 피해 확산의 방지를 목적으로 한다. 신고의무를 위반할 경우 제76조 제3항 제11호의2에 의하여 1천만 원 이하의 과태료가 부과된다. 과학기술정보통신부장관 등은 신고를 받거나 침해사실을 알게 되면 제48조의2 제1항에 따른 대응조치를 하여야 한다.

2 기본구조

정보통신망법 제48조의3은 침해사고 신고 등에 관하여 규정한다. 제1항에서는 침해사고 신고의무의 주체를 열거하고 있으며, 제2항에서는 신고 등을 통하여 침해사고를 알게 된 경우 과학기술정보통신부장관 등의 대응조치의무를 정하고 있다.

—— II. 주요내용

1 침해사고 신고의무(제48조의3 제1항)

(1) 침해사고 신고의무의 내용

정보통신망법 제48조의3 제1항은 정보통신서비스 제공자와 집적정보통신시설 사업자에게 침해사고에 대한 신고의무를 부과한다. 정보통신서비스 제공자 등은 침해사고가 발생하면 "즉시" 과학기술정보통신부장관이나 한국인터넷진흥원에 신고하여야 한다. 침해사고의 피해를 최소한으로 억제하기 위해서는 대응기관이 사고발생을 최대한 신속하게 발견하고 접속경로의 차단 등 적극적으로 긴급조치에 임하는 것이 필수적이나, 한국인터넷진흥원 등 침해사고 대응기관이 적극적인 조사를 통하여 침해사고 발생사실을 인지하는 것은 대부분의 경우 사실상 불가능하기 때문이다.

"즉시"의 사전적인 의미는 "어떠한 일이 행하여지는 바로 그때"를 의미한다. 그러나 논리적으로 신고의무자의 사고발생에 대한 인지가 필요하므로 "침해사고가 발생하는 바로 그때"가 아니라 "침해사고를 인지한 때"로 볼 수 있다. 게다가 침해사고 발생을 인지한 직후에는 신고의무자에게 사고수습과 관련하여 시급성을 다투는 다양한 조치들이 요구될 것이므로 "합리적인 시한" 내에 신고하여야 한다는 의미로 해석해야 한다.

제48조의3 제1항은 집적정보통신시설 사업자(제46조 제1항)는 물론 "모든" 정보통신서비스 제공자에게 침해사고에 대한 신고의무를 부과한다. 이는 제48조의2 제2항이 침해사고 관련 정보제공의무의 주체를 "주요"정보통신서비스·제공자로 제한하는 것과 구별된다. 이미 발생한 침해사고에 대한 신고라는 점에서 의무 대상자의 범위를 폭넓게 확대하고 있다. 다만 현실적으로 영세한 모든 정보통신서비스 제공자가 신고의무를 적극적으로 이행할 수 있을 것이라고 보기는 다소 어려운 점이 있다.

그러나 영세한 정보통신서비스 제공자라 하더라도, 침해사고가 발생할 경우 이를 신속하게 해결하여 서비스를 지속적으로 제공하고자 할 것이므로 침해사고 수습과 서비스 지속에 도움이 되는 인센티브의 제공과 연계하여 신고의무 이행을 실질화할 수 있을 것으로 생각된다. 예컨대 D-DoS 공격의 경우 한국인터넷진흥원이 일정한 규모 이하의 중소사업자를 주요 대상으로 하여 제공하는 "사이버 대피소" 서비스가 좋은 인센티브가 될 것이다. 이 경우 "방어 서비스 적용 신청"이 침해사고에 대한 신고로 간주될 수 있도록 관련 규정을 정비할 필요가 있다.

그러면 개인홈페이지 운영자 역시 법 제48조의3 제1항이 규정하는 신고의무자에 해당하는가? 이는 다음과 같은 경우에가 문제된다. 개인적으로 홈페이지를 운영하는 각 개인들이 침해사고를 당한 경우, 경우에 따라서는 침해사고가 아닌 단순사고나 고장일 때도 많은데, 이들에 대해 한국인터넷진흥원이 필요한 조치를 해야 하는지의 문제가 그것이다.

이 문제는 다음과 같이 해결할 수 있다. 제48조의3 제1항은 신고의무자로서 제1호에서는 "정보통신서비스 제공자"를 그리고 제2호에서는 "집적정보통신시설 사업자"를 규정한다. 그러므로 개인홈페이지를 운영하는 개인들이 이러한 "정보통신서비스 제공자"에 해당하는지 판단하면 된다. 하지만 정보통신망법 제2조 제1항 제2호에 따르면, 정보통신서비스 제공자란 "「전기통신사업법」 제2조 제8호에 따른 전기통신사업자와 영리를 목적으로 전기통신사업자의 전기통신역무를 이용하여 정보를 제공하거나 정보의 제공을 매개하는 자"를 뜻하므로, "영리를 목적으로" 정보를 제공한다고 보기 어려운 개인홈페이지 운영자는 "정보통신서비스 제공자"라고 볼 수 없다. 따라서 이들에 대해서는 신고의무도 필요한 조치의무도 인정되지 않는다.

(2) 「정보통신기반 보호법」 제13조 제1항에 의한 통지

정보통신기반 보호법 제13조 제1항에 따르면 주요정보통신기반시설을 관리하는 기관의 장은 침해사고가 발생하여 소관 주요정보통신기반시설이 교란·마비 또는 파괴된 사실을 인지한 때에는 한국인터넷진흥원 등에 그 사실을 통지하여야 한다. 해당 통지가 있는 경우 본조에 따른 신고를 한 것으로 본다.

(3) 과태료

과학기술정보통신부장관 또는 방송통신위원회는 정보통신서비스 제공자 등이 침해사고 신고의무를 이행하지 아니할 경우 제76조 제3항 제11호의2에 따라 1천만 원 이하의 과태료를 부과한다. 피해 당사자가 신고하지 않을 경우 사실상 침해사고 발생여부를 조기에 발견할 가능성이 높지 않으므로 신고의무자의 신고의무 이행을 강제할 필요가 있다.[16]

해석상 원칙적으로는 모든 유형의 침해사고가 발생한 모든 정보통신서비스 제공자가 신고의무를 위반할 경우 과태료 부과 대상이 된다. 다만 상기한 바와 같이 영세한 정보통신서비스 제공자의 경우 현실적인 신고의무 이행가능성을 고려하여야 한다. 영세한 사업자의 경우 역시 상술한 바와 같이 과태료를 통한 강제보다는 침해대응 관련 인센티브 제공이 보다 효율적인 수단이 될 것이다. 따라서 제76조 제4항에 근거하여 시행령에 매출액 규모 등 과태료 부과 기준을 구체적으로 마련하는 것이 바람직할 것으로 생각된다.

---

16 다만 상술한 바와 같이 침해사고로 개인정보를 침해당한 경우 피해자가 동시에 피의자가 될 수 있으므로 신고강제 역시 "자기부죄금지원칙"에 반하는 것으로 해석될 우려가 있다.

　　과태료 금액 산정 기준은 다음과 같다. 최근 3년간 최초의 위반에 대하여는 300만 원, 2회째의 위반에 대하여는 600만 원, 위반 횟수가 3회 이상인 경우는 1,000만 원의 과태료를 부과하는 것이 원칙이나, 감경 또는 가중의 사유가 있는 경우 상기한 금액의 2분의 1 범위에서 감경 또는 가중할 수 있다. 다만 가중하는 경우에도 1,000만 원을 넘을 수 없다.

2 　침해사고 대응의무(제48조의3 제2항)

　　과학기술정보통신부장관이나 한국인터넷진흥원은 침해사고의 신고를 받거나 침해사고를 알게 되면 정보통신망법 제48조의2 제1항 각호에 따른 필요한 조치를 하여야 한다. 이때 말하는 "필요한 조치"란 "침해사고에 관한 정보의 수집·전파", "침해사고의 예보·경보", "침해사고에 대한 긴급조치"를 규정한다. 따라서 제48조의3 제2항이 말하는 "필요한 조치"는 "침해사고에 관한 정보의 수집·전파", "침해사고의 예보·경보", "침해사고에 대한 긴급조치"를 뜻한다.

　　과학기술정보통신부장관이나 한국인터넷진흥원은 신고의무자의 신고를 받은 경우뿐만 아니라 제3자의 신고나 적극적인 조사 등을 통하여 침해사고가 발생하였음을 인지하면 이에 대응하여야 할 의무가 있다. 정보통신망법 제48조의2 제1항 각호에 따른 조치에 관하여는 앞의 해당 부분에서 상술하였다.

제14절 **침해사고의 원인 분석 등**

제48조의4 (침해사고의 원인 분석 등) ① 정보통신서비스 제공자 등 정보통신망을 운영하는 자는 침해사고가 발생하면 침해사고의 원인을 분석하고 피해의 확산을 방지하여야 한다.

② 과학기술정보통신부장관은 정보통신서비스 제공자의 정보통신망에 중대한 침해사고가 발생하면 피해 확산 방지, 사고대응, 복구 및 재발 방지를 위하여 정보보호에 전문성을 갖춘 민·관합동조사단을 구성하여 그 침해사고의 원인 분석을 할 수 있다.

③ 과학기술정보통신부장관은 제2항에 따른 침해사고의 원인을 분석하기 위하여 필요하다고 인정하면 정보통신서비스 제공자와 집적정보통신시설 사업자에게 정보통신망의 접속기록 등 관련 자료의 보전을 명할 수 있다.

④ 과학기술정보통신부장관은 침해사고의 원인을 분석하기 위하여 필요하면 정보통신서비스 제공자와 집적정보통신시설 사업자에게 침해사고 관련 자료의 제출을 요구할 수 있으며, 제2항에 따른 민·관합동조사단에게 관계인의 사업장에 출입하여 침해사고 원인을 조사하도록 할 수 있다. 다만, 「통신비밀보호법」 제2조 제11호에 따른 통신사실확인자료에 해당하는 자료의 제출은 같은 법으로 정하는 바에 따른다.

⑤ 과학기술정보통신부장관이나 민·관합동조사단은 제4항에 따라 제출받은 자료와 조사를 통하여 알게 된 정보를 침해사고의 원인 분석 및 대책 마련 외의 목적으로는 사용하지 못하며, 원인 분석이 끝난 후에는 즉시 파기하여야 한다.

⑥ 제2항에 따른 민·관합동조사단의 구성과 제4항에 따라 제출된 침해사고 관련 자료의 보호 등에 필요한 사항은 대통령령으로 정한다.

시행령
제59조(민·관 합동조사단의 구성 등) ① 과학기술정보통신부장관이 법 제48조의4 제2항에 따라 민·관 합동조사단(이하 "조사단"이라 한다)을 구성할 때에는 다음 각 호의 자로 조사단을 구성하여야 한다.

1. 침해사고를 담당하는 공무원
2. 침해사고에 관한 전문지식과 경험이 있는 자
3. 인터넷진흥원의 직원
4. 그 밖에 침해사고의 원인 분석에 필요하다고 인정되는 자

② 제1항에 따른 조사단의 구성은 침해사고의 규모 및 유형에 따라 조정할 수 있다.

제60조(조사단의 사업장 출입) ① 조사단이 법 제48조의4 제4항에 따라 관계인의 사업장에 출입하는 때에는 그 권한을 나타내는 증표를 관계인에게 내보여야 한다.

② 제1항에 따른 증표는 별표 5와 같다.

행정규칙

민·관합동조사단 구성 및 운영에 관한 규정[과학기술정보통신부공고 제2014-1호, 2014.3.20., 제정]

—— I. 서 론

1 **의의 및 기본취지**

정보통신망법 제48조의4는 발생한 침해사고에 대한 사후적 대응에 관하여 규정하고 있다. 이는 피해의 확산을 방지하기 위한 것이며, 더 나아가 유사한 수법을 활용한 침해사고가 재발하는 것을 막기 위한 것이다. 정보통신기술의 특성으로 인하여 침해사고는 자동화된 수법에 의하여 발생하는 경우가 많으며, 한번 성공한 수법은 반복적으로 이용될 가능성이 높기 때문이다. 따라서 침해사고가 발생한 경우 이에 대한 원인 분석은 이후의 피해 확산을 예방하기 위하여 매우 중요하다.

제48조의4는 정보통신망을 운영하는 자에게 침해사고 원인 분석 및 피해 확산 방지의무를 부여하고, 중대한 침해사고에 대하여는 민·관합동조사단을 구성하여 조사하도록 하고 있다. 아울러 본조는 특히 중대한 침해사고의 조사에 있어서 강제적인 수단을 활용할 수 있도록 허용한다. 과학기술정보통신부장관은 민·관합동조사단의 원인 분석에 필요한 경우 정보통신서비스 제공자 등에게 관련 자료의 보전을 명할 수 있으며, 관련 자료의 제출 및 사업장 출입도 요구

할 수 있다. 다만 "통신비밀보호법"상의 통신사실확인자료에 해당하는 자료는 본조에 근거하여 요구할 수 없다.

과학기술정보통신부장관은 제3항에 의거 정보통신서비스 제공자 등에게 관련 자료의 보전을 명할 수 있으며, 이를 위반할 경우 제73조 제6호에 따라 2년 이하의 징역 또는 2천만 원 이하의 벌금으로 처벌된다. 또한 과학기술정보통신부장관은 제4항에 의거 민·관합동조사단에게 관계인의 사업장에 출입하여 원인을 조사하도록 할 수 있으며, 이를 방해하거나 거부 또는 기피한 자는 제76조 제3항 제12호에 따라 1천만 원 이하의 과태료가 부과된다.

2 기본구조

정보통신망법 제48조의4 제1항은 정보통신망을 운영하는 자에게 침해사고 원인분석 및 피해 확산 방지의무를 부과한다. 제2항은 민·관합동조사단 구성의, 제3항은 관련 자료 보전명령의, 제4항은 자료 제출 및 사업장 출입 권한의 근거규정이다. 제5항은 관련 정보의 이용범위를 제한하고 있으며, 제6항은 제2항 및 제4항에 관련한 세부사항을 대통령령에 위임하고 있다.

── II. 주요내용

1 침해사고 원인 분석 및 피해 확산 방지의무(제48조의4 제1항)

모든 정보통신망 운영자는 침해사고가 발생하면 침해사고의 원인을 분석하고 피해의 확산을 방지하여야 한다. 제1항은 정보통신서비스 제공자를 의무의 주체로 예시하고 있다. 정보통신서비스 제공자는 주지하는 바와 같이 "전기통신사업법 제2조 제8호에 따른 전기통신사업자와 영리를 목적으로 전기통신사업자의 전기통신역무를 이용하여 정보를 제공하거나 정보의 제공을 매개하는 자"를 말한다(동법 제2조 제3호). 그러나 제1항은 그 범위를 "정보통신망을 운영하는 자"로 확대하고 있다.

정보통신망을 운영하는 자에 대한 별도의 정의규정은 찾을 수 없다. 다만 제48조의2 제2항 제3호(침해사고 관련정보 제공의무자)에서 정보통신망을 운영하는 자의 범위 안에 정보통신기반 운영자 및 기간통신사업자 등은 물론 정보보안산업 종사자, 포털, 호스팅, 게임, 멀티미디어 서비스 제공자 등을 모두 포함하고 있는 점을 참고하여 해석하면, 정보통신망 운영자는 인터넷 서비스 제공자(ISP)와 콘텐츠 제공자(CP)를 모두 포함하는 개념으로 이해된다. 따라서 제1항의 정보통신망 운영자의 개념은 정보통신서비스 제공자의 개념과 원칙적으로는 다르지 않으나, 전기통신사업법의 적용을 받지 않는 전기통신사업자와 영리를 목적으로 하지 않는 정보제공자 그리고 집적정보통신시설 사업자를 포함하는 보다 넓은 개념으로 해석된다. 따라서 서비스의 규모나 영리목적 여부를 불문하고 모든 정보통신망 운영자가 의무의 주체가 된다.

정보통신망 운영자라면 당연히 자신의 이익을 위하여 스스로 관리하는 정보통신망의 원활한 이용을 위하여 침해사고에 대응해야 할 것이며, 또한 법적 책임을 회피하기 위해 피해 확산을 방지해야 할 것이다. 게다가 제1항은 침해사고 원인 분석 및 피해 확산 방지의무를 원론적으로 확인하고 있을 뿐 의무의 내용을 구체화하고 있지 않을 뿐만 아니라, 의무의 이행을 강제할 수 있는 방법도 별도로 존재하지 않는다. 따라서 제1항은 모든 정보통신망 운영자의 침해사고 원인 분석 및 피해 확산 방지의무에 관한 선언적 규정으로 해석된다.

2 ■ 민·관합동조사단의 구성(제48조의4 제2항)

(1) 개요

민·관합동조사단의 구성 권한은 과학기술정보통신부장관에게 있다. 과학기술정보통신부장관은 중대한 침해사고가 발생하면 정보보호에 전문성을 갖춘 민·관합동조사단을 구성할 수 있다. 민·관합동조사단과 유사한 조직으로는 「정보통신기반 보호법」 제15조가 규정하고 있는 "정보통신기반침해사고대책본부"가 있다. 정보통신기반보호위원회의 위원장(국무조정실장)은 주요정보통신기반시설에 대하여 침해사고가 광범위하게 발생한 경우 대책본부를 둘 수 있다. 그러나 대책본부는 "관"을 중심으로 하는 조직이라는 점에서 민·관합동조사단과 구별된다. 이외에는 청와대 주관으로 민·관·군 합동대응팀이 구성되어 침해사고 조사업무를 수행한 바 있다.

침해사고 원인 분석은 정보통신망 침해 범죄행위에 대한 수사와는 원칙적으로 구별된다. 그러나 침해행위는 제48조에 의하여 금지된 범죄행위이며, 따라서 범죄행위에 대한 사후적 조사라는 관점에서 침해사고 원인 분석은 범죄수사와 그 구체적인 방법에 있어서 실질적으로는 상당부분 겹치게 될 수밖에 없다. 따라서 원인 분석을 위하여 수집된 정보 및 분석된 결과는 추후 (형사)법적 책임을 확정하기 위하여 소송절차에서 이용되어야 하는 상황이 발생할 수 있으므로, 조사의 전 과정에서 정보의 무결성은 물론 증거수집과정의 적법성에도 유의해야 한다.

(2) 민·관합동조사단의 구성 및 운영

민·관합동조사단은 행정규칙인 「민·관합동조사단 구성 및 운영에 관한 규정」에 따라 1) 피해 확산 방지, 2) 사고대응, 3) 복구, 4) 재발방지를 위하여 그 침해사고의 원인을 분석한다. 과학기술정보통신부장관은 정보보호에 전문성을 갖춘 1) 침해사고를 담당하는 공무원, 2) 침해사고에 관한 전문지식과 경험이 있는 자, 3) 인터넷진흥원의 직원, 4) 그 밖에 침해사고의 원인 분석에 필요하다고 인정되는 자(시행령 제59조 제1항)로 조사단을 구성한다.

본래 민·관합동조사단은 2003년 슬래머 웜에 의하여 DNS 서버가 마비되었던 이른바 1·25 인터넷 대란을 조사하기 위하여 당시 정보통신부가 구성하였던 "합동조사단"을 모델로 2004년 정보통신망법 개정으로 도입된 제도이다.

이후 2년을 임기로 2015년까지 5기, 즉 10년 동안 "민·관합동조사단 전문가 풀"(5기의 경우 약 90명)을 모집·선정하여 유지하였으나 실제 조사를 담당하지 못하였다. 민·관합동조사단을 구성하기 위한 요건인 침해사고의 중대성을 판단하기 위한 기준이 모호하였기 때문이다. 실제 매우 중대한 것으로 판단된 침해사고의 경우, 예컨대 2013년 발생한 이른바 3·20 사이버테러와 6·25 청와대 해킹 사건 등의 경우에는 오히려 범정부 차원에서 청와대 국가안보실 주관으로 민·관·군 합동대응팀이 운영되는 바람에 실질적으로 정보통신망법상의 민·관합동조사단이 구성될 수 있는 경우를 상정하기가 어려웠다.

민·관합동조사단이 유명무실하다는 지적에 따라 과학기술정보통신부는 2014년 3월 20일 「민·관합동조사단 구성 및 운영에 관한 규정」을 제정하고 민·관합동조사단 제도를 대폭 개선하였다. 동규정에 따르면 과학기술정보통신부장관은 민·관합동조사단 운영위원회를 두고(규정 제3조 제1항) 1) 주요정보통신기반시설에 원인불명 침해사고 발생으로 정밀조사 필요시(제1호), 2) ISMS인증 의무 대상자에 신종 해킹기법으로 침해사고 발생시(제2호), 3) 신종 해킹 수법에 의한 다발적 피해 발생 우려가 있는 경우(제3호), 4) 그 밖에 운영위원회에서 조사가 필요하다고 판단한 경우(제4호)에 민·관합동조사단을 구성하도록 하고 있다.

조사단장은 상기의 중대한 침해사고가 발생한 경우 보안전문단원 중에서 20명 내외의 조사단원을 지명하여 조사단을 소집하여야 한다(규정 제8조). 이 밖에도 이 규정은 민·관합동조사단의 구성 및 운영은 물론 조사방법 및 자료의 보존에 관한 구체적인 절차를 규정하고 있다. 그러나 이 규정이 구체화하고 있는 "중대한 침해사고"의 내용 역시 매우 추상적이어서 각 호별로 상당한 판단 여지가 남아있을 뿐만 아니라, 제4호의 경우에는 최종적으로 운영위원회에 그 판단을 전적으로 위임하고 있는 구조로 되어 있어, 여전히 중대성 판단 기준은 객관적으로 명확하지 않다.

(3) 침해사고의 중대성 판단 기준

그러므로 중대성에 대한 판단은 현행법상 전적으로 과학기술정보통신부장관의 위임을 받은 민·관합동조사단 운영위원회(제4호의 경우)와 조사단장(제1호 내지 제3호의 경우)의 재량적 판단에 맡겨져 있다고 할 수 있다. 이러한 불명확성은 예측 불가능한 침해사고에 적절히 대응하기 위하여 어느 정도는 불가피한 것으로 보인다. 다만 민·관합동조사단의 침해사고의 조사와 관련하여 제3항의 자료보전 명령을 위반할 경우 제73조 제6호에 의하여 2년 이하의 징역 또는 2천만 원 이하의 벌금으로 처벌되며, 제4항의 사업장 출입 및 조사를 방해하거나 거부 또는 기피할 경우 제76조 제3항 제12호에 의하여 1천만 원 이하의 과태료가 부과된다는 점을 고려한다면, 민·관합동조사단의 침해사고 조사는 강제적인 조사 수단으로 인하여 제한되는 권리보다 큰 공익적 가치를 추구하는 것이어야 함을 알 수 있다. 따라서 침해사고의 실체적 중대성은 이에 상응할 수 있을 정도로 커야 한다.

침해사고의 중대성을 판단하기 위한 기준은 법이론이 발전시켜 온 가치비교 수단[17]을 원용하여 원칙적으로 다음과 같이 유형화할 수 있을 것으로 생각된다. 첫째, 같은 수법을 사용하는 침해사고의 발생 빈도가 높을수록 재발 및 피해확산 방지를 위한 원인 분석의 필요성이 커진다. 둘째, 개별 침해사고가 야기한 피해 규모가 클수록 역시 피해 확산 및 유사사례 예방을 위한 조사필요성이 커진다. 셋째, 침해사고 피해에 더 많은 사람들이 관련될수록 사회적 중대성이 커진다. 즉, 침해사고의 "빈도", "강도", "다수관련성"이 중대성 판단의 핵심 요소가 된다. 다만 이 중에서 "강도"와 "다수관련성"이 우선적인 판단요소로 작동할 가능성이 크며, "빈도"는 일차적인 분석을 통하여 수법이 드러난 이후에야 비로소 확인된다는 점에서 보조적인 요소가 될 것으로 생각된다.

그러나 이를 보다 구체화하여 실제 적용 가능한 기준을 발견하는 것은 쉽지 않다. 최근까지 발생했던 각종 침해사고 및 정보통신망의 관리기준 등에 관한 여러 가지 논의들을 종합하여 보면, 중대한 침해사고로 분류하기 위한 기준을 다음과 같이 예시적으로 열거해 볼 수 있을 것으로 생각한다. 1)「정보통신기반 보호법」제12조를 위반하여 주요정보통신기반시설을 교란·마비 또는 파

---

17 이러한 유형화는 독일의 법학자 하쎄머(W. Hassemer)의 '사회학적 법익이론'을 재구성한 것이다.

괴한 경우. 단순히 침해사고가 발생한 경우를 의미하는 것이 아니라 주요정보
통신기반시설이 교란·마비·파괴될 정도의 피해가 발생한 경우에 한한다.[18] 2)
정보통신망법 제48조를 위반하여 일일 평균 이용자수 10만 명 이상의 정보통신
서비스에 장애를 발생하게 한 경우. 헌법재판소가 위헌결정을 내리기 전 정보
통신망법은 이른바 "인터넷 실명제" 적용 기준을 일일 평균 이용자수 10만 명
이상인 경우로 설정한 바 있다. 다만 그 이유나 논거가 명확하지 않다는 한계가
있다. 3) 직접적인 피해자 수가 약 30만 명 이상인 경우. 4) 또는 주요 언론에
반복적으로 보도되는 경우. 최근의 침해사고 관련 언론보도를 살펴보면 대체로
피해규모가 30만 명 이상인 경우만 주요 언론에 반복적으로 보도되고 있음을
알 수 있다. 피해규모 이외에도 다양한 이유로 주요 언론에 반복적으로 보도되
는 침해사고의 경우 중대한 것으로 볼 수 있을 것이다.

(4) 민·관합동조사단 운영 사례

실제 과학기술정보통신부는 2014년 3월 가입고객 1천 600만 명 중 1천
170만 명의 고객정보가 유출된 "KT해킹사고"에 대하여 민·관합동조사단을 구
성해 KT의 개인정보 취급 및 운영 실태에 대한 집중 조사를 벌였다. 그 결과
방송통신위원회는 KT에 7천만 원의 과징금과 1천 500만 원의 과태료 등을 부
과하고 재발방지를 위한 시정명령을 내렸다. 방송통신위원회는 KT가 대량의 개
인정보를 보유·이용하는 기간 통신사업자로서 걸맞은 철저한 기술·관리적 보
호조치를 갖춰야 함에도 불구하고, 개인정보에 대한 불법적 접근을 차단하기
위한 침입차단시스템 등 접근 통제장치 설치·운영을 하지 않았고(제28조 제1항
제2호), 개인정보를 안전하게 저장·전송하는 암호화기술 등을 이용한 보안조치
(제4호)도 이행하지 않았다고 지적하였다.

또한 2015년 11월 회원의 개인정보 약 195만 건이 유출된 온라인 커뮤니
티 "뽐뿌커뮤니케이션" 해킹사건 등에 대하여 민·관합동조사단을 구성해 해킹

---

18 다만 이 경우는 "정보통신기반 보호법" 제15조에 의하여 대책본부가 구성될 수 있다.

경로를 파악하고 개인정보 취급 운영 실태에 대한 현장조사를 진행한 바 있다. 민·관합동조사단은 당시 해킹이 "SQL 인젝션" 기법으로 이루어졌으며, 운영진이 이미 안전성 문제가 지적되어 사용을 권고하지 않은 암호알고리즘(MD5)을 적용한 사실을 밝혀냈다. 방송통신위원회는 이러한 조사결과를 토대로 "뽐뿌커뮤니케이션"에 대하여 1억 2백만 원의 과징금, 1천 5백만 원의 과태료, 재발방지 대책을 수립 시행토록 하는 시정명령 부과를 의결하였다.

그러나 "뽐뿌커뮤니케이션"은 주요정보통신기반시설이 아니며, 해킹에 이용된 수법도 "신종 해킹기법"이라고 하기는 어려운 것이 사실이다. 따라서 「민·관합동조사단 구성 및 운영에 관한 규정」 제3조 제1항 제1호 내지 제3호에서 규정한 중대한 침해사고에 해당한다고 할 수 없다. 그러나 "뽐뿌커뮤니케이션"은 1일 평균 이용자수가 10만 명 이상이고(과거 이른바 "인터넷 실명제" 대상 웹사이트로 지정된 바 있음), 이번 해킹사고를 통하여 195만 명이라는 다수의 직접적인 피해자가 발생하였으며, 아울러 이 해킹사건은 주요 언론에 반복적으로 보도된 바 있다. 따라서 실제로는 규정에 열거된 기준에 의거하여 민·관합동조사위원회가 구성된 것이 아니라 사실상 위에 열거한 실체적 요건들을 종합적으로 고려하여 운영위원회가 조사가 필요하다고 판단한 경우(제4호)에 해당하는 것으로 보인다.

3 █ 관련 자료의 보전 명령(제48조의4 제3항)

(1) 형벌을 통한 이행강제

제48조의4 제3항은 관련 자료의 보전 명령에 관하여 규정하고 있다. 과학기술정보통신부장관은 민·관합동조사단이 중대한 침해사고 원인을 분석하기 위하여 필요하다고 인정되는 경우 정보통신서비스 제공자와 집적정보통신시설사업자에게 정보통신망의 접속기록 등 관련 자료의 보전을 명할 수 있다. 이는 민·관합동조사단 원인분석의 실효성을 확보하기 위한 강제조치로, 이 명령에

위반하여 관련 자료를 보전하지 않은 자는 제73조 제6호에 의하여 2년 이하의 징역 또는 2천만 원 이하의 벌금으로 처벌된다.

침해사고의 원인을 분석하기 위한 자료들은 대부분 디지털 증거여서 변조 및 인멸이 쉽고, 또한 상시적으로 운영되는 정보통신서비스의 경우 수시로 정보가 재기록됨으로써 신속한 보전절차 없이는 분석에 필요한 자료를 유효하게 수집하기가 쉽지 않다. 게다가 이러한 자료들은 침해사고와 직간접적인 관련이 있는 정보통신망을 운영 및 관리하는 자의 직접적인 지배하에 있으므로 정보통신서비스 제공자 등의 협조가 성공적인 침해 원인 분석을 위하여 필수적이라고 할 수 있다. 같은 관점에서 유럽평의회 사이버범죄 방지협약 제16조는 사이버범죄의 수사와 관련한 것이기는 하나 저장된 컴퓨터 데이터를 신속하게 보전하도록 명령하는 절차에 관하여 규정하고 있다.19

그러나 침해사고를 당한 정보통신서비스 제공자가 침해 예방업무를 해태한 경우가 있을 수 있으며, 경우에 따라서는 적극적으로 침해사고에 가담하는 경우도 생각해 볼 수 있다. 따라서 침해사고의 원인이 밝혀질 경우 정보통신서

---

19 Convention on Cybercrime(CETS No. 185)

Article 16 - Expedited preservation of stored computer data

1. Each Party shall adopt such legislative and other measures as may be necessary to enable its competent authorities to order or similarly obtain the expeditious preservation of specified computer data, including traffic data, that has been stored by means of a computer system, in particular where there are grounds to believe that the computer data is particularly vulnerable to loss or modification.

2. Where a Party gives effect to paragraph 1 above by means of an order to a person to preserve specified stored computer data in the person's possession or control, the Party shall adopt such legislative and other measures as may be necessary to oblige that person to preserve and maintain the integrity of that computer data for a period of time as long as necessary, up to a maximum of ninety days, to enable the competent authorities to seek its disclosure. A Party may provide for such an order to be subsequently renewed.

3. Each Party shall adopt such legislative and other measures as may be necessary to oblige the custodian or other person who is to preserve the computer data to keep confidential the undertaking of such procedures for the period of time provided for by its domestic law.

4. The powers and procedures referred to in this article shall be subject to Articles 14 and 15.

비스 제공자 등은 상기한 "뽐뿌커뮤니케이션" 사건의 예에서처럼 과징금 또는 과태료 처분의 대상이 될 가능성이 있으며, 경우에 따라서는 형사사건의 피의 자가 될 가능성도 있다. 그러므로 강제적인 수단을 통하여 자료를 확보할 필요 성이 있으므로 과학기술정보통신부장관의 보전 명령을 형사처벌을 통하여 강제 함으로써 이를 확보하고자 하는 것이다.[20]

(2) 보전 명령의 범위

보전 대상이 되는 자료는 정보통신망의 접속기록 등 관련 자료이다. 정보 통신망법은 "접속기록"이라는 예시 이외에는 관련 자료의 범위를 구체적으로 규정하고 있지 않다. 그러므로 관련성에 대한 판단은 현행법상 전적으로 과학 기술정보통신부장관의 재량적 판단에 맡겨져 있다고 할 수 있다. 이러한 불명 확성은 예측 불가능한 침해사고에 적절히 대응하기 위하여 어느 정도는 불가피 한 것으로 보인다. 그러나 여기서 보전되어야 하는 자료는 본질적으로 제2항에 따른 침해사고, 즉 민·관합동조사단이 구성될 정도로 중대한 침해사고의 원인 을 분석하기 위하여 필요하다고 인정되는 자료이며, 더 나아가 강제적인 수단 을 동원하여, 즉 2년 이하의 징역 또는 2천만 원 이하의 벌금으로 처벌하면서까 지 확보해야 하는 매우 필수적인 자료로 제한되어야 한다.

다만 그 필요성은 침해방법 등에 대한 실제 분석을 거친 후에야 명확해지 는 경우가 많으므로, 보전 명령을 내릴 당시에는 이를 명백하게 구분하기가 사 실상 불가능할 것으로 사료된다. 따라서 합리적인 근거에 의하여 침해사고의 원인을 분석하기 위하여 필요할 것으로 예상되는 자료는 일단 보전 대상 자료 에 해당하는 것으로 보아야 한다.

이처럼 보전 명령은 형벌로 강제됨에도 불구하고 그 범위 및 절차 등에 대

---

[20] 그러나 자신이 피의자 될 가능성이 있는 경우에도 자료 보전을 형벌로 강제한다면 경우에 따라 헌법 제12조 제2항이 보장하고 있는 "형사상 자기에게 불리한 진술을 강요당하지 않을 권리"를 침해하는 것으로 해석될 우려가 있다. 형법(제155조)도 자신의 형사사건에 대한 증거 인멸은 처 벌하지 않는 것으로 하고 있다.

하여는 법령에 전혀 규정되어 있지 않다. 시행령 등을 통하여 보전 대상 자료의 범위, 보전 명령의 절차 및 이의제기 방법 등을 보다 구체화할 필요가 있다. 특히 보존명령의 기한이나 연장 가능 여부와 한계, 보전에 필요한 비용의 부담 문제, 보전 명령 이행과 관련한 법적 책임의 면책 등에 대하여 명확한 법적 근거가 제시되어야 한다.

(3) 보전 명령의 객체

보전 명령의 객체는 "정보통신서비스 제공자"와 "집적정보통신시설 사업자"이다. 이는 제48조의3 제1항의 신고의무 대상자의 범위와 같다. 양자의 개념에 관하여는 상술한 바 있다. 다만 제48조의4 제3항은 제1항과는 달리 모든 정보통신망 운영자를 대상으로 하고 있지 않다. 따라서 전기통신사업법의 적용을 받지 않는 전기통신사업자와 영리를 목적으로 하지 않는 정보제공자는 명령의 객체가 되지 않는 것으로 해석된다. 보전 명령의 객체의 범위를 제1항의 원인 분석 및 피해 확산 방지 의무의 주체의 범위와 달리 규정한 이유는 명확하지 않으나, 중대한 침해사고와 관련하여 영세한 비영리 정보통신망 운영자에게 보전 명령을 강제할 필요가 없다고 판단하였기 때문인 것으로 보인다.

4 자료의 조사 방법(제48조의4 제4항)

(1) 자료제출 요구

과학기술정보통신부장관은 제48조의4 제4항 제1문 전단에 따라 침해사고의 원인을 분석하기 위하여 필요하면 정보통신서비스 제공자와 집적정보통신시설 사업자에게 침해사고 관련 자료의 제출을 요구할 수 있다. 역시 필요성에 대한 판단은 현행법상 전적으로 과학기술정보통신부장관의 재량에 맡겨져 있다고 할 수 있다. 이러한 불명확성은 예측 불가능한 침해사고에 적절히 대응하기 위하여 어느 정도는 불가피한 것으로 보인다.

그런데 제48조의4 제4항 제1문 전단은 제3항이나 제4항 제1문 후단과는 달리 분석 대상이 될 침해사고를 제2항에 따른 중대한 침해사고로 제한하고 있지 않다. 체계적 해석상 중대한 침해사고의 경우로 제한해야 한다고 볼 수도 있으나, 제4항 제1문 전단은 형벌로 강제되는 제3항이나 과태료로 강제되는 제4항 제1문 후단과는 달리 아무런 강제규정을 두고 있지 않으므로 중대한 침해사고가 아닌 경우에도 제4항 제1문 전단에 따라 과학기술정보통신부장관은 정보통신서비스 제공자와 집적정보통신시설 사업자에게 침해사고 관련 자료의 제출을 요구할 수 있는 것으로 보아야 한다.

자료제출 요구 방법은 「민·관합동조사단 구성 및 운영에 관한 규정」에 보다 상세하게 규정되어 있다. 조사단은 자료제출 요구서를 조사개시 3일 전까지 조사대상자에게 서면으로 통지해야 한다. 다만 긴급하게 필요하거나 조사대상자가 자발적으로 협조하는 경우에는 조사의 개시와 동시에 구두로 통지할 수 있다(규정 제13조 제1항). 조사단이 자료제출을 요구하는 때에는 제출기간, 제출요청사유, 제출서류, 제출서류의 반환 여부, 그 밖에 당해 조사와 관련하여 필요한 사항이 기재된 자료제출요구서를 발송하여야 한다(규정 제15조 제2항). 상술한 바와 같이 중대한 침해사고가 아니어서 조사단이 구성되지 않았으나 과학기술정보통신부장관이 자료제출을 요구하는 경우에는 위 규정을 유추적용할 수 있을 것으로 생각된다.

(2) 사업장 출입조사

과학기술정보통신부장관은 제48조의4 제4항 제1문 후단에 따라 침해사고의 원인을 분석하기 위하여 민·관합동조사단에게 관계인의 사업장에 출입하여 침해사고의 원인을 조사하도록 할 수 있다. 사업장 출입 조사를 방해하거나 거부 또는 기피한 자는 제76조 제3항 제12호에 따라 1천만 원 이하의 과태료가 부과된다.

조사단이 관계인의 사업장에 출입할 때에는 그 권한을 나타내는 증표를 관계인에게 보여야 한다(시행령 제60조). 출입조사 방법은 「민·관합동조사단 구성 및 운영에 관한 규정」에 보다 상세하게 규정되어 있다. 조사단은 현장출입조사서를 조사개시 3일 전까지 조사대상자에게 서면으로 통지해야 한다. 다만 긴급하게 필요하거나 조사대상자가 자발적으로 협조하는 경우에는 조사의 개시와 동시에 구두로 통지할 수 있다(규정 제13조 제1항). 조사단이 현장조사를 실시하는 경우 조사목적, 조사기간과 장소, 조사원의 성명과 직위, 조사범위와 내용, 제출자료, 조사거부에 대한 제재(근거 법령 및 조항 포함), 그 밖에 당해 조사와 관련하여 필요한 사항이 기재된 현장출입조사서를 조사대상자에게 발송해야 한다.

여기서 분석 대상이 되는 침해사고는 민·관합동조사단이 구성될 필요가 있는 중대한 침해사고로 한정된다. 그러나 출입조사의 대상 사업장은 대상을 정보통신서비스 제공자와 집적정보통신시설 사업자로 제한하고 있는 제1문 전단과는 달리 "관계인의 사업장"으로 매우 폭넓게 확대하고 있다. 중대한 침해사고의 원인을 분석하기 위해서 조사의 진행 과정에 따라 다양한 사업자의 사업장에 출입해야 할 필요가 있는 경우를 상정하여 출입조사 수인의무의 범위를 확대하고 있는 것으로 해석된다.

(3) 적법절차원칙과의 조화

그러나 제48조의4 제4항 제1문 후단의 사업장 강제 출입은 헌법 및 형사소송법이 규정하고 있는 "영장주의"에 저촉될 우려가 있는 것으로 보인다. 헌법 제16조에 따르면 "주거에 대한 압수나 수색을 할 때에는 검사의 신청에 의하여 법관이 발부한 영장을 제시하여야 한다." 비록 중대한 침해사고의 원인을 분석하기 위한 조사가 형식적으로는 범죄수사와는 원칙적으로 구별되는 것이라고는 하나 상술한 바와 같이 그 실질에 있어서는 결국 유사성이 크기 때문이다. 정보통신망법은 이러한 우려를 해소하기 위하여 제48조의4 제4항 제1문 후단은 출입의 장소를 "주거"가 아니라 "사업장"이라고 명시하고 있으며, 이에 불응하는 경우에 대한 제재수단도 형벌이 아니라 과태료로 하고 있다.

그럼에도 불구하고 침해사고로 인하여 정보통신망 운영자가 피해자가 되는 동시에 피의자가 되는 경우 제48조의4 제4항에서 규정하고 있는 강제적인 자료보전 및 제출 명령, 사업장 출입 조사 등이 영장주의는 물론 헌법 제12조 제2항이 보장하고 있는 "형사상 자기에게 불리한 진술을 강요당하지 않을 권리"와 형사소송법상의 피고인의 방어권을 침해하는 것으로 이용될 우려가 있다. 적법절차원칙은 정보통신망법의 규정보다 우선되어야 하며, 정보통신망법도 이러한 점을 제4항 단서에서 "통신비밀보호법"의 절차규정이 우선함을 명시적으로 규정함으로써 확인하고 있다.

제4항 단서에 따르면 「통신비밀보호법」상 "통신사실확인자료"에 해당하는 자료의 제출은 같은 법, 즉 「통신비밀보호법」으로 정하는 바에 따르도록 하고 있다. 그러므로 강제적인 조사수단을 활용함에 있어서 언제나 적법절차원칙이 침해되지 않도록 유의해야 한다.[21] 더 나아가 원인 분석을 위하여 수집된 정보 및 분석된 결과는 추후 (형사)법적 책임을 확정하기 위하여 소송절차에서 이용되어야 하는 상황이 발생할 수 있으므로, 조사의 전 과정에서 언제나 정보의 무결성은 물론 증거수집과정의 적법성에도 유의해야 한다.

5 정보이용의 범위(제48조의4 제5항)

(1) 취지

이러한 관점에서 제5항은 조사 과정에서 얻은 자료를 침해사고의 원인 분석 및 대책 마련 외의 목적으로 사용하지 못한다고 명시적으로 선언하고 있으며, 원인 분석이 끝난 후에는 즉시 파기하도록 하고 있다. 아울러 제5항은 정보의 이용범위를 명확히 한정함으로써 정보통신서비스 제공자가 조사에 협력하도

---

[21] 통신비밀보호법 시행령 제41조는 통신사실확인자료를 유형에 따라 12개월에서 3개월까지 보관하도록 하고 있다. 그러나 유럽사법재판소는 2014년 4월, 우리나라의 통신비밀보호법과 유사한 내용을 규정하고 있던 통신정보보관지침(2006/24/EC)을, 유럽인권협약 및 유럽 연합 기본권 헌장의 사생활 보호 및 개인정보보호를 침해하기 때문에 무효라고 선언한 바 있다.

록 하는 역할을 하기 위한 것으로도 보인다. 다만 이를 강제하기 위한 규정은 별도로 없으며, 따라서 훈시규정으로 해석된다.

물론 범위를 넘어 정보를 이용한 개별적인 행위자에 대한 민·형사상의 법적 책임(예컨대 법 제49조에서 금지하고 있는 비밀 누설 등)이나 징계책임 등은 당연히 발생한다. 특히 민·관합동조사단에는 민간인이 참여한다는 점에서 비밀준수를 확보하는 것이 매우 중요하다. 과거 민·관합동조사단이 구성되지 않았던 이유 중 하나로 민간인의 참여로 민감한 정보의 유출이 우려된다는 점이 지적되었던 점을 고려한다면 조사과정에서 알게 된 관련 정보의 비공개와 관련하여 준수를 담보하기 위한 수단의 보완이 요구된다.

이와 관련하여 「민·관합동조사단 구성 및 운영에 관한 규정」 제10조 제5항은 조사단원에게 조사 등과 관련하여 알게 된 자료 등을 공개하지 않을 것을 서약하도록 하고 있다. 서약서의 내용은 다음과 같다. "본인은 민·관합동조사단원으로 정보통신망 침해사고의 원인 분석 등의 활동을 수행하면서 습득한 자료와 또한 이 활동 중에 알게 된 정보에 대해 비밀을 준수하며, 만약 이를 어겼을 시에는 민·형사상의 책임과 관계법규에 따른 처분을 감수할 것을 서약합니다."

(2) 정보의 범위

제5항은 "제4항에 따라 제출받은 자료와 조사를 통하여 알게 된 정보"만으로 한정하고 있으며, 따라서 관련 자료 제출 요구 및 사업장 출입조사 이외의 방법으로 알게 된 정보의 경우에는 제5항이 적용되지 않는 것으로 볼 수 있다. 그러나 정보보호 및 정보통신서비스 제공자의 협력 촉진이라는 본항의 취지를 적극적으로 고려한다면 침해사고 조사과정에서 알게 된 모든 정보는 물론 제3항에 근거하여 과학기술정보통신부장관이 보전을 명한 관련 자료에 대하여도 이용범위 제한규정이 적용되는 것으로 개선될 필요가 있다.

(3) 이용의 범위

이렇게 수집된 자료는 "침해사고의 원인 분석 및 대책 마련"을 위해서만 사용될 수 있다. 따라서 침해사고의 기술적 분석 및 이를 통한 재발 및 피해확산 방지 목적을 위해서 이용될 수 있음은 명백하다. 그러나 침해사고의 발생원인을 밝히는 것은 결국 침해사고의 법적 책임소재를 확인하는 것으로 연결될 수밖에 없으므로, 본항이 선언하고 있는 정보의 이용범위에는 논리적으로 법적 책임의 확정이 포함될 수밖에 없다. 실제 방송통신위원회는 2015년 11월 민·관 합동조사단의 조사결과에 따라 "뽐뿌커뮤니케이션"에 대하여 과징금과 과태료를 부과한 바 있다.

그러나 과징금, 과태료 부과가 본항이 선언하고 있는 침해사고 원인 분석 및 대책마련에 포함되는지에 대해서는 다소 논란의 여지가 있다. 그럼에도 불구하고 문리해석상 방송통신위원회의 사후적 책임 추궁은 재발방지라는 관점에서 최광의의 대책에는 포함되는 것으로 볼 여지가 있다. 따라서 제5항의 "원인 분석 및 대책마련"의 범위를 기술적, 직접적 대책 마련만을 의미하는 것으로 좁게 해석하여, 침해사고의 원인을 분석한 후 이 정보를 토대로 과징금, 과태료 등 행정법적 제재조차 부과하지 못하도록 한다면, 정보통신망법에 규정된 사고예방을 위한 행정강제수단들이 제대로 작동하지 못할 우려가 있다.

다만 "대책마련"의 문리해석상 이렇게 수집된 정보는 민·형사소송을 위한 증거로는 사용되지 못하는 것이 원칙인 것으로 보인다. 민·형사소송은 과학기술정보통신부장관이나 방송통신위원회 또는 민·관합동조사단의 "대책"의 범위를 넘어서기 때문이다. 그러나 특히 형사소송에서 예컨대 조사단이 수집·분석한 자료에 대하여 (검사의 신청에 의하여) 법관이 영장을 발부하거나 소송절차에서 조사단에 참여하였던 자를 증인으로 소환하는 경우처럼, 이 조항의 내용은 실체적 진실발견 및 정의실현이라는 형사소송의 이념 및 이에 근거한 형사소송법상의 절차규정과 상충할 가능성도 있다. 특히 본조의 조사 대상이 중대한 침해사고라는 점을 고려하면 더욱 그러하다. 따라서 정보보호와 정의실현의 비례관계에 대하여 보다 명확한 입법적 기준 제시가 요망된다.

6 ■ 대통령령을 통한 내용의 보충(제48조의4 제6항)

제6항은 민·관합동조사단의 구성과 과학기술정보통신부장관의 제출요구에 따라 제출된 침해사고 관련 자료의 보호 등에 필요한 사항을 대통령령으로 정하도록 하고 있다. 그러나 시행령은 민·관합동조사단의 자격요건에 관하여, 그리고 조사단의 사업장 출입시 증표 제시에 관하여만 규정하고 있으며, 제6항이 요구하는 내용들은 시행령의 별다른 위임 없이 행정규칙인 「민·관합동조사단 구성 및 운영에 관한 규정」을 통하여 구체화되고 있다. 형식적으로는 시행령에 다시 한 번 행정규칙으로 위임하는 규정을 두던가, 아니면 법률이 위임하고 있는 데로 시행령에 직접 관련 내용을 규정해야 할 것으로 보인다. 조사와 관련하여 다수의 강제적인 수단이 이용될 수 있다는 점을 고려할 때 가능하면 행정규칙보다는 시행령을 통하여 내용을 구체화하는 것이 보다 바람직할 것으로 생각된다.

제15절 **비밀 등의 보호**

제49조(비밀 등의 보호) 누구든지 정보통신망에 의하여 처리·보관 또는 전송되는 타인의 정보를 훼손하거나 타인의 비밀을 침해·도용 또는 누설하여서는 아니 된다.

ⅠⅠ. 서 론

1 의의 및 기본취지

정보통신망법 제49조는 정보통신망을 이용한 정보훼손 및 비밀침해행위를 일반적으로 금지하는 규정이다. 체계적 해석상 본조의 보호법익은 "정보통신망의 안정성"(제6장)이라고 할 수 있으며, 따라서 본조의 보호객체인 "정보" 또는 "비밀"은 정보통신망법 제4장을 통하여 보호되는 "개인정보"와는 원칙적으로 구별된다. 즉, 제49조는 개인적인 신뢰 내지 이익만을 보호하기 위한 규정이 아니라 정보통신망 자체의 안정성과 그 정보의 신뢰성을 보호하기 위한 것이다. 이렇게 해석하는 한 제49조가 금지하는 행위양태는 침해범이면서 동시에 위험범의 성격을 갖는다.

정보통신망은 정보를 처리·보관 또는 전송하기 위한 도구다. 정보의 무결성에 대한 기본적인 신뢰는 정보통신체계의 기능을 위한 필수요소이자 현대 정보사회에서 매우 중요한 가치가 된다. 따라서 정보통신망상의 정보훼손이나 비밀침해행위는 오프라인에서 발생한 경우에 비하여 처벌 필요성이 높을 뿐만 아니라 유사한 행위양태일 경우 그 불법이 더 크다고 할 것이다.

그러므로 제49조의 정보훼손 부분은 형법상 전자기록 등의 위작·변작[22]이

---

[22] 형법 제227조의2(공전자기록위작·변작) 사무처리를 그르치게 할 목적으로 공무원 또는 공무소의 전자기록등 특수매체기록을 위작 또는 변작한 자는 10년 이하의 징역에 처한다.

나 손괴23에 비하여, 비밀침해 부분은 형법상 비밀침해24나 비밀누설25에 비하여 요건이 완화되어 적용범위가 광범위하게 확장되어 있으며, 유사한 행위에 비하여 대체로 더 강한 법정형이 규정되어 있다. 다만 구성요건의 구조, 보호법익 등을 종합적으로 고려하면 형법전의 범죄유형과 일반-특별관계라고 보기는 어렵다.

본조는 제71조와 결합하여 정보통신체계의 기능을 보호하기 위한 정보통신형법의 내용을 구성한다. 제49조를 위반하여 타인의 정보를 훼손하거나 타인의 비밀을 침해·도용 또는 누설한 자는 제71조 제11호에 의하여 5년 이하의 징역 또는 5천만 원 이하의 벌금으로 처벌된다. 따라서 제49조는 죄형법정주의의 원칙에 입각하여 정보통신체계의 기능보호라는 관점에서 엄격하게 해석되어야 한다. 그 구체적인 적용범위에 관하여는 아래에 상술한다.

2 기본구조

정보통신망법 제49조가 금지하는 행위양태는 타인의 정보 훼손 또는 타인

형법 제232조의2(사전자기록위작·변작) 사무처리를 그르치게 할 목적으로 권리·의무 또는 사실증명에 관한 타인의 전자기록등 특수매체기록을 위작 또는 변작한 자는 5년 이하의 징역 또는 1천만 원 이하의 벌금에 처한다.

23 형법 제366조(재물손괴등) 타인의 재물, 문서 또는 전자기록등 특수매체기록을 손괴 또는 은닉 기타 방법으로 기 효용을 해한 자는 3년 이하의 징역 또는 700만 원 이하의 벌금에 처한다.

24 형법 제316조(비밀침해) ① 봉함 기타 비밀장치한 사람의 편지, 문서 또는 도화를 개봉한 자는 3년 이하의 징역이나 금고 또는 500만 원 이하의 벌금에 처한다. ② 봉함 기타 비밀장치한 사람의 편지, 문서, 도화 또는 전자기록등 특수매체기록을 기술적 수단을 이용하여 그 내용을 알아낸 자도 제1항의 형과 같다.

25 형법 제127조(공무상 비밀의 누설) 공무원 또는 공무원이었던 자가 법령에 의한 직무상 비밀을 누설한 때에는 2년 이하의 징역이나 금고 또는 5년 이하의 자격정지에 처한다.
형법 제317조(업무상비밀누설) ① 의사, 한의사, 치과의사, 약제사, 약종상, 조산사, 변호사, 변리사, 공인회계사, 공증인, 대서업자나 그 직무상 보조자 또는 차등의 직에 있던 자가 그 직무처리 중 지득한 타인의 비밀을 누설한 때에는 3년 이하의 징역이나 금고, 10년 이하의 자격정지 또는 700만 원 이하의 벌금에 처한다. ② 종교의 직에 있는 자 또는 있던 자가 그 직무상 지득한 사람의 비밀을 누설한 때에도 전항의 형과 같다.

의 비밀 침해·도용·누설이며 양자는 모두 정보통신망에 의하여 처리·보관 또는 전송되는 경우에 한한다.

── Ⅱ. 주요내용

1 행위 주체

제49조는 행위 주체를 "누구든지"라고 규정하고 있다. 영리를 목적으로 할 필요도 없으며, 더 나아가 정보통신서비스 제공자일 필요도 없다. 본조는 대한민국 국민이 아닌 경우에도 적용되나, 실제 행위자를 처벌하기 위해서는 형법의 일반적 적용범위(형법 제2조 내지 제6조)에 해당되어야 한다.

2 타인의 정보 훼손

(1) 정보의 개념

제49조가 보호하고 있는 첫 번째 행위객체는 정보통신망에 의하여 처리·보관 또는 전송되는 타인의 정보이다. 정보통신망법은 "정보"의 개념을 별도로 정의하고 있지 않으며, 다만 제2조 제2항에서 "이 법에서 사용하는 용어의 뜻은 제1항에서 정하는 것 외에는 「국가정보화 기본법」에서 정하는 바에 따른다"고 하고 있다. "국가정보화 기본법" 제3조 제1호는 "정보란 특정 목적을 위하여 광(光) 또는 전자적 방식으로 처리되어 부호, 문자, 음성, 음향 및 영상 등으로 표현된 모든 종류의 자료 또는 지식을 말한다"고 규정하고 있다.

그러므로 본조에서 말하는 정보란 "특정 목적"을 위해 표현되고 정보통신망에 의하여 처리되는 모든 종류의 광전자적 자료를 의미한다.

(2) 개인정보와의 구별

본조의 보호객체인 "정보"는 제28조의2가 보호하는 "개인정보"와 원칙적으로 구별된다. 정보통신망법은 "정보통신망의 이용을 촉진하고 정보통신서비스를 이용하는 자의 개인정보를 보호함과 아울러 정보통신망을 건전하고 안전하게 이용할 수 있는 환경을 조성하여 국민생활의 향상과 공공복리의 증진에 이바지함을 목적"(제1조)으로 하고 있는데, 정보통신망의 이용촉진은 제2장에서, 개인정보의 보호는 제4장에서 규정하고 있으며, 이와는 별도로 제49조가 위치한 제6장은 "정보통신망의 안정성 확보 등"에 관한 내용을 규정하고 있기 때문이다.

아울러 정보통신망법 제2조 제1항 제6호가 "개인정보"란 생존하는 개인에 관한 정보로서 성명·주민등록번호 등에 의하여 특정한 개인을 알아볼 수 있는 부호·문자·음성·음향 및 영상 등의 정보(해당 정보만으로는 특정 개인을 알아볼 수 없어도 다른 정보와 쉽게 결합하여 알아볼 수 있는 경우에는 그 정보를 포함한다)를 말한다"고 하여 별도로 "개인정보"의 개념을 정의하고 있음에도 불구하고 본조에서는 이와 구별되는 "타인의 정보"라는 용어를 사용하고 있다. 이러한 점들을 종합적으로 고려하면 본조에서 말하는 타인의 정보는 "타인에 관한 정보"가 아니라 "타인에게 귀속되는 정보"로 해석되어야 한다.

(3) 정보의 타인성

그러므로 결국 정보의 타인성은 그 정보가 누구에게 귀속되는가를 기준으로 결정되어야 한다. 그런데 정보의 귀속은 정보에 대한 접근권한 또는 이용권한이 누구에게 있는가를 기준으로 판단된다. 상술한 바와 같이 본조는 이용자의 신뢰 내지 그의 이익을 보호하기 위한 규정이라기보다는 정보통신체계의 기능, 즉 정보통신망의 안정성과 그 정보의 신뢰성을 보호하는 것에 중점을 두고 있으므로, 정보에 대한 접근권한을 부여하거나 허용되는 범위를 설정하는 주체는 정보통신서비스 제공자로 보아야 한다. 따라서 정보의 타인성은 정보통신서비스 제공자에 의하여 그 접근권한이 부여되거나 허용된 자가 누구인지에 따라 정해진다.

　이러한 관점에서 대법원은 인터넷 온라인 게임 계정을 다른 사람에게 양도한 후 임의로 비밀번호를 바꾼 사건에서 정보통신서비스 제공자가 정한 인터넷 온라인 게임 이용약관상 계정의 양도나 매매를 금지하고 있는 점을 고려하면 피고인이 이미 양도한 계정의 비밀번호를 사후에 변경하였다고 하더라도 그것이 바로 '정보통신망법 제49조의 규정을 위반하여 타인의 정보를 훼손한 행위'에 해당한다고 볼 수 없다고 판단하였다.

관련판례: 대법원 2010. 7. 22. 선고 2009도14619 판결

　1. 구 정보통신망 이용촉진 및 정보보호 등에 관한 법률(2008.6.13. 법률 제9119호로 일부 개정되기 전의 것, 이하 '정보통신망법'이라고 한다) 제48조 제1항은 "누구든지 정당한 접근권한 없이 또는 허용된 접근권한을 초과하여 정보통신망에 침입하여서는 아니된다"고 규정하고 있고, 정보통신망법 제49조는 "누구든지 정보통신망에 의하여 처리·보관 또는 전송되는 타인의 정보를 훼손하거나 타인의 비밀을 침해·도용 또는 누설하여서는 아니된다"고 규정하고 있으며, 정보통신망법 제71조는 "다음 각 호의 어느 하나에 해당하는 자는 5년 이하의 징역 또는 5천만 원 이하의 벌금에 처한다"고 하면서 제6호에서 "제49조의 규정을 위반하여 타인의 정보를 훼손하거나 타인의 비밀을 침해·도용 또는 누설한 자"를 규정하고 있다.

　한편 정보통신망법 제48조 제1항은 이용자의 신뢰 내지 그의 이익을 보호하기 위한 규정이 아니라 정보통신망 자체의 안정성과 그 정보의 신뢰성을 보호하기 위한 것으로, 위 규정에서 접근권한을 부여하거나 허용되는 범위를 설정하는 주체는 정보통신서비스 제공자라 할 것이므로, 정보통신서비스 제공자로부터 권한을 부여받은 계정 명의자가 아닌 제3자가 정보통신망에 접속한 경우 그에게 위 접근권한이 있는지 여부는 정보통신서비스 제공자가 부여한 접근권한을 기준으로 판단하여야 한다(대법원 2005. 11. 25. 선고 2005도870 판결 참조).

　위와 같은 관계 법령의 규정 및 해석론에 따르면, '정보통신망법 제49조의 규정을 위반하여 타인의 정보를 훼손한 행위'에 해당하는지 여부를 판단함에 있어 그 전제가 되는 정보의 귀속은 정보통신서비스 제공자에 의하여 그 접근권한이 부여되거나 허용된 자가 누구인지에 따라 정해져야 할 것이고, 이는 정보통신서비스 제공자가 정한 인터넷온라인 게임 이용약관상 계정과 비밀번호 등의 관리책임 및 그 양도나 변경의 가부, 그에 필요한 절차와 방법 및 그 준수

여부, 이용약관에 따른 의무를 이행하지 않았을 경우 행해질 수 있는 조치내용, 캐릭터 및 아이템 등 게임정보에 관한 이용약관상 소유관계 등 여러 사정을 종합적으로 고려하여야 한다.

나아가 형벌법규 해석에 있어 법률문언의 통상적인 의미를 벗어나지 않는 한 그 법률의 입법취지와 목적, 입법연혁 등을 고려한 목적론적 해석이 배제되는 것은 아니지만, 형벌법규의 해석은 엄격하여야 하고 명문규정의 의미를 피고인에게 불리한 방향으로 지나치게 확장해석하거나 유추해석하는 것은 죄형법정주의의 원칙에 어긋나는 것으로서 허용되지 않는 점도 그 해석에 있어 고려되어야 한다(대법원 2006. 5. 12. 선고 2005도6525 판결, 대법원 2009. 12. 10. 선고 2009도3053 판결 등 참조).

2. 원심판결 이유에 의하면, 원심은 그 채택 증거를 종합하여 그 판시와 같은 사실을 인정한 다음, 인터넷온라인 게임인 리니지 게임서비스의 이용약관 제14조에서 계정의 양도나 매매를 금지하고 있는 점, 또한 정보통신망법 제48조 제1항 등의 규정상 계정에 대한 접근권한이 있는지 여부는 정보통신서비스 제공자가 부여한 접근권한을 기준으로 판단하여야 하는 것이므로, 비록 피고인이 이 사건 공소사실 기재와 같이 계정의 양도를 승낙함으로써 ㅇㅇㅇ 등 제3자로 하여금 위 계정을 사용하도록 한 경우라고 하더라도 원칙적으로 ㅇㅇㅇ 등 제3자에게는 정당한 접근권한이 없는 점, 그런데 ㅇㅇㅇ의 위 계정 사용은 자신의 이익을 위한 것으로서 사회통념상 정보통신서비스 제공자가 피고인에게 부여한 접근권한을 피고인이 직접 이용한 것과 동일시할 수 있는 경우라고 할 수 없으며, 위 이용약관상 정보통신서비스 제공자의 승낙이나 동의 또한 없었음이 명백하므로, ㅇㅇㅇ으로서는 위 계정의 양수에도 불구하고 위 계정에 대한 정당한 접근권한이 없는 반면, 피고인으로서는 여전히 위 계정에 대한 정당한 접근권한을 가지고 있는 점, 설령 ㅇㅇㅇ가 위 계정을 정당하게 양수하였다고 하더라도, 그 권한은 그가 위 계정을 배타적이고 포괄적으로 사용할 수 있게 되었다는 것에 불과할 뿐, 그로 인하여 정보통신서비스 제공자가 피고인에게 부여한 위 계정상의 정보마저 ㅇㅇㅇ의 것으로 바뀐다고 할 수는 없는 점 등을 종합하면, 피고인이 위 계정의 비밀번호를 변경하였다고 하더라도 그것이 곧 '정보통신망법 제49조의 규정을 위반하여 타인의 정보를 훼손한 행위'에 해당한다고 볼 수 없다고 판단하였다.

위 법리, 관계 법령 및 기록에 비추어 보면, 원심의 이러한 사실인정과 판단은 정당하다. 거기에 상고이유와 같은 정보통신망법 제49조 등에 관한 법리오해나 논리와 경험의 법칙에 위배하고 자유심증주의의 한계를 벗어나 사실을 인정한 위법 등이 없다.

(4) 사망한 자의 정보

같은 관점에서, "생존하는 개인에 관한 정보"(제2조 제1항 제6호)로 제한되는 개인정보와는 달리 제49조의 타인에는 이미 사망한 자도 포함되는 것으로 해석된다. 상술한 바와 같이 본조는 정보 이용자의 신뢰 내지 그의 이익만을 보호하기 위한 규정이 아니라 정보통신체계의 기능, 즉 정보통신망의 안정성과 그 정보의 신뢰성도 보호하기 위한 것이기 때문이다.

이와 유사하게 "문서에 대한 공공의 신용"을 보호법익으로 하는 형법상 문서위조죄(형법 제231조)의 경우에도 사망한 자의 명의로 작성된 문서가 객체에 포함된다고 보는 것이 일반적이다. 따라서 사망한 자의 정보에 대한 훼손도 정보통신망의 안정성 및 정보의 신뢰성을 해칠 우려가 있는 한 정보통신망법 제49조의 구성요건에 해당하는 것으로 보아야 한다.

> **관련판례: 대법원 2007. 6. 14. 선고 2007도2162 판결**

정보통신망 이용촉진 및 정보보호 등에 관한 법률(이하 '법'이라고만 한다) 제49조는 "누구든지 정보통신망에 의하여 처리·보관 또는 전송되는 타인의 정보를 훼손하거나 타인의 비밀을 침해·도용 또는 누설하여서는 아니 된다."고 규정하고, 제62조 제6호에서는 "제49조의 규정을 위반하여 타인의 정보를 훼손하거나 타인의 비밀을 침해·도용 또는 누설한 자"를 5년 이하의 징역 또는 5천만 원 이하의 벌금에 처하도록 하고 있는바, 여기에서 말하는 '타인'에 이미 사망한 자가 포함되는지에 관하여 보건대, '정보통신망의 이용을 촉진하고 정보통신서비스를 이용하는 자의 개인정보를 보호함과 아울러 정보통신망을 건전하고 안전하게 이용할 수 있는 환경을 조성'(제1조)한다는 입법 취지에서 제정된 법은 정보통신망의 이용촉진(제2장) 및 개인정보의 보호(제4장)에 관한 규정과 별도로 정보통신망의 안정성과 정보의 신뢰성 확보를 위한 규정들을 두고 있는데(제6장) 그 중의 하나가 제49조인 점, 이미 사망한 자의 정보나 비밀이라고 하더라도 그것이 정보통신망에 의하여 처리·보관 또는 전송되는 중 다른 사람에 의하여 함부로 훼손되거나 침해·도용·누설되는 경우에는 정보통신망의 안정성 및 정보의 신뢰성을 해칠 우려가 있는 점, 법 제2조 제1항 제6호는 '개인정보'가 생존하는 개인에 관한 정보임을 명시하고 있으나 제49조에서는 이와 명백히 구분되는 '타인의 정보·비밀'이라는 문언을 사용하고 있는 점, 정보통신서비스 이용자의 '개인정보'에 관하여는 당해 이용자의 동의 없이 이를 주고받거나 직무상 알게 된 개인정보를 훼손·침해·누설하는 것을 금지하고 이에 위반하는 행위를 처벌하는 별도의 규정을 두고 있는 점(법 제24조, 제62조 제1 내지 3호), 형벌법규에서 '타인'이 반드시 생존하는 사람만을 의미하는 것은 아니며, 예컨대 문서의 진정에 대한 공공의 신용을 그 보호법익으로 하는 문서위조죄에 있어서 '타인의 문서'에는 이미 사망한 자의 명의로 작성된 문서도 포함되는 것으로 해석하고 있는 점(대법원 2005. 2. 24. 선고 2002도18 전원합의체 판결 참조) 등에 비추어 보면, 법 제49조 및 제62조 제6호 소정의 '타인'에는 생존하는 개인뿐만 아니라 이미 사망한 자도 포함된다고 보는 것이 체계적이고도 논리적인 해석이라 할 것이다.

(5) 훼손의 의미

상술한 바와 같이 제49조가 보호하는 "정보"란 "국가정보화 기본법" 제3조 제1호에 따라 "특정 목적"을 위해 표현되고 정보통신망에 의하여 처리되는 모든 종류의 광전자적 자료를 의미한다. 제49조에서 정보 훼손은 비밀 침해와 같은 법정형으로 처벌되나 일반적으로 정보는 비밀에 비하여 넓은 개념이므로, 정보를 훼손하는 행위가 비밀을 침해하는 행위와 같은 정도의 불법으로 평가되기 위해서는 훼손의 의미를 보다 엄격하게 해석하는 것이 비례적이다.

게다가 제49조는 정보의 무결성에 대한 개인적인 신뢰 내지 이익을 보호하기 위한 규정이라기보다는 정보통신망 자체의 안정성과 그 정보의 신뢰성을 보호하기 위한 것으로 보아야 한다. 그러므로 본조에서 말하는 정보의 훼손이란 단순히 정보의 내용을 변작하는 것, 즉 정보 그 자체의 무결성을 침해하는 것을 넘어야 하며, 정보통신망을 통하여 정보가 처리·보관 또는 전송되는 과정에 부정한 수단과 방법으로 영향을 미쳐 정보의 이용자가 해당 정보를 통하여 달성하고자 하는 본래의 목적을 이루지 못하게 하는 정도에 이르러야 한다. 참고로 형법상 손괴죄(제366조)의 경우에도 행위객체가 갖고 있던 본래의 "효용"을 감소시키는 행위를 금지한다.

이러한 관점에서 대법원은 정보통신망을 통하여 정보가 처리·보관 또는 전송되는 과정에 영향을 미치는 행위라고 하더라도 그 목적을 해하지 아니하는 경우에는 이를 구 정보통신망법 제49조 소정의 타인의 정보를 '훼손'하는 행위에 해당한다고 볼 수 없다고 판시한 바 있다.

▌관련판례: 대법원 2011. 3. 10. 선고 2008도12119 판결

구 '정보통신망 이용촉진 및 정보보호 등에 관한 법률'(2007.1.26. 법률 제8289호로 일부 개정되기 전의 것. 이하 '구 정보통신망법'이라고 한다) 제49조는 "누구든지 정보통신망에 의하여 처리·보관 또는 전송되는 타인의 정보를 훼손하거나 타인의 비밀을 침해·도용 또는 누설하여서는 아니된다."고 규정하고 있다. 그런데 '정보'의 개념에 대하여 구 정보통신망법 제2조 제1항에서 정한 바가 없고 같은 법 제2조 제2항은 "이 법에서 사용하는 용어의 정의는 제1항 에서 정하는 것을 제외하고는 정보화촉진기본법이 정하는 바에 의한다"고 규정하고 있고, 구 정보통신망법 시행 당시의 구 정보화촉진기본법(2008.2.29. 법률 제8852호로 일부 개정되기 전의 것) 제2조 제1호는 "정보라 함은 자연인 또는 법인이 특정목적을 위하여 광 또는 전자적 방식으로 처리하여 부호·문자·음성·음향 및 영상 등으로 표현한 모든 종류의 자료 또는 지식을 말한다."고 규정하고 있으므로 구 정보통신망법 제49조의 '정보'의 개념도 이와 마찬가지이다. 이와 같이 정보는 특정목적을 위하여 광 또는 전자적 방식에 의하여 부호 등으로 표현된 것이므로 비록 정보통신망을 통하여 정보가 처리·보관 또는 전송되는 과정에 영향을 미치는 행위라고 하더라도 그 목적을 해하지 아니하는 경우에는 이를 구 정보통신망법 제49조 소정의 타인의 정보를 '훼손'하는 행위에 해당한다고 볼 수 없다.

또한 피고인이 운영하는 한글 인터넷 주소 및 키워드 서비스 사업을 위하여 자신이 제작한 플러그인 프로그램을 설치하도록 한 후 이용자들이 주소창에 입력한 한글단어에 대하여 경쟁업체의 플러그인 프로그램이 가공한 정보 중 일부를 변형하여 경쟁업체의 서버가 아닌 피고인의 서버로 연결되게 한 행위에 대하여, 대법원은 입력된 한글단어는 인터넷 이용자의 정보이며 경쟁업체의 정보가 아니므로 반드시 경쟁업체의 서버로 연결될 것을 목적으로 하는 정보가

아니며, 단지 키워드와 연결된 웹사이트가 있는 경우에는 그 웹사이트로 직접 연결하고 그렇지 않은 경우에는 검색결과를 출력받을 것을 목적으로 하는 정보이므로, 연결된 피고인들의 서버를 통하여 이용자가 입력한 한글단어 정보의 목적을 달성하지 못하였다고 볼 수 없다고 판단하였다.

▌관련판례: 대법원 2011. 5. 13. 선고 2008도10116 판결

위 법리와 기록에 비추어 살펴보면, 공소외 1 주식회사 등 경쟁업체들의 플러그인 프로그램을 설치한 인터넷 이용자들이 웹브라우저의 주소 입력창에 한글단어를 입력할 경우 위 경쟁업체들의 플러그인 프로그램을 통하여 가공되는 인터넷 주소 형식의 질의어는 구 정보통신망법 제49조 소정의 정보에 해당한다고 볼 수 있지만, 이는 인터넷 이용자들이 웹사이트 검색을 위하여 자신의 컴퓨터에 설치한 플러그인 프로그램을 통하여 생성한 정보이므로 인터넷 이용자들이 지배·관리하는 인터넷 이용자들의 정보일 뿐 해당 플러그인 프로그램을 제작·배포한 경쟁업체의 정보로 볼 수는 없다.

나아가 인터넷 이용자들의 정보인 위 인터넷 주소 형식의 질의어에 포함된 도메인 이름에 대응하는 아이피[IP(Internet Protocol)] 주소를 변형한 위 피고인들의 행위가 인터넷 이용자들의 정보를 훼손하는 행위에 해당하는지 여부에 대하여 보더라도, 공소외 1 주식회사 등 경쟁업체들의 플러그인 프로그램을 설치한 인터넷 이용자들이 웹브라우저의 주소 입력창에 한글단어를 입력하는 목적은 그 한글단어에 대응하는 웹사이트가 위 플러그인 프로그램들을 제작·배포한 업체들의 키워드 네임 서버에 등록되어 있는 경우에는 해당 웹사이트로 직접 접속하고 등록되어 있지 않은 경우에는 그 한글단어에 관련된 웹사이트 검색결과 등을 얻고자 하는 것일 뿐 그 중 특정 업체의 플러그인 프로그램에 의하여 그 업체의 키워드 네임 서버를 통한 검색만을 목적으로 하고 있다고 볼 수 없을 뿐만 아니라 피고인 5 주식회사 플러그인 프로그램에 의하여 피고인 5 주식회사 의 키워드 네임 서버를 통한 검색으로는 그 목적을 달성하지 못한다고 단정할 수도 없으므로, 위 피고인들의 행위는 위와 같은 인터넷 이용자들의 정보로써 달성하려는 목적을 해한다고 볼 수 없어 구 정보통신망법 제49조 소정의 타인의 정보를 훼손하는 행위에 해당한다고 보기 어렵다.

반면 같은 사건의 하급심 판결에서는 같은 피고인이 경쟁업체의 영문 URL 이 입력되는 것을 모니터링하여 이를 발견하면 DNS에 도달하기 전에 이를 가로챈 후, 원래의 도메인에 대응하는 IP가 아니라 자신이 임의로 이동시키고자 하는 IP주소를 부여하여 전혀 다른 사이트에 접속하게 한 행위에 대하여, 입력된 정보인 URL을 통하여 접속하고자 하는 사이트에 접속할 수 없게 함으로써 정보의 목적을 달성할 수 없도록 만들었으므로 본조의 "훼손"에 해당한다고 판시한 바 있다. 이 판단은 상기한 대법원 판결을 통해서도 그대로 유지되었다.

▌관련판례: 서울중앙지방법원 2008. 10. 17. 선고 2007노176 판결

웹 브라우저의 주소입력창에 입력된 영문 서브도메인은 그 영문 서브도메인에 대응하는 사이트에 접속하고자 하는 목적으로 광 또는 전자적 방식에 의하여 문자, 기호, 부호 등으로 표현된 것으로서 정보통신망법 제49조에서 말하는 '정보'에 해당함이 명백하고, 위 목적을 위하여 웹 브라우저는 정보통신망을 통하여 위 영문 서브도메인이 포함된 URL을 DNS로 보내고, DNS에서는 그 도메인 네임에 대응하는 IP주소를 부여하여 다시 웹 브라우저로 되돌려 보내면 웹 브라우저에서 위 IP주소가 지정하는 사이트에 접속하게 해 주는 과정을 거치는데, 피고인들의 이 사건 행위는 위에서 웹 브라우저를 통하여 DNS서버로 가는 영문 서브도메인이 포함된 URL을 모니터링하여 DNS에 가기 전에 이를 가로채어 원래의 도메인에 대응하는 IP주소가 아닌 자신이 임의로 이동시키고사 하는 IP주소를 부여하여 웹 브라우저에 보내어 전혀 다른 사이트로 접속하게 한 것으로서, 피고인들의 위와 같은 행위로 피고인 5 주식회사의 플러그인 프로그램이 설치된 컴퓨터의 사용자는 위 영문 서브도메인을 입력하여 접속하고자 하는 사이트에는 정상적인 방법으로는 결코 접속할 수 없게 된다고 할 것어서, 이는 '훼손'에 해당한다고 할 것인바, 결국 피고인들의 위 행위는 정보정보통신망에 의하여 처리 또는 전송되는 타인의 정보를 훼손한 행위에 해당한다고 봄이 상당하므로, 검사의 이 부분 주장은 이유 있다.

즉, 한글키워드의 경우 이를 입력한 이용자에게 특정한 서버를 지정하여 연결하기 위한 목적이 있었다고 보기 어려우며 피고인이 임의로 연결한 자신의 서버를 통해서도 이용자가 한글키워드 정보를 입력하는 행위를 통하여 달성하고자 하는 목적을 해하지 않았다고 볼 수 있으므로 정보통신망을 통하여 정보가 처리·보관 또는 전송되는 과정에 영향을 미치는 행위가 있었다 하더라도 정보를 "훼손"한 것으로 볼 수 없다고 판단하였음에 반하여, 영문 URL은 본래 특정한 IP주소에 대응하기 위한 정보이므로 이를 가로채어 임의로 이동시키고자 하는 IP주소를 부여한 경우 타인의 정보를 "훼손"한 것으로 본 것이다.

3 ▌ 타인의 비밀 침해

(1) 비밀의 개념

제49조는 정보와 비밀을 구분하고 있으며 일반적으로 비밀은 정보에 비하여 좁은 개념으로 이해된다. 본래 형법상 비밀이란 일반적으로 제한적 범위의 사람에게만 알려진 사실을 의미하며, 본인이 비밀로 하고자 할 뿐만 아니라 이를 숨기는 것이 숨기려는 자에게 일정한 이익이 되는 사실을 말한다(절충설). 따라서 제49조가 말하는 비밀은 당연히 행위자에게 알려지지 않은 정보여야 하며(타인성 전제), 단지 알려지지 않은 정보이기만 하면 되는 것이 아니라 더 나아가 자의적인 비밀유지의사와 객관적인 비밀유지이익이 확인되는 것이어야 한다.

특히 정보통신망법 제48조 제1항은 정보통신망 침입행위를 금지하며 이를 위반하여 정보통신망에 침입한 자는 제72조 제1항 제1호에 의하여 3년 이하의 징역 또는 3천만 원 이하의 벌금으로 처벌된다. 이처럼 정보통신망법은 비밀 침해와 정보통신망 침입의 법정형에 차등을 두고 있다. 따라서 비밀 침해 행위는 단순한 정보통신망 침입행위에 비하여 그 불법이 큰 것으로 평가되어야 함을 알 수 있다.

그러므로 예컨대 이메일과 같이, 아이디와 패스워드 등의 방법으로 일반인의 접근이 차단된 상태로 정보통신망에 보관되어 있는 모든 정보가 제49조의 비밀인 것은 아닌 것으로 해석된다. 본조의 비밀이 되기 위해서는 정보의 내용으로 인하여 객관적 비밀유지이익이 분명히 확인될 수 있어야 한다. 비밀의 범위를 엄격하게 해석하지 않으면 단순 정보통신망 침입죄는 거의 대부분 본조의 비밀 침해죄와 구별되지 않게 되기 때문이다.

　　대법원은 피해자의 이메일을 출력하여 타인에게 보여준 경우라 하더라도 그 이메일의 내용이 비밀에 해당하는지 여부를 판단할 수 있을 정도로 특정되어야 하며, 만약 그 내용이 제3자가 작성한 사업계획서라면 이는 작성자의 비밀로 볼 여지는 있으나 제49조에서 말하는 피해자의 비밀로 보기는 어렵다고 판시한 바 있다.

▌관련판례: 대법원 2006. 3. 24. 선고 2005도7309 판결

　가. 법 제49조는 '비밀 등의 보호'라는 제목 아래 누구든지 정보통신망에 의하여 처리·보관 또는 전송되는 타인의 정보를 훼손하거나 타인의 비밀을 침해·도용 또는 누설하여서는 아니 된다고 규정하고 있고, 법 제2조 제2항은 법에서 사용하는 용어의 정의는 제1항에서 정하는 것을 제외하고는 정보화촉진기본법이 정하는 바에 의한다고 규정하고 있으며, 정보화촉진기본법 제2조 제1호는 '정보'라 함은 자연인 또는 법인이 특정 목적을 위하여 광 또는 전자적 방식으로 처리하여 부호·문자·음성·음향 및 영상 등으로 표현한 모든 종류의 자료 또는 지식을 말한다고 규정하고 있다. 또한 법 제63조 제1항 제1호, 제48조 제1항은 정당한 접근권한 없이 또는 허용된 접근권한을 초과하여 정보통신망에 침입한 자를 3년 이하의 징역 또는 3천만 원 이하의 벌금에 처하도록 규정하고 있고, 법 제62조 제6호는 법 제49조에 위반하여 타인의 비밀을 누설한 자 등을 5년 이하의 징역 또는 5천만 원 이하의 벌금에 처하도록 규정하고 있다.

　이와 같이, 법 제49조가 정보와 비밀을 구분하여 정보의 경우에는 훼손행위를 금지하고 있는 반면, 비밀의 경우에는 이보다는 정도가 약한 침해, 도용, 누설행위를 금지하고 있는 점에 비추어 정보의 개념보다는 비밀의 개념을 좁게 보아야 하는 점, 법 제48조는 타인의 비밀을 누설하는 행위와는 별도로 정당한 접근권한 없이 정보통신망에 침입하는 행위 자체를 금지하고 있는데, 만약 개인의 사생활의 비밀 내지 평온에 속하는 사항은 그 내용에 상관없이 모두 타인의 비밀에 해당한다고 본다면 이는 결국, 개인의 이메일 등 정보통신망에 의하여 보관되어 있는 모든 정보가 타인의 비밀에 해당한다는 것과 다름 아닌 결과가 되고,

따라서 타인의 이메일에 함부로 접속하여 그 내용을 읽어보는 것 자체만으로도 정보통신망 침입죄뿐만 아니라 비밀 침해죄를 구성할 수 있는 등 정보통신망 침입행위와 비밀 침해·누설행위의 구분이 모호해지게 될 뿐만 아니라, 양자에 대하여 법정형에 차등을 두고 있는 법의 취지에도 반하게 되는 점 등에 비추어 보면, 법 제49조에서 말하는 타인의 비밀이란 일반적으로 알려져 있지 않은 사실로서 이를 다른 사람에게 알리지 않는 것이 본인에게 이익이 있는 것을 의미한다고 제한적으로 해석함이 상당하다.

나. 그런데 이 부분 공소사실은 막연히 피해자의 이메일 출력물을 보여준 것이 타인의 비밀을 누설한 행위에 해당한다는 취지로만 되어 있을 뿐, 그 이메일 출력물의 내용이나 제목 등에 관해서는 아무런 기재가 없고 기록상으로도 이를 알 수 있을 만한 자료가 없어 과연 위 이메일 출력물이 타인의 비밀에 해당하는 것인지 여부를 판단할 길이 없으므로, 이 부분 공소사실이 심판의 대상과 피고인의 방어범위를 확정할 수 있을 정도로 특정되어 있다고 보기는 어렵다.

또한 피고인들은 피해자의 이메일에 보관되어 있던 것 중 피고인 2나 공소외 2 등에게 출력하여 보여준 것은 소외 회사가 미국에 현지지사를 만들기 위하여 작성한 사업계획서(이하 '이 사건 사업계획서'라고 한다)뿐이라고 주장하고 있는바, 기록에 의하면 이 사건 사업계획서는 피해자가 작성한 것이 아니라 소외 회사의 대표이사인 피고인 2가 작성한 것이어서 피해자의 비밀이 아니라 소외 회사의 비밀에 속하는 것으로 볼 여지가 있고, 따라서 이 사건 공소사실에서 말하는 타인의 비밀이 이 사건 사업계획서를 지칭하는 것이라면 그것이 법 제49조에서 말하는 '타인'의 비밀에 해당하지 아니할 가능성이 상당하다고 할 것이다.

다. 그럼에도 불구하고, 피해자의 이메일에 보관되어 있던 내용을 함부로 출력하여 보여준 이상, 이는 법 제49조 소정의 타인의 비밀을 누설한 행위에 해당한다는 이유로 이 부분 공소사실을 유죄로 인정한 원심판결에는 필요한 심리를 다하지 아니하였거나 공소사실의 특정 및 법 제49조 소정의 타인의 비밀에 관한 법리를 오해하여 판결 결과에 영향을 미친 위법이 있다고 할 것이고, 이 점을 지적하는 상고이유의 주장은 이유가 있다.

게다가 본조의 보호객체인 비밀은 부정한 수단 또는 방법으로 취득한 것이어야 한다. 상술한 바와 같이 정보통신망법 제49조는 개인적인 비밀유지이익만을 보호하기 위한 규정이라기보다는 원칙적으로 정보통신망 자체의 안정성과

그 정보의 신뢰성을 보호하기 위한 것으로 보아야 하기 때문이다. 그러므로 대법원은 정당한 권한을 가지고 알게 된 주민번호, ID, 비밀번호, 휴대전화번호, 주소 등의 개인정보가 타인의 비밀에 해당한다고 할 수 있다 하더라도 복사·저장하는 행위가 정보통신망법 제49조를 위반하여 타인의 비밀을 침해한 것으로 볼 수는 없다고 판시하였다.

┃관련판례: 대법원 2015. 1. 15. 선고 2013도15457 판결

　즉, 이 사건 인터넷 쇼핑몰 회원들의 주문정보가 포함된 구매후기 게시글은 타인의 비밀에 해당하지 않지만, 회원들의 주민등록번호, ID, 비밀번호, 휴대전화번호, 주소 등의 개인정보는 타인의 비밀에 해당한다고 볼 수 있다. 그러나 피고인들은 인터넷 쇼핑몰 홈페이지 서버에 접근할 수 있는 정당한 권한이 있을 당시에 이를 취득한 것이고, 피고인들이 부정한 수단 또는 방법으로 타인의 비밀을 취득하였다고 볼 수 없으므로, 피고인 1이 운영하는 ○○ 사랑 홈페이지 서버 등에 이를 복사·저장하였다고 하더라도 그러한 행위만으로 타인의 비밀을 침해·도용한 것이라고 볼 수 없다.

(2) 침해

　"침해"의 사전적인 의미는 "침범하여 해를 끼침"이다. 법률용어로서 침해는 법익을 해하는 모든 유형의 행위를 의미한다. 그러므로 비밀의 침해는 비밀보유자의 비밀유지의사에 반하여, 알려지지 않은 정보의 비밀유지이익에 해를 끼치는 모든 행위를 말한다. 일반적으로 비밀에 대한 침해는 도용이나 누설을 포함하는 광의의 개념으로 이해되며, 따라서 침해는 비밀유지이익을 해치는 가벌성 있는 행위 중에 도용이나 누설의 문리적 의미에 해당되지 않은 경우에 폭넓게 적용되는 일반적인 구성요건으로 볼 수 있다.

　또한 반복하여 상술한 바와 같이 정보통신망법 제49조는 개인적인 비밀유지이익만을 보호하기 위한 규정이라기보다는 원칙적으로 정보통신망 자체의 안정성과 그 정보의 신뢰성을 보호하기 위한 것으로 보아야 한다. 따라서 여기서

말하는 비밀의 침해는 당연히 정보통신망의 안정성을 저해할만한 부정한 수단 또는 방법을 통한 것이어야 한다.

형법상 비밀침해죄(제316조)는 침해의 행위양태를 비밀장치의 개봉(제1항) 또는 기술적 수단을 이용한 내용의 탐지(제2항)라고 규정하고 있다. 비밀장치의 개봉은 내용탐지의 전단계라는 점에서 우리 형법은 비밀 침해의 개념을 내용탐지를 기준으로 정의하고 있음을 알 수 있다. 그러므로 도용이나 누설에 해당하지 않는 비밀 침해의 유형으로는 우리 형법상 비밀침해죄의 경우처럼 정당한 권한 없이 비밀의 내용을 알아내거나 제3자가 알 수 있는 상태에 두는 것을 생각해 볼 수 있으며, 이러한 유형이 가장 대표적인 행위양태가 될 것이다.

형법 제316조 비밀침해죄는 정보통신망법 제49조와 마찬가지로 행위주체에게 특별한 비밀유지의무를 요구하지 않는다. 그러나 형법 제316조는 행위자가 '봉함 기타 비밀장치'의 효과를 권한 없이 제거한 경우에만 비로소 형사처벌의 대상으로 삼고 있다. 따라서 정보통신망법 제49조의 비밀 침해가 성립하기 위해서는 단순히 비밀유지의사와 비밀유지이익이 있는 정보를 알아내는 것만으로는 부족하고, 권한 없이 부정한 방법으로 비밀장치의 효과를 제거하는 정도의 행위불법이 확인되어야 한다. 정보통신망에서 비밀장치는 일반적으로 각종 정보보안기술이 될 것이며, 비밀에 적용된 정보보안기술은 비밀유지의사를 객관적으로 확인하기에 충분한 수준이어야 한다. 아울러 정보보안기술의 무력화에 해당하는 행위불법이 확인되는 경우 정보통신망의 안정성이 침해된 것으로 볼 수 있다.

(3) 도용

도용은 "남의 물건이나 명의를 몰래 쓰는 것"을 의미한다. 비밀의 도용이란 타인의 비밀을 권한 없이 사용하는 것을 말하는데, 역시 그 행위 방법이 정보통신망의 안정성을 저해할만한 것이어야 한다. 따라서 정보통신망법 제49조의 도용은 부정한 이익을 얻거나 비밀의 보유자에게 손해를 입힐 목적으로 타인의 비밀을 권한 없이 사용하는 것을 의미한다.

그러나 현실적으로 "도용" 구성요건이 적용되는 경우를 상정하기는 쉽지 않다. 논리적으로 비밀의 탐지, 즉 상술한 "침해"가 도용의 전단계 행위가 될 수밖에 없으며, 일반적으로 도용은 다른 범죄적 행위를 위한 수단이 될 가능성이 크기 때문이다. 예컨대, 만약 ID와 패스워드 등이 제49조의 비밀에 해당할 경우 이를 이용하여 정보통신망에 접속하는 행위가 도용에 해당하는 것이 될 것이다. 그러나 ID와 패스워드를 알아내는 행위만으로도 이미 비밀의 침해를 구성하며, 알아낸 ID와 패스워드를 이용하여 부정하게 접속하는 행위는 그 자체로 정보통신망 침해행위를 구성한다. 또한 일반적으로 영업비밀 등이 도용될 수 있는 유형의 비밀이나, 영업비밀의 도용은 특별법인 "부정경쟁 방지 및 영업비밀 보호에 관한 법률"에 의하여 처벌된다.

(4) 누설

누설은 비밀의 내용이 새어나가도록 하는 행위를 말한다. 여기서 비밀의 '누설'이란 비밀의 내용을 아직 모르는 제3자에게 그 내용을 알려 주는 것을 의미하며, 제3자가 알도록 만들 수만 있다면 비밀의 전달 방법에는 제한이 없다.

정보통신망법 제49조는 행위의 주체를 "누구든지"라고 규정하고 있다. 따라서 누설과 관련하여서도 행위주체는 제한되지 않는다. 반면 우리 형법은 제127조 공무상 비밀누설죄의 행위주체를 '공무원 또는 공무원이었던 자'로, 제317조 업무상 비밀누설죄 행위주체를 '의사, 한의사, 치과의사, 약제사, 약종상, 조산사, 변호사, 변리사, 공인회계사, 공증인, 대서업자나 그 직무상 보조자 또는 차등(此等)의 직에 있던 자'로 규정하여 특별히 비밀유지의무를 갖는 자의 위반행위만을 처벌한다. 따라서 단지 비밀이 정보통신망에 의하여 처리·보관 또는 전송되는 것이라는 이유만으로 관련된 모든 사람에게 비밀유지의무를 부과하고 이를 형벌로 강제하여야 할 합리적인 근거는 바로 정보통신망을 통하여 처리되는 비밀을 누설하는 행위가 바로 정보통신망의 안정성을 저해하기 때문이다.

상술한 바와 같이 제49조는 정보통신망법은 "정보통신망의 이용을 촉진하고 정보통신서비스를 이용하는 자의 개인정보를 보호함과 아울러 정보통신망을 건전하고 안전하게 이용할 수 있는 환경을 조성하여 국민생활의 향상과 공공복리의 증진에 이바지함을 목적"(제1조)으로 하고 있는데, 정보통신망의 이용촉진은 제2장에서, 개인정보의 보호는 제4장에서 규정하고 있으며, 이와는 별도로 제49조가 위치한 제6장은 "정보통신망의 안정성 확보 등"에 관한 내용을 규정하고 있다. 그래서 대법원은 정보통신망법의 이러한 입법취지를 체계적으로 해석하여 제49조는 정보통신망의 안정성을 확보하기 위한 규정으로 보아야 하며, 따라서 정당한 방법으로 정보통신망을 이용한 결과 알게 된 타인의 비밀을 누설하는 행위는 정보통신망의 안정성과 무관하므로 제49조의 누설에 포함되지 않는 것으로 판단하였다.

관련판례: 대법원 2012. 12. 13. 선고 2010도10576 판결

1. 정보통신망 이용촉진 및 정보보호 등에 관한 법률(이하 '정보통신망법'이라 한다)은 제49조(이하 '이 사건 조항'이라 한다)에서 "누구든지 정보통신망에 의하여 처리·보관 또는 전송되는 타인의 정보를 훼손하거나 타인의 비밀을 침해·도용 또는 누설하여서는 아니 된다."고 규정하는 한편, 제71조 제11호에서 '제49조를 위반하여 타인의 정보를 훼손하거나 타인의 비밀을 침해·도용 또는 누설한 자'를 5년 이하의 징역 또는 5천만 원 이하의 벌금에 처하도록 규정하고 있다. 이 사건 조항에 규정된 '정보통신망에 의하여 처리·보관 또는 전송되는 타인의 비밀 누설'이란 타인의 비밀에 관한 일체의 누설행위를 의미하는 것이 아니라, 정보통신망에 의하여 처리·보관 또는 전송되는 타인의 비밀을 정보통신망에 침입하는 등의 부정한 수단 또는 방법으로 취득한 사람이나, 그 비밀이 위와 같은 방법으로 취득된 것임을 알고 있는 사람이 그 비밀을 아직 알지 못하는 타인에게 이를 알려주는 행위만을 의미하는 것으로 제한하여 해석함이 타당하다. 이러한 해석이 아래에서 살필 형벌법규의 해석 법리, 정보통신망법의 입법 목적과 규정 체제, 이 사건 조항의 입법 취지, 비밀 누설행위에 대한 형사법의 전반적 규율 체계와의 균형 및 개인정보 누설행위에 대한 정보통신망법 제28조의2 제1항과의 관계 등 여러 사정에 비추어 이 사건 조항의 본질적 내용에 가장 근접한 체계적·합리적 해석이기 때문이다.

가. 형벌법규는 문언에 따라 엄격하게 해석·적용하여야 하고 피고인에게 불리한 방향으

로 지나치게 확장해석하거나 유추해석하여서는 아니 되나, 형벌법규를 해석하면서 가능한 문언의 의미 내에서 해당 규정의 입법 취지와 목적 등을 고려한 법률체계적 연관성에 따라 그 문언의 논리적 의미를 분명히 밝히는 체계적·논리적 해석방법은 그 규정의 본질적 내용에 가장 접근한 해석을 위한 것으로서 죄형법정주의 원칙에 부합한다(대법원 2007. 6. 14. 선고 2007도2162 판결, 대법원 2012. 9. 13. 선고 2010도17153 판결 등 참조).

나. 정보통신망법은 '정보통신망의 이용을 촉진하고 정보통신서비스를 이용하는 자의 개인정보를 보호함과 아울러 정보통신망을 건전하고 안전하게 이용할 수 있는 환경을 조성하여 국민 생활의 향상과 공공복리의 증진에 이바지함'을 입법 목적으로 하면서(제1조), 제2장과 제3장에 정보통신망의 이용촉진을 위한 규정들을, 제4장과 제5장에 정보통신서비스를 이용하는 자의 개인정보 보호를 위한 규정들을, 제6장에 정보통신망의 안정성과 정보의 신뢰성 확보를 위한 규정들을 두고 있다. 이 사건 조항은 제6장에 속해 있으므로 이 사건 조항을 해석할 때에도 정보통신망의 안정성과 정보의 신뢰성 확보라는 입법 취지를 충분히 고려하여야 한다. 따라서 정당한 방법으로 정보통신망을 이용한 결과 취득하게 된 타인의 비밀을 누설하였다 하더라도, 이는 이 사건 조항의 입법 취지인 정보통신망의 안정성과 정보의 신뢰성 확보와 무관하므로 이러한 행위까지 이 사건 조항의 처벌대상으로 삼는 것은 그 입법 취지에 비추어 처벌범위를 지나치게 넓히는 결과가 되어 부당하다.

다. 한편 비밀 누설행위에 대한 우리 형사법 전체의 규율 체계에 비추어 보아도, 이 사건 규정을 위와 같이 제한하여 해석함이 타당하다. 즉, 우리 형법은 제127조 공무상 비밀누설죄의 '공무원 또는 공무원이었던 자' 또는 제317조 업무상 비밀누설죄의 '의사, 한의사, 치과의사, 약제사, 약종상, 조산사, 변호사, 변리사, 공인회계사, 공증인, 대서업자나 그 직무상 보조자 또는 차등(此等)의 직에 있던 자'와 같이 제한된 범위의 행위 주체에게 특별히 비밀유지의무를 부과한 후 그 위반행위를 처벌하고 있을 뿐 일반적으로 타인의 비밀을 누설하는 행위를 처벌하지 않고 있다(정보통신망법 제66조, 전기통신사업법 제83조 제2항 등도 같은 방식으로 비밀 누설행위를 처벌하고 있다). 또한 형법 제316조 비밀침해죄에서는 이 사건 조항과 마찬가지로 행위 주체에게 특별히 비밀유지의무를 부과하고 있지는 않지만 사람의 편지, 문서, 도화 또는 전자기록 등 특수매체기록에 대한 '봉함 기타 비밀장치'의 효과를 제거하는 경우에만 비로소 형사처벌의 대상으로 삼고 있다. 그 밖에 우편물의 검열이나 전기통신의 감청 등을 금지하고 있는 통신비밀보호법 제3조 및 전기통신사업자가 취급 중인 통신의 비밀을 침해하거나 누설하는 행위를 금지하고 있는 전기통신사업법 제83조 제1항도 모두 부정한 수단이나 방법으로 취득한 타인의 비밀을 누설하는 행위를 처벌대상으로 삼고 있을 뿐, 통신 또는 대화의 당사자가 그 상대방으로부터 정당한 방법으로 취득한 타인의 비밀을 누설하는 행위를 처벌대상으로 삼고 있지 않다. 이처럼 우리 형사법이 정당한 방법으로 취득한 타인의 비밀을 누설하는 행위를 처벌하고 있지 않음에도, 유독 누설 대상 비밀이 정보통신망에 의하여 처리·보관 또는 전송되는 것이라는 이유만으로 정당한 방법으로 취득한 비밀에 대하여도 그 누설행위를 이 사건 규정의 처벌대상으로 삼아야 할 합리적 근거를 발견할 수 없다.

　라. 또한 정보통신망법은 제28조의2 제1항에서 "이용자의 개인정보를 취급하고 있거나 취급하였던 자는 직무상 알게 된 개인정보를 훼손·침해 또는 누설하여서는 아니 된다."고 규정하는 한편, 제71조 제5호에서 '제28조의2 제1항을 위반하여 이용자의 개인정보를 훼손·침해 또는 누설한 자'를 이 사건 조항의 위반자에 대한 법정형과 마찬가지로 5년 이하의 징역 또는 5천만 원 이하의 벌금에 처하도록 규정하고 있다. 이처럼 개인정보의 누설행위에 대하여는 이 사건 조항의 비밀 누설행위와는 달리 '이용자의 개인정보를 취급하고 있거나 취급하였던 자'라는 제한된 범위의 행위 주체에게 특별히 개인정보에 대한 비밀유지의무를 부과한 후 비로소 그 위반행위를 처벌하고 있다. 그런데 이 사건 조항에 규정된 '타인의 비밀'이란 '일반적으로 알려지지 않은 사실로서 이를 다른 사람에게 알리지 않는 것이 본인에게 이익이 있는 것'을 의미하므로(대법원 2006. 3. 24. 선고 2005도7309 판결 참조), 만약 이 사건 조항의 비밀 누설행위를 위와 같이 제한하여 해석하지 않는다면 정보통신망법 제28조의2 제1항이 개인정보 누설행위를 '이용자의 개인정보를 취급하고 있거나 취급하였던 자'에 한하여 처벌하도록 한 취지는 몰각되어 버린다.

　비밀의 '누설'이란 비밀의 내용을 알지 못하는 제3자에게 그 내용을 알려 주는 것을 말하고, 그 행위주체나 방법에 제한이 없다. 그러므로 정보통신망에 의하여 처리·보관 또는 전송되는 타인의 비밀을 제3자를 통하여 간접적으로 취득한 자라 하더라도 그 정을 알면서 그 비밀을 알지 못하는 제3자에게 이를 알려 준 경우에는 비밀누설죄가 성립한다.

　대법원은 이메일 출력물을 전달받아 징계위원회에 제출한 피고인이 비록 이메일 출력물이 "정보통신망에 의하여 처리·보관 또는 전송되는 타인의 비밀"

에 해당하지 않음은 명백하다 하더라도 이메일의 내용이 제49조의 비밀에 해당한다면 이를 징계위원회에 제출하는 행위는 결과적으로 이메일의 내용을 누설하는 방법이 되기 때문에 제49조의 타인 비밀 누설죄가 성립한다고 판시하였다.

▌관련판례: 대법원 2008. 4. 24. 선고 2006도8644 판결

가. 피고인 2에 대한 이 사건 공소사실의 요지는, '피고인 2는 2005.4.28. 18:00경 창원시 성남동 상호불상의 음식점에서 피고인 1로부터 공소외 1 주식회사의 기술부차장 공소외 2가 피해자 공소외 3에게 엔진부품에 대한 보조발전기 정비사업권 및 연구개발 지원금을 공소외 4 주식회사에 알선해 주는 대가로 금품을 요구하는 내용의 이메일 '협의(1)' 출력물 사본(이하 '이 사건 이메일 출력물'이라 한다)을 넘겨받아 자신이 공소외 4 주식회사로부터 금품 및 향응수수를 받지 않았다는 결백함을 밝히기 위해 2005년 5월경 공소외 1 주식회사의 징계위원회에 제출하여 위 피해자의 비밀을 누설하였다'는 것인바, 원심은 정보통신망 이용촉진 및 정보보호 등에 관한 법률(이하 '법'이라 한다) 제2조 제1항 제1호, 제62조 제6호, 전기통신기본법 제2조 제1호, 제2호의 각 규정에 비추어, 피고인 2가 피고인 1로부터 넘겨받은 위 이메일 '협의(1)' 출력물 사본의 내용이 피해자 공소외 3의 비밀에 해당하여 보호를 받을 필요성이 인정된다 하더라도, 피고인 2가 피고인 1로부터 넘겨받아 공소외 1 주식회사의 징계위원회에 제출한 위 이메일 '협의(1)' 출력물 사본이 법 제62조 제6호 소정의 '정보통신망에 의하여 처리·보관 또는 전송되는 타인의 정보 또는 비밀'에 해당한다고 볼 수 없고, 위 이메일 '협의(1)'가 정보통신망에 의하여 처리, 보관 또는 전송되었던 것이라 하여 위 이메일 '협의(1)' 출력물 사본이 법 제62조 제6호 소정의 정보통신망에 의하여 처리·보관 또는 전송되는 타인의 정보 또는 비밀에 해당한다고 보는 것은, 피고인 2에게 지나치게 불리한 방향으로 확장해석하는 것으로서 죄형법정주의의 원칙에 어긋나서 허용될 수 없다는 이유로, 이 부분 공소사실을 유죄로 인정한 제1심판결을 파기하고 무죄를 선고하였다.

나. 법 제49조는 "누구든지 정보통신망에 의하여 처리·보관 또는 전송되는 타인의 정보를 훼손하거나 타인의 비밀을 침해·도용 또는 누설하여서는 아니 된다."고 규정하고 있고, 제62조 제6호에서는 "제49조의 규정을 위반하여 타인의 정보를 훼손하거나 타인의 비밀을 침해·도용 또는 누설한 자"를 5년 이하의 징역 또는 5천만 원 이하의 벌금에 처하도록 규정하고 있는바, 여기서 비밀의 '누설'이란 비밀을 아직 알지 못하는 타인에게 이를 알려 주는 행위를 말하고, 그 방법에 제한이 있다고 볼 수 없으므로 구두의 고지, 서면에 의한 통지

등 모든 방법이 가능하다.

위 법리 및 기록에 의하여 살펴보면, 이 사건 이메일 출력물이 법 제49조, 제62조 제6호 소정의 '정보통신망에 의하여 처리·보관 또는 전송되는 타인의 비밀'에 해당하지 아니함은 원심 판단과 같으나, 위 공소사실은 피고인 2가 피고인 1로부터 건네받은 이 사건 이메일 출력물을 위 징계위원회에 제출함으로써 정보통신망에 의하여 처리·보관 또는 전송되는 피해자의 비밀인 위 이메일 '협의(1)'의 내용을 누설하였다는 것으로서, 이 사건 이메일 출력물의 제출은 법 제49조, 제62조 제6호 소정의 '타인의 비밀'을 누설하는 방법에 불과하므로, 이 사건 이메일 출력물이 법 제49조, 제62조 제6호 소정의 '타인의 비밀'에 해당하지 않는다고 하여 피고인 2의 판시 행위가 법 제49조, 제62조 제6호 소정의 '정보통신망에 의하여 처리·보관 또는 전송되는 타인의 비밀'을 누설한 행위에 해당하지 않는다고 볼 수는 없고, 이러한 해석이 죄형법정주의 원칙에 반하는 확장해석이라고 보이지도 않는다.

한편, 원심이 피고인 2에 대하여는 위와 같은 이유로 무죄를 선고하면서도 그 행위태양이 동일한 피고인 1에 대하여는 유죄를 선고한 제1심판결을 그대로 유지한 점에 비추어, 원심의 위 판단을 '정보통신망에 의하여 처리·보관 또는 전송되는 타인의 비밀'을 정보통신망으로부터 직접 취득하지 아니하고 제3자를 통하여 취득한 자는 법 제62조 제6호 소정의 '타인의 비밀 누설' 행위의 주체가 될 수 없다는 취지로 선해할 여지가 있는바, 이에 관하여 살펴보면, 법 제1조는 "이 법은 정보통신망의 이용을 촉진하고 정보통신서비스를 이용하는 자의 개인정보를 보호함과 아울러 정보통신망을 건전하고 안전하게 이용할 수 있는 환경을 조성함으로써 국민생활의 향상과 공공복리의 증진에 이바지함을 목적으로 한다."고 규정하고 있는 점, 법 제49조가 '누구든지'라고 규정하여 '타인의 비밀 누설' 행위의 주체를 제한하고 있지 않고, 비밀의 침해행위와는 별도로 도용, 누설행위를 금지하고 있는 점, 비밀의 '누설'이란 비밀을 아직 알지 못하는 타인에게 이를 알려 주는 행위를 말하고, 그 방법에 제한이 없는 점 등에 비추어 보면, '정보통신망에 의하여 처리·보관 또는 전송되는 타인의 비밀'을 정보통신망으로부터 직접 취득하지 아니하고 제3자를 통하여 취득한 자라 하더라도 그 정을 알면서 그 비밀을 알지 못하는 제3자에게 이를 알려 준 경우에는 법 제49조, 제62조 제6호 소정의 타인의 비밀누설죄가 성립한다고 보아야 한다.

제16절 속이는 행위에 의한 개인정보 수집금지 등

제49조의2(속이는 행위에 의한 개인정보의 수집금지 등) ① 누구든지 정보통신망을 통하여 속이는 행위로 다른 사람의 정보를 수집하거나 다른 사람이 정보를 제공하도록 유인하여서는 아니 된다.

② 정보통신서비스 제공자는 제1항을 위반한 사실을 발견하면 즉시 과학기술정보통신부장관, 방송통신위원회 또는 한국인터넷진흥원에 신고하여야 한다.

③ 과학기술정보통신부장관, 방송통신위원회 또는 한국인터넷진흥원은 제2항에 따른 신고를 받거나 제1항을 위반한 사실을 알게 되면 다음 각 호의 필요한 조치를 하여야 한다.

1. 위반 사실에 관한 정보의 수집·전파

2. 유사 피해에 대한 예보·경보

3. 정보통신서비스 제공자에게 접속경로의 차단을 요청하거나 이용자에게 제1항의 위반행위에 노출되었다는 사실을 알리도록 요청하는 등 피해 예방 및 피해 확산을 방지하기 위한 긴급조치

④ 과학기술정보통신부장관 또는 방송통신위원회는 제3항 제3호의 조치를 취하기 위하여 정보통신서비스 제공자에게 정보통신서비스 제공자 간 정보통신망을 통하여 속이는 행위에 대한 정보 공유 등 필요한 조치를 취하도록 명할 수 있다.

── Ⅰ. 서 론

1️⃣ 의의 및 기본취지

정보통신망법 제49조의2 제1항은 속이는 행위에 의한 개인정보의 수집 및 개인정보 제공 유인행위를 금지한다. 본조는 개인정보에 대한 정보적 자기결정권을 침해하는 행위를 금지하는 규정임에도 불구하고 "제4장 개인정보의 보호"가 아니라 "제6장 정보통신망의 안정성 확보 등"에 위치하고 있다.

이는 제49조의2가 정보통신서비스 제공자 등과 이용자 사이의 정상적인 개인정보 유통 체계의 기능을 보호하기 위한 것이라기보다, 외부적인 침해로부터 정보통신망의 안정성을 보호하기 위한 것이기 때문이다. 제49조의2는 정보통신서비스 제공자의 개인정보 보호의무에 관하여 규정하고 있는 제4장과는 달리, 불특정 제3자의 개인정보 침해행위로 인하여 정보통신망의 안정성이 저하되는 것을 막는 것을 목적으로 한다.

그래서 정보통신망법 제49조의2는 마치 정보통신망에 침해사고 관련 규정인 제48조 및 제48조의3과 유사한 내용을 담고 있다. 속이는 행위에 의한 개인정보 수집행위 등을 금지하는 제1항은 정보통신망 침해행위를 금지하는 제48조와 유사하며, 정보통신서비스 제공자가 제1항을 위반한 사실을 발견할 경우 즉시 신고하도록 하는 제2항은 침해사고의 신고의무를 규정하고 있는 제48조의3 제1항과, 그리고 방송통신위원회 등의 조치의무를 규정하고 있는 제3항은 과학기술정보통신부장관 등의 침해사고 대응 조치의무를 규정하고 있는 제48조의3 제2항과 같다.

이처럼 제49조의2 제1항은 제72조 제1항 제2호 및 제73조 제7호와 결합하여 정보통신체계의 기능을 보호하기 위한 정보통신형법의 내용을 구성한다. 제49조의2 제1항 전단을 위반하여 정보통신망을 통하여 속이는 행위로 다른 사람의 정보를 수집한 자는 제72조 제1항 제2호에 의하여 3년 이하의 징역 또는 3천만 원 이하의 벌금으로 처벌된다. 또한 정보통신망을 통하여 속이는 행위로 다른 사람이 정보를 제공하도록 유인한 자는 제73조 제7호에 의하여 2년 이하의 징역 또는 2천만 원 이하의 벌금으로 처벌된다.

2 기본구조

정보통신망법 제49조의2 제1항은 정보통신망을 통하여 속이는 행위로 타인의 개인정보를 수집하거나 정보제공을 유인하는 행위를 금지한다. 제2항은 제1항을 위반한 사실을 발견할 경우 정보통신서비스 제공자에게 즉시 신고하여야 할 의무를 부과한다. 제3항은 과학기술정보통신부장관, 방송통신위원회와 한국인터넷진흥원의 대응조치의무를 규정한다.

───── Ⅱ. 주요내용

1️⃣ 속이는 행위에 의한 개인정보의 수집 및 제공 유인의 금지(제49조 의2 제1항)

(1) 의의

정보통신망법 제49조의2는 개인정보에 대한 정보적 자기결정권을 침해하는 행위가 정보통신망의 안정성 저하로 이어지는 것을 막기 위한 규정이다. 따라서 제49조의2 제1항 위반죄는 개인정보에 대한 정보적 자기결정권과 정보통신체계의 기능을 그 보호법익으로 한다.

제49조의2 제1항 위반죄의 보호법익은 정보적 자기결정권이면서 동시에 정보통신망의 안정성이 된다는 점에서 일종의 전단계 범죄화와 유사한 경우로 볼 수 있다. 특히 속이는 행위에 의한 개인정보 수집이 대부분 피싱(Phishing), 파밍(Pharming), 스미싱(Smishing) 등 신종 전기통신금융사기를 목적으로 이루어진다는 점에서, 제49조의2 제1항 위반죄는 이중의 전단계 범죄화의 의미를 갖는다.

(2) 행위주체

제49조의2 제1항은 제49조와 마찬가지로 행위주체에 제한을 두지 않는다. 불특정 제3자로부터 개인정보에 대한 자기결정권이 침해되는 경우 정보통신망 침해사고와 마찬가지로 정보통신망의 안정성 저하를 초래할 우려가 매우 크기 때문이다. 제49조의2 제1항의 행위주체는 제49조에서 설명한 바와 같이 영리를

목적으로 할 필요도 없으며, 더 나아가 정보통신서비스 제공자일 필요도 없다. 본조는 대한민국 국민이 아닌 경우에도 적용되나, 실제 행위자를 처벌하기 위해서는 형법의 일반적 적용범위(형법 제2조 내지 제6조)에 해당되어야 한다.

제49조의2 제1항을 정보통신서비스 제공자 등에게도 당연히 적용된다. 따라서 본조를 위반하지 않기 위하여 정보통신서비스 제공자 등은 각종 개인정보를 수집하는 경우 그 수집 목적을 정확하고 명확하게 고지하여야 하며, 고지된 목적의 범위 내에서만 그 정보를 이용할 수 있다. 예컨대 실명확인을 목적으로 주민번호 등의 개인정보를 수집하는 경우 "속이는 행위에 의한 개인정보 수집 또는 제공 유인"에 해당되어 처벌되지 않으려면 반드시 실제로 수집된 정보를 이용하여 실명의 일치여부를 확인하여야만 한다.

다만 정보통신서비스 제공자에 대하여는 정보통신망법 제4장의 개인정보 보호의무 규정들이 우선 적용되므로, 개인정보 수집과 관련한 고지의무나 수집된 개인정보의 이용범위 등과 관련하여 제49조의2 제1항이 일반적으로 적용되는 것은 아니다. 고의나 부주의로 인한 각종 의무의 불이행은 의무의 내용을 구체화하고 있는 제4장의 규정이 적용되는 것이 원칙이다.

하지만 상술한 바와 같이 제49조의2 제1항은 행위주체의 범위에 제한을 두고 있지 않으므로 예외적으로 명백하게 "속이는 행위"가 확인되는 경우에는, 즉 정보통신서비스 제공자의 고의가 확인될 수 있는 경우에는 제49조의2 제1항이 적용될 가능성을 생각해 볼 수 있다. 그러나 제22조 및 제23조 등을 위반하여 개인정보를 수집한 정보통신서비스 제공자는 제71조에 의하여 5년 이하의 징역 또는 5천만 원 이하의 벌금으로 처벌되며, 이는 제49조의2 제1항 위반죄보다 법정형이 무거우므로 실제로 정보통신서비스 제공자에게 제49조의2 제1항이 적용될 가능성은 거의 없다고 할 것이다.

(3) 행위객체

제49조의2 제1항에 의하여 보호되는 정보는 "다른 사람의 정보"이며, 이러한 용어는 정보통신망법 제2조 제1항 제6호가 정의하는 "개인정보"보다 제49조

의 "타인의 정보"에 더 가까운 것으로 보인다. 그러나 본조의 보호객체인 "정보"는 정보통신망법 제28조의2 등을 통하여 보호하는 "개인정보"를 의미한다.

비록 제49조의2는 "정보통신망의 안정성 확보 등"에 관한 내용을 규정하고 있는 제6장에 위치하고 있으나, 그 표제에서 정보통신망의 안정성을 침해하는 행위의 유형을 "속이는 행위에 의한 개인정보의 수집 및 제공 유인"으로 하고 있음을 명백하게 밝히고 있기 때문이다. 따라서 본조가 보호하는 행위객체는 제49조의 경우와는 달리 "타인에게 귀속되는 정보"가 아니라 "타인에 관한 정보"로 해석되어야 한다. 규정의 내용을 보다 명확하게 하기 위하여 "다른 사람의 정보를" 부분을 "다른 사람의 개인정보를"로, "다른 사람이 정보를" 부분을 "다른 사람이 개인정보를"로 수정하는 것이 바람직하다.

(4) 금지되는 행위의 유형

제49조의2 제1항 전단은 정보통신망을 통하여 속이는 행위로 다른 사람의 정보를 수집하는 행위를 금지한다. 이를 위반할 경우 제72조 제1항 제2호에 의하여 3년 이하의 징역 또는 3천만 원 이하의 벌금으로 처벌된다. 제49조의2 제1항 후단은 정보통신망을 통하여 속이는 행위로 다른 사람이 정보를 제공하도록 유인하는 행위를 금지한다. 이를 위반할 경우 제73조 제7호에 의하여 2년 이하의 징역 또는 2천만 원 이하의 벌금으로 처벌된다.

일반적으로 개인정보는 정보주체에 의하여 "제공"되는 방법으로 "수집"되므로, 개인정보를 수집하는 행위와 개인정보의 제공을 유인하는 행위는 명백하게 구별되기 쉽지 않은 경우가 많다. 그러나 제49조의2는 양자의 행위양태를 구분하고 있으며 심지어 법정형에도 차등을 두고 있다. 따라서 제49조의2 위반행위가 발생한 경우 침해된 개인정보가 "수집"된 것인지 "제공"된 것인지를 구별하는 것은 매우 중요하면서도 어려운 문제가 된다. 논리적으로는 행위자가 정보를 획득하는 과정에서 정보주체의 정보에 대한 처분행위가 있었는지를 기준으로 "수집"과 "제공"이 구분될 가능성이 있을 것으로 생각된다. 즉 정보주체가 개인정보를 처분한 바가 없다면 "수집"으로, 정보주체가 능동적으로 자신의 정보를 행위자에게 처분하였다면 "제공"으로 볼 수 있다. 그러나 제49조의2는 그 구체적인 행위의 방법으로 "속이는 행위"를 명시하고 있다. 여기서 속임을 당하는 객체는 당연히 정보주체 또는 정보주체로부터 정당하게 개인정보의 처분권한을 위임받은 자가 될 것이며, "속이는 행위로 다른 사람의 정보를 수집"한 것에 해당하기 위해서는 피해자가 속임을 당한 것과 행위자가 정보를 수집한 것 사이에는 당연히 인과관계가 있어야 하므로 "수집"에 이르는 과정에 피해자의 처분행위가 개입하지 않는 경우를 생각하기 어렵다.

다만 예외적으로 속이는 행위를 통하여 피해자가 스스로 악성코드를 설치하도록 한 후 이를 통하여 개인정보를 "수집"하는 경우처럼 피해자의 처분행위가 개입하지 않는 유형을 상정해 볼 수 있다. 예컨대 스미싱이 바로 이러한 경우에 해당한다. 그렇지만 스미싱의 경우 속이는 행위와 개인정보 수집 행위 사이에 악성코드 전달 및 설치라는 별도의 행위가 개입되어 있으며 속이는 행위는 악성코드를 전달하기 위한 방법에 불과한 것이므로 속임을 당한 피해자에 의한 개인정보 처분행위가 없으며, 따라서 속이는 행위로 개인정보를 수집하는 경우에 직접 해당한다고 보기는 어려울 것으로 판단된다. 반면 제48조 제2항은 정보통신시스템, 데이터 또는 프로그램 등을 훼손·멸실·변경·위조하거나 그 운용을 방해하기 위하여 악성코드를 유포 또는 전달하는 행위를 금지하는데, 악성코드를 이용하여 개인정보를 몰래 수집행위는 데이터의 훼손·멸실·변경·위조에는 해당하지는 않으나 스마트폰이라는 정보통신시스템의 운용을 방해하는 것에 해당한다. 또한 제48조 제2항 위반죄는 제71조 제9호에 의하여 5년 이하의 징역 또는 5천만 원 이하의 벌금으로 처벌되므로 3년 이하의 징역 또는 3천만 원 이하의 벌금으로 처벌되는 제49조의2 제1항 "수집" 금지 위반보다 강하게 처벌된다. 그러므로 악성코드 유포와 개인정보 수집이 결합한 스미싱과 같은 행위는 설령 정보통신망법 제49조의2 제1항을 폭넓게 해석하여 그 위반죄에 포섭되는 것으로 볼 수 있다 하더라도, 제48조 제2항 위반행위로 규율하는 것이 바람직할 것으로 생각한다.

그러므로 "수집"과 "제공하도록 유인"하는 것은 원칙적으로 별개의 행위유형이라기보다는 하나의 행위과정을 진행경과에 따라 시간의 순서로 나눈 것으로 보아야 한다. 결국 "제공의 유인"은 "수집"이라는 결과에 도달하지 못한 전단계에 해당하는 행위이며 일종의 수집 미수에 해당하는 행위로 해석된다. 형법상 미수는 형법상 장애미수(형법 제25조), 중지미수(형법 제26조), 불능미수(형법 제27조)로 구분되나, "제공 유인" 행위가 이 중 어느 유형에 해당하는 것으로 볼지는 명확하지 않다. 다만 형법상 미수는 형을 감면할 수 있으며 유기징역 또는 벌금의 감경은 형법 제55조 제1항 제3호 및 제6호에 의하여 형기 또는 다액의 2분의 1로 하는 것이 원칙임에도 불구하고 "제공 유인" 행위는 2년 이하의 징역 또는 2천만 원 이하의 벌금으로 처벌되며 3년 이하의 징역 또는 3천만 원 이하의 벌금으로 처벌되는 "수집" 행위의 법정형에 비하여 2분의 1 이상에 해당하는 법정형이 규정되어 있으므로, "제공 유인"은 "수집" 미수에 해당하는 행위를 별도의 독자적 구성요건으로 규정하고 있는 것으로 볼 수 있을 것이다. 따라서 형법총론의 미수규정은 당연히 적용되지 않는다.

(5) 신종 금융범죄와의 관계

제49조의2는 개인정보를 수집하거나 제공하도록 유인하는 행위를 금지하는 것을 통하여 정보통신망의 안정성을 보호하고자 한다. 그러나 범죄자가 개인정보를 확보하려는 이유는 단지 이를 수집하기 위해서가 아니며, 이를 이용하여 2차적 범죄행위를 저지르기 위한 경우가 거의 대부분이라고 할 수 있을 것이다. 따라서 제49조의2는 정보적 자기결정권을 보호함으로써 정보통신망의 안정성을 보호하려고 한다는 점에서 일종의 전단계 범죄화에 해당한다고 할 수 있으며, 동시에 개인정보를 이용하는 2차적 범죄행위를 막기 위하여 개인정보를 침해의 수집을 금지한다는 점에서 또 다른 의미의 전단계 범죄화가 된다.

속이는 방법으로 개인정보를 수집하는 행위는 일반적으로 피싱, 파밍, 스미싱, 메모리해킹 등 이른바 신종 전기통신금융사기 범죄를 목적으로 행하여진다. 피싱이란 금융기관 등을 가장한 이메일 등을 발송하고 이메일에서 안내하는 링크를 클릭할 경우 진짜와 유사하게 만들어진 가짜 사이트에 접속되게 하여 피해자를 속인 후 금융이체 등에 필요한 정보를 입력하게 하여 피해자 계좌에서 금전을 이체하는 등의 행위를 말한다. 파밍이란 피해자의 단말기에 악성코드를 감염시켜 정상적인 금융기관 등의 홈페이지에 접속하더라도 가짜 사이트로 연결시켜 피해자를 속인 후 금융이체 등에 필요한 정보를 입력하게 하여 피해자 계좌에서 금전을 이체하는 등의 행위를 말한다. 메모리해킹이란 피해자의 정보처리장치에 악성코드를 설치하여 피해자가 정상적인 금융기관 등의 홈페이지를 이용하기 위하여 정보를 입력하면 오류를 반복하여 발생시키고 이 과정에서 피해자가 입력하는 보안카드 번호 등 금융이체에 필요한 정보를 수집하여 피해자의 계좌에서 금전을 이체하는 등의 행위를 말한다. 따라서 피싱과 파밍, 메모리 해킹은 가장 전형적인 "속이는 방법에 의한 개인정보 수집"행위를 이용하는 범죄에 해당한다. 다만 파밍과 메모리 해킹의 경우에는 그 속이는 방법이 정보통신망법 제48조 제2항 위반의 악성코드 전달죄에도 해당한다.

스미싱이란 문자메시지(SMS)와 피싱의 합성어로 스마트폰에서 문자메시지로 수신된 링크를 클릭할 경우 악성코드가 스마트폰에 설치되도록 하여 개인정보를 수집하고 소액결제 등의 방법으로 경제적 손해를 가하는 행위를 말한다. 다만 상술한 바와 같이 스미싱의 경우는 속이는 행위와 개인정보 수집 행위 사이에 악성코드의 전달 및 설치라는 별도의 행위가 개입되어 있으며, 여기서 속이는 행위는 악성코드를 전달하기 위한 방법에 불과한 것으로 설치된 악성코드를 통하여 개인정보를 수집한 것이므로 속이는 행위로 개인정보를 수집하는 경우에 전형적으로 해당한다고 보기는 어려울 것으로 생각된다. 따라서 피해자의 개인정보에 대한 처분행위가 없는 스미싱은 원칙적으로 정보통신망법 제49조의2 제1항이 아니라 제48조 제2항 위반행위로 포섭되어야 한다.

이외에도 최근 피싱이나 스미싱은 랜섬웨어(Ransomware) 설치를 위한 수단으로 이용되기도 한다. 피싱이나 스미싱을 통해 정당한 메시지로 위장되어 보내진 링크를 클릭하면 악성코드의 일종인 랜섬웨어가 설치되도록 하는 것이다. 랜섬웨어란 몸값을 의미하는 Ransom과 프로그램을 의미하는 Ware가 합성된 단어로 컴퓨터 등에 저장된 문서 파일 등을 해독이 거의 불가능한 방법으로 암호화한 후, 이를 일종의 인질로 삼아 해독키의 대가로 금전을 요구하는 악성프로그램을 말한다. 그러나 랜섬웨어를 이용하는 범행 과정에서 피해자의 개인정보가 수집되는 바가 없다면, 이러한 유형의 범죄는 비록 피싱이나 스미싱과 같은 수단을 이용한다 하더라도 제49조의2 제1항을 위반하는 것으로 보기 어렵다. 따라서 랜섬웨어는 상기한 스미싱의 경우와 마찬가지로 제48조 제2항의 악성코드 유포행위로 포섭되어야 할 것이다.

그런데 피싱, 파밍, 스미싱, 메모리 해킹 등에 해당하는 신종 전기통신 금융사기가 심각한 사회적 문제로 대두되자, 2014년 1월 「전기통신금융사기 피해 방지 및 피해금 환급에 관한 특별법」에 제15조의2[26]를 신설하여 신종 전기통신 금융사기범죄를 처벌하기 위한 구성요건을 추가하였다. 따라서 상기한 행위 유형들은 이제 「전기통신금융사기 피해 방지 및 피해금 환급에 관한 특별법」 제15조의2 위반죄가 성립하며, 10년 이하의 징역 또는 1억 원 이하의 벌금으로 매우 강력하게 처벌된다.

「전기통신금융사기 피해 방지 및 피해금 환급에 관한 특별법」 제15조의2는 전기통신금융사기를 목적으로 타인으로 하여금 컴퓨터 등 정보처리장치에 정보 또는 명령을 입력하게 하는 행위나 취득한 타인의 정보를 이용하여 컴퓨터 등 정보처리장치에 정보 또는 명령을 입력하는 행위를 처벌하며, 그 미수범도 처벌할 뿐만 아니라 상습범은 가중처벌한다.

「전기통신금융사기 피해 방지 및 피해금 환급에 관한 특별법」 제15조의2는 구체적인 행위방법을 특정하지 않으므로 전기통신금융사기를 목적으로 정보 또는 명령을 입력하게 하거나 타인의 정보를 취득하여 이를 이용하기만 하면, 정보를 입력하게 하거나 취득하는 과정에서 어떠한 수단과 방법을 사용하였더라도 모두 본조의 구성요건에 해당한다. 악성코드 설치 여부는 물론 속이는 행위의 존재 여부와도 상관없다. 그러므로 피싱, 파밍, 메모리 해킹은 물론 스미싱의 경우도 모두 「전기통신금융사기 피해 방지 및 피해금 환급에 관한 특별법」

---

26 전기통신금융사기 피해 방지 및 피해금 환급에 관한 특별법 제15조의2(벌칙) ① 전기통신금융사기를 목적으로 다음 각 호의 어느 하나에 해당하는 행위를 한 자는 10년 이하의 징역 또는 1억 원 이하의 벌금에 처한다. 1. 타인으로 하여금 컴퓨터 등 정보처리장치에 정보 또는 명령을 입력하게 하는 행위 2. 취득한 타인의 정보를 이용하여 컴퓨터 등 정보처리장치에 정보 또는 명령을 입력하는 행위 ② 제1항의 미수범은 처벌한다. ③ 상습적으로 제1항의 죄를 범한 자는 그 죄에 대하여 정하는 형의 2분의 1까지 가중한다.

제15조의2 위반죄가 성립한다.27 따라서 신종 금융범죄의 경우 정보통신망법 제49조의2 제1항 위반죄로 처벌될 가능성은 찾기 어려울 것으로 보인다.

　　더 나아가 이렇게 수집한 개인정보를 이용하여 실제 금융범죄를 실현하고 피해자에게 경제적 손해를 발생시킨 경우 형법 제347조의2에서 규정하고 있는 컴퓨터 사용 사기죄가 성립한다.28

2 ▌ 정보통신서비스 제공자의 신고의무(제49조의2 제2항)

　　제1항을 위반한 사실을 발견한 정보통신서비스 제공자는 제49조의2 제2항에 따라 즉시 과학기술정보통신부장관, 방송통신위원회나 한국인터넷진흥원에 이를 신고하여야 한다. 이는 침해사고에 대한 제48조의3 제1항과 같은 규정이다. 따라서 제49조의2 제2항의 내용은 대체로 제48조의3 제1항과 유사한 내용으로 되어있다.

　　다만 신고대상 행위의 특성을 고려하여 제48조의3 제1항과는 달리 신고의무의 주체에서 "집적정보통신시설 사업자"는 제외한다. 또 과학기술정보통신부장관이나 한국인터넷진흥원에 신고하도록 하고 있는 제48조의3 제1항과는 달리 제49조의2 제2항은 추가적으로 방송통신위원회에 제1항 위반행위를 신고하도록 하고 있다. 방송통신위원회가 신고대상을 달리 규정하고 있는 점이 특별한 차이를 만들지는 않을 것으로 생각된다. 다만 규범의 통일성을 확보하기 위하여 입법적으로 개선되는 것이 바람직할 것으로 사료된다.

　　"즉시"는 제1항을 위반한 사실을 발견한 바로 그때를 의미하며, 합리적인 시한 내에 가능한 한 빨리 신고하여야 함을 의미하는 것으로 해석된다. 또한

27　피싱, 파밍, 메모리 해킹은 본조 제1항 제1호와 제2호에 모두 해당하며, 스미싱은 제2호에 해당한다고 할 수 있다.

28　형법 제347조의2(컴퓨터등 사용사기) 컴퓨터 등 정보처리장치에 허위의 정보 또는 부정한 명령을 입력하거나 권한 없이 정보를 입력·변경하여 정보처리를 하게 함으로써 재산상의 이익을 취득하거나 제3자로 하여금 취득하게 한 자는 10년 이하의 징역 또는 2천만 원 이하의 벌금에 처한다.

"모든" 정보통신서비스 제공자가 신고의무의 주체가 된다. 그러나 의무불이행이 과태료 처분 대상이 되는 제48조의3 제1항의 신고의무와는 달리 본항이 규정하고 있는 신고의무의 불이행에 대하여는 별도의 제재수단이 마련되어 있지 않다. 따라서 훈시규정으로 해석된다. 물론 신고의무의 해태로 인하여 발생할 수 있는 민·형사상의 법적 책임 등은 발생할 수 있다.

3 과학기술정보통신부장관 등의 대응조치의무(제49조의2 제3항)

과학기술정보통신부장관, 방송통신위원회나 한국인터넷진흥원은 제2항에 따른 신고를 받거나 다른 경로를 통하여 제1항을 위반한 사실을 알게 되면, 제49조의2 제3항에 따라 1) 위반 사실에 관한 정보의 수집·전파, 2) 유사 피해에 대한 예보·경보, 3) 정보통신서비스 제공자에게 접속경로의 차단 요청 또는 이용자에게 제1항의 위반행위에 노출된 사실을 알리도록 요청하는 등 피해 예방 및 피해 확산을 방지하기 위한 긴급조치를 하여야 한다. 이는 침해사고에 대한 제48조의3 제2항 및 제48조의2 제1항과 같은 규정이다. 따라서 제49조의2 제3항은 제48조의3 제2항 및 제48조의2 제1항과 유사한 내용으로 되어있다.

관련 정보의 수집 및 전파, 예보 및 경보, 접속경로 차단 요청 및 노출 사실 고지 등의 긴급조치에 관하여는 제48조의2 제1항에서 상세하게 설명한 바 있다. 제1항 위반 사실에 관한 정보의 수집은 불법행위가 발생한 이후의 조사라는 점에서 범죄수사와 유사한 점이 있지만 본래 피해 확산을 방지하기 위한 것으로 원칙적으로 범죄수사와는 구별된다. 제48조의2 제1항과 마찬가지로 관련정보의 수집 및 전파에 관한 구체적인 절차와 방법은 법령에 명시되어 있지 않다. 정보제공의무를 부여하고 시정명령에 대한 과태료 처분, 나아가서는 정보보전명령과 민·관합동조사단의 사업장 출입조사 등을 통하여 정보수집 가능성을 확보하고 있는 침해사고 대응조치와는 달리, 제49조의2 제3항 제1호는 단순히 정보수집 의무만을 선언하고 있을 뿐이어서 실효성이 크지 않을 것으로 생각된다. 정보수집을 통하여 원인이 밝혀지면 제49조의2 제3항 제2호에 근거하여 유사피해를 예방하기 위한 예보와 경보를 발령할 수 있으나 역시 그 구체적인 방법은 규정되어 있지 않다.

　제49조의2 제3항 제3호는 접속경로의 차단 요청을 긴급조치의 예시로 제시하고 있다. 이는 제48조의2 제1항 제4호가 긴급조치의 내용을 대통령령에서 정하도록 한 후 시행령에서 접속경로의 차단 요청을 규정하고 있는 것에 비하여 개선된 조문 구조라고 할 수 있다. 접속경로의 차단은 중대한 기본권 제한과 연결될 수 있으므로 법률에 근거를 마련하는 것이 바람직하다. 그러나 접속경로 차단의 구체적인 방법과 절차에 관해서는 제48조의2 제1항과 마찬가지로 전혀 상세한 내용을 찾을 수 없다.

　실제 제49조의2 제3항 제3호에 근거한 접속경로 차단 요청과 관련하여 실제 정보통신망법을 위반하지 않았음에도 패러디 사이트를 피싱 사이트로 오인하고 차단을 요청한 한국인터넷진흥원에게 고도의 주의의무가 있음에도 불구하고 법위반 여부를 제대로 심사하지 않은 과실을 인정하여 100만 원의 손해배상책임이 인정된 바 있다. 아울러 이동통신사도 제때 접속차단을 해제하지 않은 과실이 인정되어 각자 100만 원의 손해배상책임이 인정되었다(서울중앙지방법원 2014. 9. 2. 선고 2014나5523 판결). 이처럼 속이는 행위에 의한 개인정보 침해에 대한 접속차단 조치 등의 대응조치는 긴급하게 이루어지는 경우가 대부분이며, 따라서 판단에 오류가 개입할 가능성이 상존하므로, 불필요한 기본권 침해를 최소화하고 관련자의 법적책임의 범위와 한계를 명확하게 하기 위하여 차단 및 차단해제와 관련한 절차와 판단기준이 보다 구체적으로 제시되어야 한다.

　제49조의2 제3항 제3호의 긴급조치는 개인정보 침해를 막기 위한 목적으로 제한되며, 따라서 개인정보가 직접 유출되지 않는 형태의 악성코드 설치형 스미싱 또는 렌섬웨어의 경우에는 제49조의2 제3항 제3호에 근거하여 긴급조치를 할 수 없는 것으로 보아야 한다. 이러한 행위유형은 악성코드 전달 및 유포 행위에 해당하는 것이어서 제2조 제1항 제7호에서 정의하고 있는 침해사고로 보는 것이 타당하다. 스미싱 악성코드, 피싱 사이트 분석 후 개인정보유출 수집 정황이 확인되면 차단할 수 있도록 제48조의2에 근거한 긴급조치가 적용되어야 한다. 또한 침해사고에 대한 대응조치가 속이는 행위로 인한 개인정보 침해에

대한 대응조치보다 상세하고 실효적이므로 제48조의2에 근거한 긴급조치가 적용되는 것이 더욱 적절할 것으로 판단된다. 다만 제48조의2의 해설에서 상술한 바와 같이 긴급조치가 신속하게 이루어질 수 있도록 판단기준 및 절차와 책임에 관한 규정이 보다 명확하게 보완되어야 할 것이다.

4 정보공유 등 필요한 조치(제49조의2 제4항)

제49조의2 제4항에 따르면, "과학기술정보통신부장관 또는 방송통신위원회는 제3항 제3호의 조치를 취하기 위하여 정보통신서비스 제공자에게 정보통신서비스 제공자 간 정보통신망을 통하여 속이는 행위에 대한 정보 공유 등 필요한 조치를 취하도록 명할 수" 있다. 이 규정은 2016. 3. 22. 개정으로 신설된 것이다. 이 규정은 현대사회에서 예방적으로 정보보호를 실현하는 데 중요한 정보공유를 명문으로 규정하고 있다는 점에서 그 의미가 있다. 다만 법문언에서 알 수 있듯이, 이 규정은 기속행위가 아닌 재량행위 형식으로 명문화되어 있다. 달리 말해, 정보공유 등과 같은 필요한 조치를 할 수 있는 권한을 과학기술정보통신부장관과 방송통신위원회에 부여하고 있는 것이다. 따라서 과학기술정보통신부장관이나 방송통신위원회가 정보공유 등과 같은 필요한 조치를 취하도록 의무적으로 명령을 내려야 하는 것은 아니다.

정보공유 등과 같은 필요한 조치를 취하도록 명령을 내릴 수 있는 권한을 부여받은 주체는 과학기술정보통신부장관과 방송통신위원회이다. 따라서 과학기술정보통신부장관과 방송통신위원회는 각각 같은 법 제3항 제3호의 조치를 취하기 위하여 정보공유 등과 같은 필요한 조치를 취하도록 명할 수 있다. 다만 이렇게 권한주체를 병존시키는 것은 해당 업무를 효율적으로 수행하는 데 장애가 될 수도 있다.

과학기술정보통신부장관이나 방송통신위원회의 명령에 따라 정보공유 등과 같은 필요한 조치를 취해야 하는 행위주체는 정보통신서비스 제공자이다. 이용자는 여기에 해당하지 않는다. 아울러 정보공유 상대방도 제4항이 규정한 법문언에 따르면 정보통신서비스 제공자에 한정된다. 정보통신서비스 제공자가 아닌 이용자 등은 이러한 정보공유의 상대방에 해당하지 않는다.

　　과학기술정보통신부장관이나 방송통신위원회의 명령에 따라 정보통신서비스 제공자가 수행해야 하는 것은 정보공유 등과 같은 필요한 조치이다. 물론 여기서 가장 핵심이 되는 것은 정보공유이다. 현대사회에서 정보공유가 정보를 보호하는 데 크나큰 기여를 한다는 점을 감안하면 정보공유와 같은 필요한 조치를 하도록 한 것은 적절하다고 말할 수 있다.

제17절 영리목적의 광고성 정보 전송 제한

제50조(영리목적의 광고성 정보 전송 제한) ① 누구든지 전자적 전송매체를 이용하여 영리목적의 광고성 정보를 전송하려면 그 수신자의 명시적인 사전 동의를 받아야 한다. 다만, 다음 각 호의 어느 하나에 해당하는 경우에는 사전 동의를 받지 아니한다.

1. 재화등의 거래관계를 통하여 수신자로부터 직접 연락처를 수집한 자가 대통령령으로 정한 기간 이내에 자신이 처리하고 수신자와 거래한 것과 동종의 재화등에 대한 영리목적의 광고성 정보를 전송하려는 경우

2. 「방문판매 등에 관한 법률」에 따른 전화권유판매자가 육성으로 수신자에게 개인정보의 수집출처를 고지하고 전화권유를 하는 경우

② 전자적 전송매체를 이용하여 영리목적의 광고성 정보를 전송하려는 자는 제1항에도 불구하고 수신자가 수신거부의사를 표시하거나 사전 동의를 철회한 경우에는 영리목적의 광고성 정보를 전송하여서는 아니 된다.

③ 오후 9시부터 그 다음 날 오전 8시까지의 시간에 전자적 전송매체를 이용하여 영리목적의 광고성 정보를 전송하려는 자는 제1항에도 불구하고 그 수신자로부터 별도의 사전 동의를 받아야 한다. 다만, 대통령령으로 정하는 매체의 경우에는 그러하지 아니하다.

④ 전자적 전송매체를 이용하여 영리목적의 광고성 정보를 전송하는 자는 대통령령으로 정하는 바에 따라 다음 각 호의 사항 등을 광고성 정보에 구체적으로 밝혀야 한다.

1. 전송자의 명칭 및 연락처

2. 수신의 거부 또는 수신동의의 철회 의사표시를 쉽게 할 수 있는 조치 및 방법에 관한 사항

⑤ 전자적 전송매체를 이용하여 영리목적의 광고성 정보를 전송하는 자는 다음 각 호의 어느 하나에 해당하는 조치를 하여서는 아니 된다.

1. 광고성 정보 수신자의 수신거부 또는 수신동의의 철회를 회피·방해하는 조치

2. 숫자·부호 또는 문자를 조합하여 전화번호·전자우편주소 등 수신자의 연락처를 자동으로 만들어 내는 조치

3. 영리목적의 광고성 정보를 전송할 목적으로 전화번호 또는 전자우편주소를 자동으로 등록하는 조치

4. 광고성 정보 전송자의 신원이나 광고 전송 출처를 감추기 위한 각종 조치

5. 영리목적의 광고성 정보를 전송할 목적으로 수신자를 기망하여 회신을 유도하는 각종 조치

⑥ 전자적 전송매체를 이용하여 영리목적의 광고성 정보를 전송하는 자는 수신자가 수신 거부나 수신동의의 철회를 할 때 발생하는 전화요금 등의 금전적 비용을 수신자가 부담하지 아니하도록 대통령령으로 정하는 바에 따라 필요한 조치를 하여야 한다.

⑦ 전자적 전송매체를 이용하여 영리목적의 광고성 정보를 전송하려는 자는 수신자가 제1항에 따른 사전 동의, 제2항에 따른 수신거부의사 또는 수신동의 철회 의사를 표시할 때에는 해당 수신자에게 대통령령으로 정하는 바에 따라 수신동의, 수신거부 또는 수신동의 철회에 대한 처리 결과를 알려야 한다.

⑧ 제1항 또는 제3항에 따라 수신동의를 받은 자는 대통령령으로 정하는 바에 따라 정기적으로 광고성 정보 수신자의 수신동의 여부를 확인하여야 한다.

시행령

제61조(영리목적의 광고성 정보 전송기준) ① 법 제50조 제1항 제1호에서 "대통령령으로 정한 기간"이란 해당 재화등의 거래가 종료된 날부터 6개월을 말한다.

② 법 제50조 제3항 단서에서 "대통령령으로 정하는 매체"란 전자우편을 말한다.

③ 법 제50조 제4항에 따라 전자적 전송매체를 이용하여 영리목적의 광고성 정보를 전송하는 자가 해당 정보에 명시하여야 할 사항과 그 방법은 별표 6과 같다.

제62조(수신거부 또는 수신동의 철회용 무료전화서비스 등의 제공) 법 제50조 제6항에 따라 전자적 전송매체를 이용하여 영리목적의 광고성 정보를 전송하는 자는 별표 6에서 정하는 바에 따라 수신거부 및 수신동의 철회용 무료전화서비스 등을 해당 정보에 명시하여 수신자에게 이를 제공하여야 한다.

제62조의2(수신동의 등 처리 결과의 통지) 법 제50조 제7항에 따라 전자적 전송매체를 이용하여 영리목적의 광고성 정보를 전송하려는 자는 수신자가 수신동의, 수신거부 또는 수신동의 철회 의사를 표시한 날부터 14일 이내에 다음 각 호의 사항을 해당 수신자에게 알려야 한다.

1. 전송자의 명칭
2. 수신자의 수신동의, 수신거부 또는 수신동의 철회 사실과 해당 의사를 표시한 날짜
3. 처리 결과

제62조의3(수신동의 여부의 확인) ① 법 제50조 제1항 또는 제3항에 따라 수신자의 사전

동의를 받은 자는 같은 조 제8항에 따라 그 수신동의를 받은 날부터 2년마다(매 2년이 되는 해의 수신동의를 받은 날과 같은 날 전까지를 말한다) 해당 수신자의 수신동의 여부를 확인하여야 한다.

② 제1항에 따라 수신동의 여부를 확인하려는 자는 수신자에게 다음 각 호의 사항을 밝혀야 한다.

1. 전송자의 명칭
2. 수신자의 수신동의 사실과 수신에 동의한 날짜
3. 수신동의에 대한 유지 또는 철회의 의사를 표시하는 방법

—— I. 서 론

1 의의 및 기본취지

정보통신망법 제50조는 영리목적의 광고성 정보를 전송하는 행위를 원칙적으로 제한하며, 예외적으로 이를 전송할 수 있는 조건을 한정적으로 열거한다. 아울러 영리목적 광고성 정보를 전송하는 경우에 지켜야 할 준수사항을 상세하게 제시한다.

수신자가 원하지 않는 영리목적 광고성 정보를 스팸이라고 한다. 정보화사회에서 자동화된 정보처리장치에 의하여 저렴한 비용으로 쉽게 다량의 정보를 전송할 수 있게 되면서 정보발송과 수신의 비용에 역전이 발생하게 되었고, 스팸을 처리하기 위하여 수신자의 불편이 가중되는 등 사회적 비용을 야기하는 문제가 대두되게 되었다.

광고를 통한 시장경제의 활성화와 스팸으로 인한 불편의 최소화라는 모순된 목적을 달성하기 위하여 정보통신망법은 원칙적으로 수신자의 명시적인 수신 거부가 있는 경우에는 영리목적 광고성 정보를 전송하지 못하도록 하는 이른바 Opt-Out 방식을 도입함과 동시에 이용자가 자발적으로 단말기의 스팸

차단 기능을 활용하도록 하는 방식의 규제체계를 구축하였다. 그러나 스팸 발송 수법이 지능화되면서 법적·기술적 스팸 차단 조치를 회피하는 스팸 발송행위가 증가함에 따라 스팸 규제의 필요성이 커졌으며, Opt-Out 방식으로는 더 이상 목적을 달성하기 어렵게 되었다는 판단 아래 2014년 5월 28일 정보통신망법의 영리목적 광고성 정보 전송행위 관련 규정을 대폭 개정하여 원칙적으로 수신자의 명시적인 사전 동의가 있는 경우에만 영리목적의 광고성 정보를 전송할 수 있도록 하였다(Opt-In 방식).

스팸에 대한 통제는 스팸 전송단계를 직접 규율하는 방법이 가장 효과적일 수밖에 없으며, 따라서 개정 정보통신망법은 영리목적 광고성 정보의 전송은 제50조 각호에서 한정적으로 열거하는 조건을 준수하는 경우에만 가능한 것으로 규정하고 있다. 또한 제50조를 위반하여 이른바 불법 스팸을 발송하는 행위는 과태료 부과 또는 형사처벌의 대상이 된다. 제50조 제5항을 위반한 경우에는 1년 이하의 징역 또는 1천만 원 이하의 벌금으로 처벌된다. 제1항에서 제4항까지, 제6항과 제8항을 위반한 경우에는 3천만 원 이하의 과태료가 부과되며 제7항을 위반한 경우에는 1천만 원 이하의 과태료가 부과된다.

2 기본구조

정보통신망법 제50조는 영리목적 광고성 정보 전송행위를 제한한다. 제1항에는 이른바 Opt-In 원칙을 선언하고 있으며, 제2항은 수신거부 및 수신동의의 철회에 관하여 규정한다. 제3항은 야간에 광고성 정보를 전송하는 행위를 제한하며, 제4항은 정보 전송시 의무적으로 표기해야 하는 사항을 열거한다. 제5항은 해서는 안 되는 조치들을 열거하고 있으며, 제6항은 수신거부나 철회의 금전적 비용부담에 관하여 규정한다. 제7항은 수신자의 의사표시에 대한 처리결과 통지의무를 규정하며, 끝으로 제8항은 수신동의의사를 정기적으로 다시 확인하도록 하고 있다.

—— **Ⅱ. 주요내용**

1 수신자의 명시적인 사전 동의(제50조 제1항)

(1) 사전 동의제(Opt-In) 도입

정보통신망법 제50조 제1항은 전자적 전송매체를 이용하여 영리목적의 광고성 정보를 전송하려면 수신자의 명시적인 사전 동의를 받아야 함을 원칙으로 선언하고 있다. 전자적 전송매체란 "정보통신망을 통하여 부호·문자·음성·화상 또는 영상 등을 수신자에게 전자문서 등의 전자적 형태로 전송하는 매체"(제2조 제1항 제13호)를 말하며, 따라서 정보기술을 활용한 통신수단, 예컨대 전화나 이메일, SNS, 모바일 메신저나 인터넷 쪽지 등은 당연히 전자적 전송매체에 해당하며, 팩스(모사전송기)도 문서를 "전자적 형태로 전송"하는 매체이므로 이에 해당한다.

2014년 정보통신망법이 개정되기 전에는 이메일 등의 경우에는 Opt-Out이 원칙이었고, 전화나 팩스만 수신자에게 비용이 발생한다는 이유로 Opt-In 방식의 적용을 받았다. 그러나 현대사회에서 스팸으로 인한 사회적 비용은 이미 무시하기 어려운 수준에 이르고 있으며, 따라서 법 개정을 통하여 전송매체의 구별 없이 모든 전자적 전송매체에 Opt-In 방식을 도입한 것이다.

(2) 광고성 정보의 범위

영리목적의 광고성 정보란 이를 발신하는 자가 경제적 이득을 취할 목적으로 보내는 정보로 주로 발신자가 제공하고자 하는 재화나 용역에 관한 정보를 말하며, 영리행위를 하는 발신자에 관한 정보도 이에 포함된다. "할인쿠폰" 등을 발송하는 행위도 결국 재화나 용역의 구입을 유도하는 것이라는 점에서 영리목적의 광고성 정보 전송행위에 포함되며, 영리목적 기업이 보내는 모든 정보, 예컨대 소식지 등도 원칙적으로 영리목적 광고성 정보에 해당한다. 발신하

고자 하는 정보에 영리목적의 광고성 정보가 일부라도 포함되어 있으면 제50조
의 적용을 받는다.

　다만 수신자와 과거에 체결하였던 거래를 완성하기 위한 정보, 수신자가
구입한 재화나 용역의 보증, 리콜, 안전, 예약확인, 계약조건 변경, 포인트 잔
액, 업데이트 등에 관한 정보나 발신자가 수신자에게 채권을 행사하기 위한 정
보, 포털 등이 이용자의 편의를 위하여 제공하는 푸시 뉴스 정보 등은 그 성격
상 당연히 영리목적 광고성 정보에 포함되지 않는다.

(3) 수신동의의 방법

　수신동의는 사전에, 명시적으로 이루어져야 한다. 동의의 방법에는 제한이
없으며, 다만 명시적이기만 하면 된다. 구술로도 가능하나 현실적으로는 입증
등의 문제가 발생할 우려가 있으므로 기록이 남는 방식으로 이루어지는 경우가
대부분이다. 명시적으로 광고의 수신에 동의하는 것이어야 하므로 약관을 통하
여 일괄적으로 동의를 받거나 스마트폰 어플리케이션의 푸시 기능을 작동하도
록 설정하는 것만으로는 광고 수신에 동의한 것으로 볼 수 없으며, 광고 발신에
관하여 별도로 고지하고 개별적인 동의를 받아야 한다.

(4) 예외

　제50조 제1항은 다음 두 가지 경우에 제한적으로 수신자의 사전 동의가
없음에도 불구하고 영리목적의 광고성 정보를 전송할 수 있는 예외를 인정한
다. 1) 재화 등의 거래관계를 통하여 수신자로부터 직접 연락처를 수집한 자가
대통령령으로 정한 기간 이내에 자신이 처리하고 수신자와 거래한 것과 동종의
재화 등에 대한 영리목적의 광고성 정보를 전송하려는 경우, 2)「방문판매 등에
관한 법률」에 따른 전화권유판매자가 육성으로 수신자에게 개인정보의 수집출
처를 고지하고 전화권유를 하는 경우이다.

　과거의 거래를 통하여 수신자로부터 직접 연락처를 수집한 경우 수신자의

사전 동의 없이도 광고성 정보를 전송할 수 있으며 그 기간은 재화나 용역의 제공이 모두 종료된 이후로부터 6개월이다(시행령 제61조 제1항). 제50조 제1항 제1호에서 말하는 거래관계란 동종의 재화 및 용역에 관한 것에 한정되며, 기존거래의 객체가 되었던 재화나 용역을 처리하는 사업자가 당연히 함께 처리할 것으로 예측되는 범위 내에 있어야 한다. 수신자가 거래의 당사자로서 대가를 지급한 경우를 의미하므로, 실제 거래가 성사되지 않은 단순한 문의 등은 여기에 해당되지 않는다.

전화권유 판매자가 「방문판매 등에 관한 법률」에 따라 적법하게 육성으로 수신자에게 개인정보의 수집출처를 고지하고 전화권유를 하는 경우에도 사전 수신동의 없이 광고성 정보를 전송할 수 있다. 전화권유 판매업이란 본질적으로 불특정 소비자에게 "전화"를 걸 수 있어야만 성립할 수 있기 때문이다. 육성으로 전화를 거는 경우로 한정된다는 점에서 발신에 현실적인 한계가 있을 수밖에 없으므로, 예외적으로 Opt-Out 방식이 허용된다. 따라서 ARS 등을 이용한 자동화된 발신은 여기에 해당하지 않으며, 실제 거래의 체결을 목적으로 하는 것이어야 하므로 육성이라 하더라도 단순히 광고성 정보만을 전화를 통하여 전달하는 것도 예외에 해당하지 않는다. 「방문판매 등에 관한 법률」에 따른 전화권유 판매전화를 거부하려면 공정거래위원회의 "전화권유판매 수신거부의사 등록시스템(Do Not Call)"에 자신의 번호를 등록하여야 한다.

(5) 과태료

제50조 제1항을 위반하여 예외에 해당하는 경우가 아님에도 불구하고 수신자의 명시적인 사전 동의 없이 영리목적의 광고성 정보를 전송한 자에게는 제76조 제1항 제7호에 의하여 3천만 원 이하의 과태료가 부과된다. 과태료 부과기준에 따라 1회 위반한 경우에는 750만 원, 2회는 1,500만 원, 3회 이상 위반한 경우에는 3,000만 원의 과태료가 부과된다.

2 ■ 수신거부의사의 표시 또는 사전 동의의 철회 (제50조 제2항)

제1항의 규정에 따라 수신자가 명시적으로 사전 수신동의의사를 표시한 경우이거나 제1항 제1호 및 제2호에 의하여 예외적으로 사전 수신동의의사 없이도 광고성 정보를 전송할 수 있는 경우라 하더라도, 수신자가 수신거부의사를 표시하거나, 사전 동의를 철회한 경우 영리목적의 광고성 정보 전송이 금지된다.

수신거부의사가 가장 우선 고려되므로, 수신거부의사를 표시한 후 판매자가 수신자와 거래관계를 체결한 바 있다 하더라도 광고성 정보의 전송이 금지된다. 사업자가 운영하는 인터넷 홈페이지 등의 회원을 탈퇴하는 것은 수신거부의 의사표시로 보아야 한다. 수신동의 철회 및 수신거부의사의 표시는 의사표시를 한 직후부터 효력이 발생하며, 발신자가 보내고자 하는 모든 광고성 정보에 적용되는 것이 원칙이다.

제50조 제2항을 위반하여 수신자가 수신거부의사를 표시하거나 사전 동의를 철회하였음에도 불구하고 영리목적의 광고성 정보를 전송한 자에게는 제76조 제1항 제7호에 의하여 3천만 원 이하의 과태료가 부과된다. 과태료 부과기준에 따라 1회 위반한 경우에는 750만 원, 2회는 1,500만 원, 3회 이상 위반한 경우에는 3,000만 원의 과태료가 부과된다.

3 ■ 야간 광고 전송제한 (제50조 제3항)

제1항의 규정에 따라 수신자가 명시적으로 사전 수신동의의사를 표시한 경우이거나 제1항 제1호 및 제2호에 의하여 예외적으로 사전 수신동의의사 없이도 광고성 정보를 전송할 수 있는 경우라 하더라도, 오후 9시부터 그 다음날 오전 8시까지의 시간에 광고성 정보를 전송하려는 자는 수신자에게 별도의 사전 동의를 받아야 한다.

다만 수신의 즉시성이 떨어지므로 광고성 정보 수신으로 인하여 사생활의 평온을 침해할 우려가 매우 낮은 전자우편의 경우에는 별도의 동의가 없어도 광고성 정보를 보낼 수 있다(시행령 제61조 제2항). 입법취지를 고려하면 수신과 발신간의 시차가 발생하는 경우 제50조 제3항 위반 여부에 대한 판단은 수신시를 기준으로 하는 것이 합리적이다.

　　제50조 제3항을 위반하여 별도의 사전 동의 없이 오후 9시부터 그 다음날 오전 8시까지의 시간에 전자우편을 제외한 전자적 전송매체를 이용하여 영리목적의 광고성 정보를 전송한 자에게는 제76조 제1항 제7호에 의하여 3천만 원 이하의 과태료가 부과된다. 과태료 부과기준에 따라 1회 위반한 경우에는 750만 원, 2회는 1,500만 원, 3회 이상 위반한 경우에는 3,000만 원의 과태료가 부과된다.

4　명시사항(제50조 제4항)

　　제1항에서 제3항까지의 규정에 따라 영리목적의 광고성 정보를 전자적 전송매체를 통하여 전송할 수 있는 경우라 하더라도 전송자의 명칭 및 연락처, 수신의 거부 또는 수신동의의 철회 의사표시를 쉽게 할 수 있는 조치 및 방법에 관한 사항 등을 전송하고자 하는 광고성 정보에 구체적으로 명시하여야 한다.

　　전송자의 명칭은 수신자가 전송자를 식별할 수 있을 정도로 구체적이어야 하며, 전송자의 연락처는 당연히 광고성 정보를 전송한 자와 직접 연결되는 것이어야 한다. 또한 수신거부 및 수신동의의 철회 의사표시를 하는 방법을 광고성 정보에 구체적으로 표기하여야 하며, 당해 의사표시를 위하여 수신자가 합리적인 수준을 넘어서 별도의 추가 조치를 취해야 하는 경우 "쉽게 할 수 있는 조치"에 해당하지 않는다.

　　시행령 제61조 제3항은 [별표 6]에 전자적 전송매체의 구분에 따라 명시하여야 할 사항과 그 명시 방법을 상세하게 규정하여 제시한다. [별표 6]의 내용은 다음과 같다.

___ 표 4-8. 영리목적의 광고성 정보의 명시사항 및 명시방법(제61조 제3항 관련)

매체구분	명시사항 및 명시방법
공통	1. (광고)를 표시하는 경우에는 수신자의 수신의 거부 또는 수신동의의 철회를 회피하기 위한 목적으로 빈칸·부호·문자 등을 삽입하거나 표시방법을 조작하는 조치를 해서는 안 된다. 2. 수신자가 수신의 거부 또는 수신동의의 철회를 하는 때에 전송에 이용된 수신자의 연락처 외의 정보를 전송자에게 제공하도록 요구하여 수신거부 또는 수신동의의 철회를 어렵게 해서는 안 된다.
전자우편	1. 제목이 시작되는 부분에 (광고)를 표시해야 한다. 2. 본문에는 다음 사항을 표시해야 한다. 　가. 전송자의 명칭·전자우편주소·전화번호 및 주소 　나. 수신자가 수신의 거부 또는 수신동의의 철회 의사를 쉽게 표시할 수 있도록 하기 위한 안내문을 명시하고 수신의 거부 또는 수신동의의 철회 여부를 간편하게 선택할 수 있도록 기술적 조치를 해야 한다. 이 경우 그 안내문과 기술적 조치는 한글과 영문으로 명시해야 한다.
모사전송	1. 광고성 정보가 시작되는 부분에 (광고), 전송자의 명칭, 전화번호 및 주소를 표시해야 한다. 2. 수신의 거부 또는 수신동의의 철회용 자동응답전화번호 등의 전화 번호 또는 전화를 갈음하여 쉽게 수신의 거부 또는 수신동의의 철회를 할 수 있는 방식을 해당 광고에 표시된 최대 글자의 3분의 1 이상의 크기로 명시하고, 그 전화번호나 방식을 이용하여 수신의 거부 또는 수신동의의 철회를 하는 때에 수신자가 비용을 부담하지 않는다는 것을 함께 명시해야 한다.
그 밖의 전자적 전송매체	1. 음성형태로 전송되는 광고의 경우 　가. 광고성 정보가 시작되는 부분에 광고를 의미하는 음성, 전송자의 명칭, 전화번호 또는 주소, 수신의 거부 또는 수신동의의 철회를 할 수 있는 방식을 안내해야 한다. 　나. 수신의 거부 또는 수신동의의 철회용 자동응답전화번호 등의 전화번호 또는 전화를 갈음하여 쉽게 수신의 거부 또는 수신동의의 철회를 할 수 있는 방식을 이용하여 수신의 거부 또는 수신동의의 철회를 하는 때에 수신자가 비용을 부담하지 않는다는 것을 함께 안내해야 한다. 2. 음성 외의 형태로 전송되는 광고의 경우 　가. 광고성 정보가 시작되는 부분에 (광고), 전송자의 명칭과 전화번호 또는 주소를 표시해야 한다. 　나. 수신의 거부 또는 수신동의의 철회용 자동응답전화번호 등의 전화번호 또는 전화를 갈음하여 쉽게 수신의 거부 또는 수신동의의 철회를 할 수 있는 방식을 정보가 끝나는 부분에 명시하고, 그 전화번호나 방식을 이용하여 수신의 거부 또는 수신동의의 철회를 하는 때에 수신자가 비용을 부담하지 않는다는 것을 함께 명시해야 한다.

제50조 제4항을 위반하여 광고성 정보를 전송하면서 법령이 정한 명시사항을 구체적으로 밝히지 않거나 거짓으로 밝힌 자에게는 제76조 제1항 제8호에 따라 3천만 원 이하의 과태료가 부과된다. 과태료 부과기준에 따라 1회 위반한 경우에는 750만 원, 2회는 1,500만 원, 3회 이상 위반한 경우에는 3,000만 원의 과태료가 부과된다.

5 금지사항(제50조 제5항)

전자적 전송매체를 이용하여 영리목적의 광고성 정보를 전송하는 자는 다음의 조치를 해서는 안 된다. 1) 광고성 정보 수신자의 수신거부 또는 수신동의의 철회를 회피·방해하는 조치, 2) 숫자·부호 또는 문자를 조합하여 전화번호·전자우편주소 등 수신자의 연락처를 자동으로 만들어 내는 조치, 3) 영리목적의 광고성 정보를 전송할 목적으로 전화번호 또는 전자우편주소를 자동으로 등록하는 조치, 4) 광고성 정보 전송자의 신원이나 광고 전송 출처를 감추기 위한 각종 조치, 5) 영리목적의 광고성 정보를 전송할 목적으로 수신자를 기망하여 회신을 유도하는 각종 조치이다.

제50조 제5항 제1호에서 말하는 수신자의 수신거부는 수신자가 발신자에게 수신거부의 의사표시를 하는 것만을 의미하는 것이 아니라 수신자의 단말기에서 필터링 등의 방법으로 광고성 정보를 보지 않기 위한 조치를 하는 것을 포함한다. 따라서 수신거부 및 수신동의의 철회를 위한 연락처를 허위로 기재하거나 부적절하게 기재하는 행위는 물론이고, 문자메시지로 전송되는 광고성 정보를 이미지 파일의 형식으로 보내거나 광고임을 표시하는 문구를 변칙적으로 표기하여 수신자의 필터링을 방해하는 행위도 수신거부를 회피하는 조치가 된다.

제50조 제5항 제2호는 수신자의 연락처를 자동으로 만들어 내는 조치를 금지한다. 임의의 숫자를 조합하여 전화를 발신하거나 문자, 숫자, 부호 등을 조합하여 무작위로 만들어진 이메일 주소로 광고성 이메일을 발송하는 것을 의

미한다. 또한 제3호는 광고성 정보를 발신할 목적으로 자동화된 프로그램 등을 이용하여 수신자의 의사와 관계없이 수신자의 전화번호 또는 이메일 주소를 수집하는 행위를 금지된다. 제2호와 제3호는 당연히 예외적으로 Opt-Out 방식이 적용되는 광고성 정보 전송의 경우에만 해당된다.

제50조 제5항 제4호는 전송자의 신원이나 광고 전송 출처를 감추기 위한 조치를 금지한다. 발신번호나 발신자 이메일 주소 등을 삭제, 변경, 조작하는 행위가 이에 해당한다. 또한 제5호는 수신자를 기망하여 회신을 유도하는 조치를 금지한다. 예컨대 수신자가 전화를 받기 전에 전화를 끊는 등의 방법(이른바 원링 스팸)으로 수신자의 관심을 유발하여 수신자가 기록된 발신자의 정보를 이용하여 회신하도록 만드는 행위를 금지하는 것이다. 이는 제50조가 광고성 정보의 전송을 금지하므로 법률상의 금지규정을 회피하기 위하여 수신자로 하여금 발신하게 만드는 경우를 막기 위함이다.

제50조 제5항을 위반하여 법률이 금지하는 조치를 한 자는 제74조 제1항 제4호에 의하여 1년 이하의 징역 또는 1천만 원 이하의 벌금으로 처벌된다. 제50조의 다른 항의 규정을 위반하는 행위가 과태료 처분 대상임에 반하여 제5항을 위반하는 행위는 형법상의 범죄가 되어 형사처벌을 받는다. 이는 다른 항과는 달리 제50조 제5항은 불법 스팸을 적절하게 통제하기 위하여 가장 중요한 역할을 담당하고 있으며, 따라서 이를 위반하는 행위는 형벌로 막아야 할 정도로 정보통신망의 안정성을 해칠 우려가 있음을 의미한다.

6 ▌ 수신거부 등의 비용 부담(제50조 제6항)

제6항은 수신자가 수신거부나 수신동의의 철회를 할 때 발생하는 전화요금 등의 비용을 수신자가 부담하지 않도록 하는 조치를 할 것을 요구한다. 시행령 제62조는 수신거부 및 수신동의 철회용 무료전화 서비스의 전화번호 등을 기재하고 수신자가 비용을 부담하지 않는다는 것을 함께 명시하도록 하고 있으며 전자적 전송매체의 유형에 따라 이 조치의 구체적인 내용을 [별표 6]을 통하

여 제시하고 있다.

제50조 제6항을 위반하여 수신자가 수신거부나 수신동의의 철회를 할 때 발생하는 전화요금 등의 금전적 비용을 수신자가 부담하지 않도록 하는 조치를 하지 않은 자에게는 제76조 제1항 제9호에 의하여 3천만 원 이하의 과태료가 부과된다. 과태료 부과기준에 따라 1회 위반한 경우에는 750만 원, 2회는 1,500만 원, 3회 이상 위반한 경우에는 3,000만 원의 과태료가 부과된다.

7 수신거부 의사표시 등에 대한 처리 결과 회신(제50조 제7항)

전자적 전송매체를 이용하여 영리목적의 광고성 정보를 전송하는 자는 수신자가 사전 동의, 수신거부 또는 수신동의 철회의사를 표시한 때에는 수신자에게 그 처리 결과를 알려야 한다. 시행령 제62조의2는 수신자가 의사를 표시한 때로부터 14일 이내에 전송자의 명칭, 수신자의 수신동의, 수신거부 또는 수신동의 철회 사실과 해당 의사를 표시한 날짜, 처리 결과를 회신하도록 하고 있다.

전송자의 명칭은 전송자를 식별할 수 있도록 정보통신망법 제50조 제4항의 명시사항에서 정한 바를 따라서 표시하여야 하며, 수신자의 의사표시 날짜는 처리결과의 회신이 수신자의 의사표시일로부터 14일 이내에 이루어졌는지를 확인할 수 있도록 해당 날짜를 명기하는 방법으로 기록되어야 한다. 처리결과의 회신은 원칙적으로 광고성 정보의 전송이 아닌 것으로 보아야 하나 회신하는 내용 중 일부라도 광고성 정보가 포함되는 경우에는 명시사항 등을 준수하여야 한다.

제50조 제7항을 위반하여 처리결과를 법령이 정하고 있는 바에 따라 적절하게 회신하지 않은 자에게는 제76조 제3항 제12호의3에 의하여 1천만 원 이하의 과태료가 부과된다. 과태료 부과기준에 따라 1회 위반한 경우에는 300만 원, 2회는 600만 원, 3회 이상 위반한 경우에는 1,000만 원의 과태료가 부과된다.

8 ▌ 수신동의 여부의 정기적 재확인(제50조 제8항)

제1항 또는 제3항에 따라 수신자로부터 광고성 정보의 수신동의를 받은 자는 수신동의를 받은 날부터 매 2년마다 해당 수신자의 수신동의 여부를 재확인해야 하며(시행령 제62조의3 제1항), 수신동의 여부를 확인하기 위하여 전송자의 명칭, 수신자의 수신동의 사실과 수신에 동의한 날짜, 수신동의에 대한 유지 또는 철회의 의사를 표시하는 방법을 명시하여야 한다.

정기적이기만 하면 2년 이내의 기간을 정하여 수신동의 여부를 재확인할 수 있으며, 수신자가 다시 동의의사를 표시하는데 발생하는 전화요금 등의 비용은 당연히 수신자가 부담하도록 해서는 안 되는 것으로 보아야 한다. 만약 수신자가 전송자의 재확인 요청을 받고도 아무런 의사를 표시하지 않는 경우에는, 기존의 수신동의의사가 여전히 유효한 것으로 보아야 할 것이다.

제50조 제8항을 위반하여 정기적으로 광고성 정보 수신자의 수신동의 여부를 확인하지 않은 자에게는 제76조 제1항 제9호의2에 의하여 3천만 원 이하의 과태료가 부과된다. 과태료 부과기준에 따라 1회 위반한 경우에는 750만 원, 2회는 1,500만 원, 3회 이상 위반한 경우에는 3,000만 원의 과태료가 부과된다.

제18절 영리목적의 광고성 정보 전송의 위탁 등

제50조의3(영리목적의 광고성 정보 전송의 위탁 등) ① 영리목적의 광고성 정보의 전송을 타인에게 위탁한 자는 그 업무를 위탁받은 자가 제50조를 위반하지 아니하도록 관리·감독하여야 한다.

② 제1항에 따라 영리목적의 광고성 정보의 전송을 위탁받은 자는 그 업무와 관련한 법을 위반하여 발생한 손해의 배상책임에 있어 정보 전송을 위탁한 자의 소속 직원으로 본다.

─── I. 서 론

1 의의 및 기본취지

　　정보통신망법 제50조의3은 제50조에서 규정하고 있는 영리목적의 광고성 정보 전송을 타인에게 위탁하는 경우를 규정하고 있다. 영리목적의 광고성 정보를 전송하는 업무를 타인에게 위탁하였다 하더라도 광고를 통하여 실제 이익을 취하는 자는 위탁자이므로, 광고 전송으로 인하여 발생한 민사상의 손해배상책임이 정보 전송을 위탁한 자에게도 귀속되도록 규정하여 위탁자의 관리책임을 강화하고 있다.

2 기본구조

　　정보통신망법 제50조의3 제1항은 영리목적의 광고성 정보의 전송을 타인에게 위탁한 자에게 관리·감독의 책임이 있음을 확인하며, 제2항은 광고성 정보 전송 업무와 관련하여 법을 위반하여 민사상 손해배상책임이 발생할 경우 정보 전송을 위탁받은 자를 위탁자의 소속 직원으로 간주하여 위탁자에게 사용자 책임이 있음을 명확히 한다.

—— Ⅱ. 주요내용

1 ▪ 광고성 정보 전송 업무 위탁자의 관리·감독 책임(제50조의3 제1항)

　　영리목적의 광고성 정보의 전송 업무를 전문 광고 업체 등 타인에게 위탁한 경우 위탁자는 수탁자가 제50조에서 정하고 있는 각종 제한 규정을 준수하도록 관리·감독할 책임을 진다. 여기서 영리목적의 광고성 정보 전송 업무의 위탁이란 단순히 위탁자의 구체적인 지시에 따라 위탁자의 시설과 장비를 이용하여 위탁자가 작성한 광고의 내용을 받아 발송하는 업무만을 대행하는 경우를 말하는 것은 아니다. 이러한 경우라면 제50조의3의 규정과 관계없이 발송 업무 담당자는 이미 사실상 위탁자에게 고용된 직원으로 보아야 하며 따라서 위탁자는 스스로 제50조를 준수하여야 하는 전송자가 될 뿐만 아니라, 발송 업무 담당자의 행위에 대하여 당연히 사용자 책임(민법 제756조)을 진다.[29]

　　따라서 본조에서 발송 업무를 위탁받은 자라고 함은, 노무제공과 보수지급 관계로 볼 수 있는 고용계약(민법 제655조)으로 해석되는 계약관계에 있는 자가 아니라,[30] 상당한 정도의 독립적인 의사결정권을 가지고 광고전송과 관련된 업무를 수행하기로 하는 도급계약(민법 제664조)으로 해석되는 계약을 체결한 경우

29　민법 제756조(사용자의 배상책임) ① 타인을 사용하여 어느 사무에 종사하게 한 자는 피용자가 그 사무집행에 관하여 제삼자에게 가한 손해를 배상할 책임이 있다. 그러나 사용자가 피용자의 선임 및 그 사무감독에 상당한 주의를 한 때 또는 상당한 주의를 하여도 손해가 있을 경우에는 그러하지 아니하다. ② 사용자에 갈음하여 그 사무를 감독하는 자도 전항의 책임이 있다. ③ 전2항의 경우에 사용자 또는 감독자는 피용자에 대하여 구상권을 행사할 수 있다.

30　민법 제655조(고용의 의의) 고용은 당사자 일방이 상대방에 대하여 노무를 제공할 것을 약정하고 상대방이 이에 대하여 보수를 지급할 것을 약정함으로써 그 효력이 생긴다.

로 보아야 한다.31

2 █ 사용자 간주(제50조의3 제2항)

그러므로 영리목적의 광고성 정보의 전송 업무를 위탁한 자는 민법 제757조(도급인의 책임)의 규정에 따라 원칙적으로는 위탁자의 지시에 관하여 위탁자에게 중대한 과실이 있는 때를 제외하고는 위탁받는 자가 그 일에 관하여 제3자에게 가한 손해를 배상할 책임이 없다.32 그러나 제50조의3 제2항은 위탁받은 영리성 광고의 전송업무와 관련한 법을 위반하여 발생한 손해의 배상책임에 있어서 위탁받은 자를 위탁자의 소속 직원으로 간주함으로써 위탁자에게 사용자 책임(민법 제756조)을 지운다.

이는 실제 영리목적의 광고성 정보의 전송을 통하여 경제적 이익을 취하는 자는 위탁자이므로 위탁자의 관리·감독 책임을 강화하기 위함이다. 다만 사용자 책임에 관한 민법 제756조 제1항의 단서에 따라 위탁자가 위탁받은 자의 "선임 및 그 사무감독에 상당한 주의를 한 때 또는 상당한 주의를 하여도 손해가 있을 경우"에는 배상책임이 감면된다. 따라서 위탁자가 손해배상을 감면받기 위해서는 위탁받은 자에게 관련 법령 및 위반사례 등을 지속적으로 교육하는 등의 방법으로 "상당한 주의"를 하였음을 입증하여야 한다.

---

31 민법 제664조(도급의 의의) 도급은 당사자 일방이 어느 일을 완성할 것을 약정하고 상대방이 그 일의 결과에 대하여 보수를 지급할 것을 약정함으로써 그 효력이 생긴다.

32 민법 제757조(도급인의 책임) 도급인은 수급인이 그 일에 관하여 제삼자에게 가한 손해를 배상할 책임이 없다. 그러나 도급 또는 지시에 관하여 도급인에게 중대한 과실이 있는 때에는 그러하지 아니하다.

제19절 정보 전송 역무 제공 등의 제한

제50조의4(정보 전송 역무 제공 등의 제한) ① 정보통신서비스 제공자는 다음 각 호의 어느 하나에 해당하는 경우에 해당 역무의 제공을 거부하는 조치를 할 수 있다.

1. 광고성 정보의 전송 또는 수신으로 역무의 제공에 장애가 일어나거나 일어날 우려가 있는 경우
2. 이용자가 광고성 정보의 수신을 원하지 아니하는 경우
3. 삭제

② 정보통신서비스 제공자는 제1항 또는 제4항에 따른 거부조치를 하려면 해당 역무 제공의 거부에 관한 사항을 그 역무의 이용자와 체결하는 정보통신서비스 이용계약의 내용에 포함하여야 한다.

③ 정보통신서비스 제공자는 제1항 또는 제4항에 따른 거부조치 사실을 그 역무를 제공받는 이용자 등 이해관계인에게 알려야 한다. 다만, 미리 알리는 것이 곤란한 경우에는 거부조치를 한 후 지체 없이 알려야 한다.

④ 정보통신서비스 제공자는 이용계약을 통하여 해당 정보통신서비스 제공자가 이용자에게 제공하는 서비스가 제50조 또는 제50조의8을 위반하여 영리목적의 광고성 정보전송에 이용되고 있는 경우 해당 역무의 제공을 거부하거나 정보통신망이나 서비스의 취약점을 개선하는 등 필요한 조치를 강구하여야 한다.

I. 서 론

1 의의 및 기본취지

정보통신망법 제50조의4는 발신자 단계에서 적절하게 통제되지 못한 스팸을 전송자 단계에서 통제하기 위한 규정이다. 법령이 정하고 있는 각종 조건을 준수하는 영리목적 광고성 정보의 전송행위라 하더라도 본조에 따라 정보통신

서비스 제공자에 의하여 전송이 거부될 수 있다.

　　본래 전기통신사업자는 「전기통신사업법」 제3조 제1항에 따라 전기통신역무 제공의무를 지며, 제2항에 따라 그 업무를 공평하게 처리해야만 한다. 그러나 전기통신사업자인 정보통신서비스 제공자는 전기통신사업법상의 전기통신역무 제공의무에도 불구하고 정보통신망법 제50조의4에 근거하여 역무의 장애 발생 가능성 또는 이용자의 수신거부를 이유로 광고성 정보의 전송 또는 수신 관련 역무의 제공을 거부할 수 있다.

　　더 나아가 정보통신서비스 제공자는 광고성 정보를 전송함으로써 이익을 창출하는 사업자이다. 따라서 불법 스팸 등을 통하여 발생하는 사회경제적 손해를 방지할 의무가 있으며, 불법 스팸을 차단하기 위하여 필요한 조치를 강구하여야 한다. 이 의무는 제76조 제3항 제12호의3에 의하여 1천만 원 이하의 과태료로 강제된다.

2️⃣ 기본구조

　　제50조의4 제1항은 광고성 정보의 전송 역무를 거부하기 위한 이유를 열거하고 있으며, 제2항은 거부조치에 관한 사항을 이용계약에 포함하도록 하고 있다. 제3항은 거부조치에 대한 사전통지의무를, 제4항은 불법 스팸을 차단 의무를 규정한다.

── Ⅱ. 주요내용

1️⃣ 합법적인 광고성 정보 전송 역무의 거부(제50조의4 제1항)

　　정보통신망법 제50조의4는, 전기통신사업법 제3조 제1항이 규정하고 있는 전기통신역무의 제공을 거부하기 위한 "정당한 사유"의 내용을 구체화한다. 「전기통신사업법」 제3조 제1항은 "전기통신사업자는 정당한 사유 없이 전기통신역무의 제공을 거부하여서는 아니된다"고 규정하고 있으며, 전기통신사업자는 동조 제2항에 따라 그 업무를 공평하고 신속하며 정확하게 처리하여야 한다. 따라서 전기통신사업자에게는 원칙적으로 전기통신역무를 제공할 의무가 있으므로 정당한 사유가 없는 한 이를 거부할 수 없다.

정보통신서비스 제공자란 정보통신망법 제1조 제3호에 따라 "전기통신사업법 제2조 제8호에 따른 전기통신사업자와 영리를 목적으로 전기통신사업자의 전기통신역무를 이용하여 정보를 제공하거나 정보의 제공을 매개하는 자"를 의미한다. 그러므로 정보통신서비스 제공자 중에서 전기통신사업자인 자는 「전기통신사업법」 제3조에 따라 정당한 사유가 없는 한 전기통신역무의 제공을 거부할 수 없다.

그런데 제50조를 비롯하여 관련 법령이 상세하게 정하고 있는 각종 제한 규정을 모두 준수하여 발송되는 합법적인 영리목적 광고성 정보 전송행위를 차단할 필요가 있는 경우에는, 과연 어떠한 사유가 상기한 전기통신사업법이 규정하고 있는 "정당한 사유"에 해당하는지에 대한 판단기준에 다소 명확하지 않은 점이 있는 것이 사실이다. 일단 관련 법령을 준수한 정보는 전송되어야 하는 것이 원칙이기 때문이다.

그래서 제50조의4 제1항은 합법적인 영리목적 광고성 정보 전송행위라 하더라도 1) 광고성 정보의 전송 또는 수신으로 역무의 제공에 장애가 일어나거나 일어날 우려가 있는 경우(제1호)와 2) 이용자가 광고성 정보의 수신을 원하지 아니하는 경우(제2호)[33]에는 그 전송을 거부하는 조치를 할 수 있도록 규정함으로써 역무 제공을 거부하기 위한 "정당한 사유"의 내용을 구체화하고 있다.

광고성 정보의 전송 또는 수신으로 역무의 제공에 장애가 일어날 우려가

---

33 삭제된 제3호는 "이용계약을 통하여 해당 정보통신서비스 제공자가 이용자에게 제공하는 서비스가 불법 광고성 정보 전송에 이용되고 있는 경우"를 내용으로 하였다. 그러나 제50조의4 제4항을 신설하여 불법 스팸의 전송을 차단하기 위한 조치를 강구하도록 함으로써, 불법 스팸 차단은 이제 정보통신서비스 제공자의 권한이 아니라 강제적 의무가 되었다.

있는지 여부는 객관적 사실에 기반하여 확인되어야 하며, 단순한 주관적 우려는 여기에 해당하지 않는다. 수신자가 광고성 정보의 수신을 거부한 경우에는 전송된 정보를 단순히 필터링하여 수신자에게 보이지 않는 것이 아니라, 불필요한 정보의 전송 자체를 거부할 수 있다.

2 ▌이용계약의 내용에 포함(제50조의4 제2항)

정보통신서비스 제공자가 광고성 정보의 전송 거부조치를 하기 위해서는 그 관련 사항을 역무의 이용자와 체결하는 정보통신서비스 이용계약의 내용에 포함하여야 한다. 이용계약의 내용은 일반적으로 "약관"의 형식으로 구성되며, 따라서 정보통신서비스 제공자는 관련 내용을 이용약관에 포함하고 이용자로부터 약관에 대한 포괄적인 동의를 받아야 한다. 이를 통하여 전송 거부조치와 관련한 정보통신서비스 제공자의 계약법적 책임이 면제된다. 본조 제4항이 금지하는 불법 스팸의 전송 거부조치의 경우도 역시 이용계약에 그 내용이 명시되어야 한다.

3 ▌사전 통지 원칙(제50조의4 제3항)

정보통신서비스 제공자는 광고성 정보의 전송 거부조치를 함에 있어 그 사실을 이용자 등 이해관계인에게 사전에 통지하여야 한다. 다만 사전 통지가 곤란한 경우 사후에 지체 없이 통지하여야 한다. 본항의 "지체 없이"는 "전송 거부조치를 실시 한 후 합리적인 범위 내에서 가능한 한 가장 빨리"로 해석된다. 다만 정보통신망법상에 본항의 의무를 강제하기 위한 별도의 조치는 없으며, 정보통신서비스 제공자는 통지의무 불이행에 대한 일반적인 (민형사상의) 법적 책임이 발생하는 경우 그 책임을 질 뿐이다.

4 ▪ 불법 스팸 차단 조치 의무(제50조의4 제4항)

정보통신서비스 제공자는 이용자에게 제공하는 서비스가 제50조 또는 제50조의8을 위반하여 불법적으로 영리목적 광고성 정보 전송에 이용되는 경우 해당 역무의 제공을 거부하거나 정보통신망이나 서비스의 취약점을 개선하기 위하여 필요한 조치를 하여야 한다. 정보통신서비스 제공자는 영리를 목적으로 정보의 제공을 매개하는 자(제2조 제1항 제3호 참조)는 광고성 정보를 전송함으로써 이익을 창출하는 사업자이기 때문이다. 따라서 불법 스팸을 통하여 발생하는 사회경제적 피해를 예방할 의무가 있다.

따라서 정보통신서비스 제공자에게는, 불법 스팸을 직접 발송한 발송자가 아님에도 불구하고, 제50조의4 제4항을 위반하여 불법 스팸의 전송을 거부하지 않거나 정보통신망이나 서비스의 취약점을 개선하는 등의 필요한 조치를 하지 않을 경우 제76조 제3항 제12호의3에 의하여 1천만 원 이하의 과태료가 부과된다. 과태료 부과기준에 따라 1회 위반한 경우에는 300만 원, 2회는 600만 원, 3회 이상 위반한 경우에는 1,000만 원의 과태료가 부과된다.

제50조의4 제4항은 불법 스팸을 방지하기 위하여 필요한 조치로 해당 역무의 제공 거부와 정보통신망이나 서비스의 취약점 개선을 예시적으로 열거하고 있다. 불법 스팸을 방지하기 위하여 필요한 조치는 이외에도 불법 스팸에 대응하기 위하여 적절한 것으로 판단되는 모든 조치를 의미한다. 한국인터넷진흥원은 "정보통신망법 제50조의4 필요한 조치에 대한 안내서(2015.8)"를 통하여 필요한 조치의 내용을 상세하게 제시하고 있다. 안내서가 제시하고 있는 조치의 내용을 요약한 표([별표1] 필요한 조치 정리 표)를 인용하면 다음과 같다.

━ 표 4-9. 필요한 조치

구분	내용(필요한 조치)
역무제공 거부	제공하는 서비스를 통해 스팸을 전송 하는 경우 서비스 이용정지 또는 계약해지
정보통신망 취약점	1) 번호 변작과 관련한 의무사항 이행 및 필요한 시스템 구축을 하지 않은 경우 2) 기간통신사업자가 제공하는 정보통신망을 통해 웹팩스 사업자가 웹팩스 전송

구분	내용(필요한 조치)
	및 부가역무를 제공하고자 할 때 원발신번호가 표기되지 않는 경우 3) 모니터링 및 침해 방지를 위한 기술적 조치
서비스 취약점	1) 본인확인을 소홀히 하여 다른 명의자에게 서비스를 제공하는 경우 2) 이동통신서비스를 제공하는 전기통신사업자가 KAIT에서 운영하는 부정가입 방지시스템 등을 통하여 본인 여부를 확인하지 않고 계약을 체결하는 경우 3) 불법 스팸 방지를 위한 서비스 이용약관 개선사항을 반영하지 않는 경우 4) 다른 정보통신서비스제공자와 상호접속 협정 또는 망 연동 계약을 체결하는 경우 등록된 사업자인지 확인을 하지 않는 경우 5) 불법 스팸이 전송되는 사실 확인 및 외부 감독기관의 불법스팸 전송 사실에 대한 통보에도 불구하고 차단조치를 하지 않는 경우 6) 이메일 스팸 발송 시도에 대한 전송 차단을 하지 않는 경우 7) 서비스 이용 고객에 대한 신원을 명확하게 관리하지 않는 경우 8) 부정 사용자(대리점/판매점)에 대한 관리를 소홀히 하는 경우
그 외 필요한 조치	1) 타법에서 요구하는 스팸 관련 조치를 하지 않는 경우 2) 불법 스팸 방지를 위해 객관적인 노력을 하지 않는 경우 3) 사업자간 자율 규제 조치를 하지 않는 경우

제20절 　영리목적의 광고성 프로그램 등의 설치

제50조의5(영리목적의 광고성 프로그램 등의 설치) 정보통신서비스 제공자는 영리목적의 광고성 정보가 보이도록 하거나 개인정보를 수집하는 프로그램을 이용자의 컴퓨터나 그 밖에 대통령령으로 정하는 정보처리장치에 설치하려면 이용자의 동의를 받아야 한다. 이 경우 해당 프로그램의 용도와 삭제방법을 고지하여야 한다.

시행령

제63조(영리목적의 광고성 프로그램 등의 설치 제한 장치) 법 제50조의5 전단에서 "대통령령으로 정하는 정보처리장치"란 휴대인터넷·휴대전화 등과 같이 정보통신망에 연결되어 정보를 송수신 할 수 있는 정보처리장치를 말한다.

─── Ⅰ. 서 론

1　의의 및 기본취지

　　정보통신망법 제50조의5는 이용자의 컴퓨터 등에 영리목적 광고성 프로그램을 설치하려는 자는 용도와 삭제방법을 고지하고 이용자의 동의를 받도록 하고 있다. 본조는 이른바 애드웨어(Adware) 등 정보기술의 발전으로 다양화하고 있는 정보통신망을 이용한 영리목적의 광고성 정보의 전송 방식에 폭넓게 대응하기 위한 규정이다.

2　기본구조

　　정보통신망법 제50조의5는 영리목적의 광고성 프로그램 등의 설치와 관련한 동의절차를 규정하고 있으며, 시행령 제63조에서 본조 적용의 대상이 되는 정보처리장치의 개념을 예시적으로 설명한다.

── II. 주요내용

1 영리목적의 광고성 프로그램 등의 개념

정보통신망법 제50조의5는 영리목적의 광고성 프로그램을 영리목적의 광고성 정보가 보이도록 하는 프로그램과 개인정보를 수집하는 프로그램 두 가지로 나누어서 열거하고 있다. 본조는 컴퓨터 프로그램 등을 무료로 배포하고 그 프로그램 등의 이용자에게 다양한 방법으로 광고성 정보를 전송하는 것을 통하여 수익을 얻는 프로그램인 이른바 "애드웨어" 등을 규율하기 위한 것이다.

애드웨어는 광고의 성과를 높이기 위하여 이용자의 개인정보를 수집하기도 한다. 이는 광고의 수신자에 관한 다양한 정보를 수집하여 분석함으로써, 광고하고자 하는 재화나 용역의 특성에 맞춰 이를 구매할 가능성이 높은 사람에게만 광고를 선택적으로 발송하기 위함이다. 다만 제50조의5는 영리목적의 광고성 프로그램을 영리목적의 광고성 정보가 보이도록 하"거나", 개인정보를 수집하는 프로그램으로 구분하여 열거함으로써, 본조가 적용되는 프로그램의 개인정보의 수집 이유는 광고목적으로 제한되지 않는다.

2 설치 대상 정보처리장치

제50조의5는 프로그램 등의 설치 대상 정보처리장치를 이용자의 컴퓨터로 예시하면서 그 상세한 내용을 대통령령을 통하여 정하도록 하고 있다. 시행령 제63조는 광고성 프로그램의 설치 제한 장치로 "휴대인터넷"과 "휴대전화"를

예시하고 있으며, 이외에도 정보통신망에 연결되어 정보를 송수신할 수 있는 모든 정보처리장치가 여기에 해당한다고 규정하고 있다. 일반적으로 개인용 컴퓨터 이외에는 스마트폰이나 태블릿 컴퓨터 등이 본조가 말하는 정보처리장치가 될 것이다.

3 동의 절차

이용자의 정보처리장치에 영리목적의 광고성 프로그램을 설치하려면, 정보통신서비스 제공자는 해당 프로그램의 용도와 삭제방법을 고지하고 이용자로부터 설치에 대한 동의를 받아야 한다. 고지는 이용자가 영리목적의 광고성 프로그램이 설치된다는 사실을 정확하게 이해할 수 있을 정도로 명시적이어야 하며, 따라서 단순히 정보처리장치의 운영체계(예컨대 윈도우 또는 안드로이드)가 자동으로 띄우는 일반적인 프로그램 설치 동의절차는 여기에 해당하는 것으로 볼 수 없다.

4 과태료

제50조의5를 위반하여 이용자의 동의를 받지 아니하고 영리목적의 광고성 프로그램 등을 이용자의 컴퓨터에 설치한 정보통신서비스 제공자에게는 제76조 제1항 제10호에 의하여 3천만 원 이하의 과태료가 부과된다. 과태료 부과기준에 따라 1회 위반한 경우에는 750만 원, 2회는 1,500만 원, 3회 이상 위반한 경우에는 3,000만 원의 과태료가 부과된다.

제21절 영리목적의 광고성 정보 전송차단 소프트웨어의 보급 등

제50조의6(영리목적의 광고성 정보 전송차단 소프트웨어의 보급 등) ① 방송통신위원회는 수신자가 제50조를 위반하여 전송되는 영리목적의 광고성 정보를 편리하게 차단하거나 신고할 수 있는 소프트웨어나 컴퓨터프로그램을 개발하여 보급할 수 있다.

② 방송통신위원회는 제1항에 따른 전송차단, 신고 소프트웨어 또는 컴퓨터프로그램의 개발과 보급을 촉진하기 위하여 관련 공공기관·법인·단체 등에 필요한 지원을 할 수 있다.

③ 방송통신위원회는 정보통신서비스 제공자의 전기통신역무가 제50조를 위반하여 발송되는 영리목적의 광고성 정보 전송에 이용되면 수신자 보호를 위하여 기술개발·교육·홍보 등 필요한 조치를 할 것을 정보통신서비스 제공자에게 권고할 수 있다.

④ 제1항에 따른 개발·보급의 방법과 제2항에 따른 지원에 필요한 사항은 대통령령으로 정한다.

시행령

제64조(영리목적의 광고성 정보전송차단 소프트웨어 등 개발 지원) ① 방송통신위원회는 법 제50조의6에 따라 법 제50조를 위반하여 전송되는 영리목적의 광고성 정보를 편리하게 차단하거나 신고할 수 있는 소프트웨어나 컴퓨터프로그램(이하 "광고차단·신고 소프트웨어"이라 한다)을 개발·보급하는 공공기관·법인·단체 등에 대하여 예산의 범위에서 해당 사업비의 전부 또는 일부를 지원할 수 있다.

② 방송통신위원회는 정보통신서비스 제공자등 및 이용자에게 제1항에 따라 개발된 광고차단·신고 소프트웨어등을 사용하도록 권고할 수 있다.

━━ I. 서 론

1▰ 의의 및 기본취지

정보통신망법 제50조의6은 영리목적의 광고성 정보를 편리하게 차단할 수 있는 정보통신망 환경을 구축하여 이용자의 편익을 증진하기 위한 규정이다. 방송통신위원회는 정보통신망법 제50조의6에 의거하여 영리목적의 광고성 정보를 편리하게 차단하거나 신고할 수 있는 프로그램을 개발 보급할 수 있으며, 불법 스팸 방지를 위하여 필요한 조치를 할 것을 정보통신서비스 제공자에게 권고할 수 있다.

2▰ 기본구조

정보통신망법 제50조의6 제1항과 제2항은 방송통신위원회의 광고성 정보 차단 및 신고 프로그램 보급 및 지원에 관하여, 제3항은 방송통신위원회의 불법 스팸 방지 조치 권고 권한에 관하여 규정한다. 제4항은 광고성 정보 차단 및 신고 프로그램의 보급 및 지원에 관한 사항을 대통령령에 규정하도록 위임하고 있다.

━━ II. 주요내용

1▰ 영리목적의 광고성 정보차단 및 신고 프로그램 개발·보급(제50조의6 제1항)

영리목적의 광고성 정보를 편리하게 차단하거나 신고할 수 있는 소프트웨어나 컴퓨터프로그램을 개발하여 보급하는 것은 방송통신위원회의 권한이자 책무이다. 해당 업무는 실제 한국인터넷진흥원 불법스팸대응센터가 담당하고 있다.

한국인터넷진흥원 불법스팸대응센터는 불법스팸에 대한 신고를 신속하고 간편하게 할 수 있도록 도와주는 신고프로그램 "Spamcop"을 자체 개발하여 홈페이지를 통해 보급하고 있다. 또한 일반적으로 이용되는 게시판 어플리케이션의 유형을 구분하여 각각의 게시판 유형에 맞는 게시글 스팸 차단 프로그램을 개발하였으며 이 또한 홈페이지를 통해 보급하고 있다. 이외에도 기타 게시판 어플리케이션에 적용할 수 있도록 불법 스팸 차단을 위한 오픈 API와 개발자 매뉴얼을 제공한다.

2 ■ 전송차단 및 신고 프로그램 개발·보급의 지원(제50조의6 제2항)

방송통신위원회는 또한 영리목적의 광고성 정보를 편리하게 차단하거나 신고할 수 있는 프로그램의 개발과 보급을 촉진하기 위하여 관련 공공기관·법인·단체 등에 필요한 지원을 할 수 있다. 시행령 제64조 제1항은 이와 관련하여 방송통신위원회가 예산의 범위에서 차단 및 신고 프로그램의 개발 및 보급을 위한 사업비의 전부 또는 일부를 지원할 수 있도록 하고 있다. 또한 방송통신위원회는 시행령 제64조 제2항에 따라 광고차단·신고 소프트웨어를 사용할 것을 이용자에게 권고할 수 있다.

3 ■ 필요한 조치의 권고(제50조의6 제3항)

방송통신위원회는 정보통신서비스 제공자의 전기통신역무가 불법 스팸 전송에 이용되는 경우 수신자 보호를 위하여 기술개발·교육·홍보 등 필요한 조치를 할 것을 정보통신서비스 제공자에게 권고할 수 있다. 본항의 권고를 이행하지 않을 경우 대하여는 별도의 제재수단이 마련되어있지 않다. 따라서 훈시

규정으로 해석된다.

4 대통령령(제50조의6 제4항)

제50조의6 제4항은 영리목적의 광고성 정보 전송차단 및 신고 프로그램의 개발·보급·지원에 필요한 사항을 대통령령으로 정하도록 위임하고 있다. 상술한 바와 같이 시행령은 단지 차단 및 신고 프로그램 개발의 사업비 지원과 이용자에 대한 사용 권고에 대하여만 규정하고 있을 뿐이다. 보완이 요청된다.

제22절 영리목적의 광고성 정보 게시의 제한

제50조의7(영리목적의 광고성 정보 게시의 제한) ① 누구든지 영리목적의 광고성 정보를 인터넷 홈페이지에 게시하려면 인터넷 홈페이지 운영자 또는 관리자의 사전 동의를 받아야 한다. 다만, 별도의 권한 없이 누구든지 쉽게 접근하여 글을 게시할 수 있는 게시판의 경우에는 사전 동의를 받지 아니한다.
② 영리목적의 광고성 정보를 게시하려는 자는 제1항에도 불구하고 인터넷 홈페이지 운영자 또는 관리자가 명시적으로 게시 거부의사를 표시하거나 사전 동의를 철회한 경우에는 영리목적의 광고성 정보를 게시하여서는 아니 된다.
③ 인터넷 홈페이지 운영자 또는 관리자는 제1항 또는 제2항을 위반하여 게시된 영리목적의 광고성 정보를 삭제하는 등의 조치를 할 수 있다.

⎯⎯ Ⅰ. 서 론

1 의의 및 기본취지

　　정보통신망법 제50조의7은 인터넷 홈페이지에 영리목적의 광고성 정보를 게시하는 자의 의무와 그에 대응하는 인터넷 홈페이지 운영자 또는 관리자의 권리와 의무를 규정하고 있다. 인터넷 커뮤니티가 활성화됨에 따라 관심분야가 겹치는 사람들이 인터넷 홈페이지에 게시판을 만들어 정보를 교환하는 경우가 많아지고 있으며, 동시에 게시판을 통하여 광고성 정보를 전파하려는 경우도 늘어나고 있다. 제50조의7은 이러한 경우에 지켜야 할 기준을 제시한다.

　　정보통신망법 제50조의7 제1항 또는 제2항을 위반하여 인터넷 홈페이지에 영리목적의 광고성 정보를 게시한 자에게는 제76조 제1항 제11호에 따라 3천만 원 이하의 과태료를 부과한다. 과태료 부과기준에 따라 1회 위반한 경우에는 750만 원, 2회는 1,500만 원, 3회 이상 위반한 경우에는 3,000만 원의 과태료를 부과한다.

2 기본구조

정보통신망법 제50조의7은 제1항에서 인터넷 홈페이지 운영자 또는 관리자에 대한 영리목적의 광고성 정보게시자의 사전 동의제(Opt-In)를 원칙적으로 규정하면서, 예외적으로 별도의 권한 없이 쉽게 접근하여 글을 게시할 수 있는 게시판의 경우에는 사전 동의 의무를 요하지 않는다. 제2항에서는 영리목적의 광고성 정보게시자의 사전 동의에 대하여 인터넷 홈페이지 운영자 또는 관리자가 명시적으로 게시 거부의사를 표시하거나 사전 동의를 철회한 경우에는 정보 게시를 금지하고 있다. 이상의 규정에도 불구하고 게시한 경우에는 제3항에 따라 인터넷 홈페이지 운영자 또는 관리자가 삭제할 수 있다.

── Ⅱ. 주요내용

1 영리목적의 광고성 정보게시자의 사전 동의 의무(제50조의7 제1항)

(1) 의의

정보통신망법 제50조의7 제1항 제1문은 사전 동의 의무의 원칙 규정으로, 인터넷 홈페이지에 영리목적의 광고성 정보를 게시하려는 자는 정보 게시 전에 인터넷 홈페이지 운영자 또는 관리자에게 정보 게시에 대한 동의를 받도록 규정하고 있다. 인터넷 게시판, 인터넷 카페, 블로그 등 형식과 유형을 막론하고 인터넷상에 광고성 정보를 게시할 수 있는 모든 곳을 말한다.

그러나 제2문에서 예외적으로 별도의 권한 없이 누구든지 쉽게 접근하여 글을 게시할 수 있는 인터넷 홈페이지상 게시판의 경우에는 사전에 인터넷 홈페이지 운영자 또는 관리자의 동의를 받지 않아도 된다고 규정하고 있다. 다만 로그인한 사람에게만 게시글 작성 권한을 부여하는 게시판은 게시물을 작성하기 위하여 별도의 권한이 필요한 게시판이므로 광고성 정보를 게시하기 위해서는 운영자 또는 관리자의 사전 동의를 받아야 한다.

(2) '영리목적'의 의미

　　정보통신망법 제50조의7에서 규정하는 '영리목적'은 일반적인 의미에서 경제적 이득을 취할 목적이라고 할 수 있다. 상행위를 규율하고 있는 상법의 일반론에서 살펴보면, 판례(대법원 1994. 4. 29. 선고 93다54842 판결, 대법원 1998. 7. 10. 선고 98다10793 판결)는 영리를 목적으로 동종의 행위를 계속 반복적으로 하는 행위를 '영업'이라고 하면서, 영리목적 또는 영리성을 영업개념의 필수불가결한 요소로 살핀다.

　　다만 이러한 영리목적은 실제에 있어서의 이익의 발생유무, 이익의 사용목적 등을 불문한다. 즉 영리목적에 대하여 통설은 이익추구(획득)의도를 의미하는 것이므로 지출보다 더 많은 수익을 올리려는 의도가 존재하는 것을 의미하고, 이때에 이익추구의도만 존재하면 되므로 실제로 이익이 발생하였는지의 여부는 불문한다. 그리고 영리목적은 유일한 목적일 필요는 없으므로 공익적, 정치적, 종교적 목적 등 다른 목적이 병존하여도 상관없다. 또한 영리목적은 개개의 행위에 관하여 존재할 필요는 없으므로 반복적, 계속적 행위의 전체에 관하여 존재하면 충분한 것으로 이해하고 있다.

　　한편, 독일의 판례(RGZ 37, 294, RGZ 38, 18)에 따르면 영리목적은 지출한 비용을 초과하는 잉여이익을 얻는 것을 의미한다. 따라서 단지 수지적합 또는 비용충족만을 목적으로 하는 것은 영리목적이 없는 것으로 본다.

　　이에 반하여 영리목적의 의미를 통설과는 달리 광의로 해석하는 소수설도 있다. 즉 영리목적이란 널리 수지적합 또는 비용충족을 목적으로 하여 부정량의 수입을 내는 것을 의미하는 것이지 수입과 지출과의 차액인 잉여이익을 목표로 하는 것은 아니라고 한다.

　　정보통신망법 제50조의7상 영리목적은 경제적 이익 또는 재산상의 이익을 얻기 위한 행위를 의미하고, 민법 규정에서 영리법인과 비영리법인을 구별할 때의 기준 및 회사법에서 영리목적의 의미를 구별하는 기준인 이익을 구성원(사원)에게 분배하는지 여부는 영리에 해당하지 않는 것으로 판단된다.

비영리법인이 게시하는 정보는 정보의 성격을 판단하여 법인에게 수익을 가져다주는 경우 및 물품 판매를 독려하는 등의 안내 정보는 영리목적의 광고성 정보에 해당한다. 따라서 수익을 얻기 위한 홍보목적이 있는 비영리법인의 경우에는 영리목적의 광고성 정보에 해당하기 때문에 정보통신망법을 준수하여야 한다.

(3) '광고성 정보'의 의미

정보통신망법에서 '광고' 및 '광고성 정보'에 관한 정의규정을 별도로 두고 있지는 않다. 다른 법률 및 판례에서 '광고'의 법적 정의를 살펴보면 다음과 같다.

___ 표 4-10. 광고의 법적 정의

법률 및 판례	개념정의
표시·광고의 공정화에 관한 법률	"광고"란 사업자등이 상품등에 관한 제1호 각 목의 어느 하나에 해당하는 사항을 「신문 등의 진흥에 관한 법률」 제2조 제1호 및 제2호에 따른 신문·인터넷신문, 「잡지 등 정기간행물의 진흥에 관한 법률」 제2조 제1호에 따른 정기간행물, 「방송법」 제2조 제1호에 따른 방송, 「전기통신기본법」 제2조 제1호에 따른 전기통신, 그 밖에 대통령령으로 정하는 방법으로 소비자에게 널리 알리거나 제시하는 것을 말한다(제2조 제2호, 시행 2018.12.13.).
옥외광고물 등 관리법	"옥외광고물"이란 공중에게 항상 또는 일정 기간 계속 노출되어 공중이 자유로이 통행하는 장소에서 볼 수 있는 것(대통령령으로 정하는 교통시설 또는 교통수단에 표시되는 것을 포함한다)으로서 간판·디지털광고물(디지털 디스플레이를 이용하여 정보·광고를 제공하는 것으로서 대통령령으로 정하는 것을 말한다)·입간판·현수막(懸垂幕)·벽보·전단(傳單)과 그 밖에 이와 유사한 것을 말한다(제2조 제1호, 시행 2017.7.26.).
헌법재판소 판례	"광고"도 사상·지식·정보 등을 불특정다수인에게 전파하는 것으로서 언론·출판의 자유에 의한 보호를 받는 대상이다(헌재 1998. 2. 27. 96헌바2; 헌재 2002. 12. 18. 2000헌마764; 헌재 2005. 10. 27. 2003헌가3; 헌재 2008. 6. 26. 2005헌마506).

또한 2009년 진성호 의원 외 12인의 발의한 정보통신망법 일부개정안 (2009.2.10. 발의, 의안번호 3750)에서 '온라인 광고'라는 용어를 사용하였다. 동법 개정안 제2조에 따르면 "온라인 광고"란 사업자가 자기 또는 다른 사업자에 관한 사항이나 자기 또는 다른 사업자가 공급하는 상품·서비스에 관한 사항을 정보통신망을 통하여 이용자에게 널리 알리거나 제시하는 것을 말한다. 이에 따라 광고성 정보의 개념을 유추해 볼 수도 있다.

정보통신망법은 제50조 이하 규정(제50조~제50조의7)에서 '영리목적의 광고성 정보'라는 용어를 사용하고 있다. 즉 '영리목적의 광고성 정보', '광고성 정보'를 판단할 명확한 판단기준이 없어 전자적 전송매체 및 정보통신망을 통해 전송, 게시되는 거의 대부분의 정보를 이들 개념이 지시하고 있는 범주에 포함시켜도 무방하다. 영리목적으로 게시하는 게시자에 관한 정보, 게시자가 제공할 재화나 서비스에 관한 정보를 의미한다.

실제에서 영리목적의 영업을 하는 개인이나 법인, 기타 단체가 게시하는 휴무일 안내 정보, 비영리 목적의 정보를 게시하면서 부분적으로 광고성 정보를 포함하는 경우도 전체를 광고성 정보로 보고 있다. 광고성 정보 게시는 인터넷 홈페이지에 서비스를 이용하는 불특정 다수가 볼 수 있도록 광고성 정보를 게시하는 것을 의미한다. 이러한 게시판에 광고성 정보를 게시하기 위해서는 인터넷 홈페이지 운영자 또는 관리자의 사전 동의를 받아야 한다.

실무에 있어서 이메일, SNS 등 광고성 정보의 전송 시 사전 동의 여부와는 무관하게 제목이 시작되는 부분에 "(광고)"표시를 하여야 한다. (광고)를 표시할 때에 (광/고), (광 고), ("광고"), (대출광고) 등 빈칸, 부호, 기타 문자 등을 넣어 변칙적으로 표기하면 안 된다. 이와 동일하게 게시판에 광고성 정보를 게시할 때에도 게시물 제목이 시작되는 부분에 "(광고)"표시를 하여야 한다.

(4) 인터넷 홈페이지 운영자 또는 관리자의 접근 권한의 설정 및 설명 책무

정보통신망법 제50조의7 제1항 제2문에서 사전 동의 의무에 대한 예외 규정을 마련하고 있다. '별도의 권한 없이' 쉽게 글을 게시할 수 있는 게시판의 경우에는 사전 동의를 요하지 않으므로, 인터넷 홈페이지 운영자 또는 관리자는 영리목적의 광고성 정보게시자를 위한 별도의 인증과정, 예를 들어 로그인 절차, 게시판 글쓰기 및 삭제 권한 부여, 인증번호 등을 기술적으로 설정할 필요가 있다.

다만 인터넷 홈페이지 운영자 또는 관리자가 기술적 설정 없이 광고성 정보 게시판을 마련해 둔 경우에는 해당 게시판은 인터넷 홈페이지 운영자 또는 관리자가 사전에 영리목적의 광고성 정보를 게시할 수 있도록 미리 동의한 것으로 볼 수 있다. 정보통신망법에서 인터넷 홈페이지 운영자 또는 관리자에게 영리목적의 광고성 정보가 게시되지 않도록 관리할 의무는 부과하고 있지 않기 때문에 그냥 두더라도 법적인 불이익은 없다 할 것이다.

이에 앞서 인터넷 홈페이지 운영자 또는 관리자는 정보 게시를 위한 일련의 절차 및 권한에 대하여 인터넷 홈페이지 상에 미리 설명하거나 서면, 전화, 이메일 등 그와 유사한 통신수단의 방법으로 정보게시자에게 설명할 것이 요청된다. 이용 약관에 해당 내용이 포함된 경우에는 광고성 정보 게시에 대한 사전 동의가 포함되어 있음을 표기하여 안내하거나, 광고성 정보 게시 사전 동의 창을 별도로 두어야 한다.

'인터넷 홈페이지'는 일반적인 개인 및 단체의 '홈페이지'뿐만 아니라 포털사이트 카페, 블로그, 페이스북, 카카오스토리 등 광고성 정보를 게시할 수 있는 게시판 형식의 모든 온라인 창을 의미한다.

2 영리목적의 광고성 정보게시자의 정보 게시 금지의무(제50조의7 제2항)

(1) 의의

정보통신망법 제50조의7 제2항은 영리목적의 광고성 정보게시자의 정보

게시 금지의무를 규정하여 정보 게시에 대한 제한 사항을 규정하고 있다. 정보를 게시하려는 자가 인터넷 홈페이지 운영자 또는 관리자에게 영리목적의 광고성 정보 게시에 대한 사전 동의를 구하였으나, 인터넷 홈페이지 운영자 또는 관리자가 명시적으로 해당 정보의 게시를 거부하는 의사를 표시하거나, 사전 동의를 하였지만 그 이후에 동의에 대한 의사표시를 철회한 경우에는 정보 게시를 금지하는 것이다.

(2) 정보 게시 거부 및 사전 동의 철회

인터넷 홈페이지 운영자 또는 관리자는 영리목적의 광고성 정보의 게시를 거부하거나, 사전 동의 이후에도 사전 동의에 대한 자신의 의사표시를 철회할 수 있다. 다만 인터넷 홈페이지 운영자 또는 관리자는 '명시적으로' 의사표시를 하여야 하므로, 정보게시자의 측면에서 정보 게시를 거부당하였다는 것 내지 인터넷 홈페이지 운영자 또는 관리자가 사전 동의를 철회하였다는 것을 명확하게 인식한 상태여야 한다.

인터넷 홈페이지 운영자 또는 관리자가 광고성 정보 게시에 대해 그 범위를 정하지 않고 거부를 하는 경우에는 전체에 대한 광고성 정보 게시가 금지되는 것으로 본다. 정보 게시 거부에 대한 의사표시의 효력발생시기는 정보통신망법에서 별도로 정하고 있지 않기 때문에 민법 일반 조항에 따라 의사표시가 도달한 시점부터 발생한다. 따라서 의사표시가 도달한 이후부터는 광고성 정보를 게시하면 법률 위반이 된다.

인터넷 홈페이지 운영자 또는 관리자의 사전 동의를 받아 광고성 정보를 게시하였으나, 정보 게시 이후 인터넷 홈페이지 운영자 또는 관리자가 사전 동의를 철회한 경우에는, 철회통지의무가 아닌 '명시적으로'라는 의미상 책무로서 철회에 대한 처리 결과를 알려야 할 것이다. 철회의 의사표시는 정보게시자가 명시적으로 인식할 수 있다면 방법의 제한은 없다. 정보게시자는 그 철회의 통지를 받은 날로부터 14일 이내에 게시글을 삭제하여야 할 것이며, 이후의 새로운 광고성 정보 게시는 금지된다.

인터넷 홈페이지 운영자 또는 관리자가 제50조의7 제1항 또는 제2항의 의미가 포한된 문구, 예를 들어 "누구든지 영리목적의 광고성 정보를 본 게시판에 게시할 수 없습니다" 등의 내용을 해당 게시판 상단이나 메인화면 등 정보를 게시하려는 자가 잘 보이는 곳에 일괄 게시하면, 정보게시자에게 개별적으로 알릴 필요는 없다. "광고글이나 남에게 피해가 되는 글들은 예고 없이 삭제됨을 알려드립니다"와 같은 문구도 거부의 대상이 특정되어 있으며, 거부의 의사표현이 표시되어 있기 때문에 명시적으로 광고성 정보에 대한 게시를 거부한 것이라 할 수 있다.

3 ▰ 인터넷 홈페이지 운영자 또는 관리자의 정보 삭제 권한(제50조의7 제3항)

정보통신망법 제50조의7 제3항은 영리목적의 광고성 정보게시자의 정보게시글을 인터넷 홈페이지 운영자 또는 관리자가 삭제하는 조치 등을 할 수 있는 권한을 부여하고 있다. 광고성 정보 게시물의 삭제와 관련하여 통지나 공지 등의 절차는 필요 없다.

영리목적의 광고성 정보 게시에 대한 인터넷 홈페이지 운영자 또는 관리자의 사전 동의를 받지 않은 게시글 및 해당 정보의 게시를 거부당한 게시글, 사전 동의를 받았지만 그 이후에 동의에 대한 의사표시를 철회한 게시글을 삭제할 수 있게 하여 인터넷 홈페이지 운영자 또는 관리자의 이익을 보호하고 있는 것이다.

제23절 **불법행위를 위한 광고성 정보 전송금지**

제50조의8(불법행위를 위한 광고성 정보 전송금지) 누구든지 정보통신망을 이용하여 이 법 또는 다른 법률에서 금지하는 재화 또는 서비스에 대한 광고성 정보를 전송하여서는 아니 된다.

Ⅰ. 서 론

1 의의 및 기본취지

정보통신망법 제50조의8은 정보통신망을 이용하여 광고성 정보를 게시하는 자는 그 목적이 불법행위인 경우에는 정보 전송을 금지하는 규정이다.

정보통신망법 제50조의8을 위반하여 광고성 정보를 전송한 자는 제74조 제1항 제6호에 따라 1년 이하의 징역 또는 1천만 원 이하의 벌금이 가해진다.

2 기본구조

정보통신망법뿐만 아니라 다른 법률에서 금지하는 재화 또는 서비스에 대한 광고성 정보 전송 금지의무에 대한 내용으로, 정보통신망법 제50조 이하에서 규정하고 있는 광고성 정보의 전송 또는 게시에 대한 최종적인 규정으로 하나의 조문으로 규정되어 있다.

—— Ⅱ. 주요내용

1 의의

　　정보통신망법 제50조의8은 정보통신망을 이용하여 광고성 정보를 게시하는 자는 정보통신망법뿐만 아니라 다른 법률에서 금지하는 재화 또는 서비스에 대한 광고성 정보를 전송하는 것을 금지하고 있다. 본 조항에서 금지하는 것은 재화 또는 서비스의 유통이나 처리 등에 대한 일정한 행위를 금지하는 것이 아니라, 모든 법률에서 금지하는 재화 또는 서비스에 대한 포괄적인 광고를 전자적 전송매체로 전송하는 것을 금지하는 것이다.

2 전송이 금지되는 광고성 정보

　　불법행위는 일반적으로 타인에게 손해를 주는 위법한 행위를 말한다. 법률질서를 깨뜨리는 행위로서 법률의 근본 목적 및 그 본질상 허용할 수 없는 것으로 평가되는 행위이므로 정보통신망법뿐만 아니라 다른 모든 법률에서 금지하고 있는 내용들을 위반하는 광고성 정보는 전송해서는 안 된다.

　　정보통신망법의 자체적인 금지규정으로 예를 들어 정보통신망법 제42조의2는 청소년유해매체물의 광고를 금지하고 있다. 즉 "누구든지 청소년 보호법 제2조 제2호 마목에 따른 매체물로서 같은 법 제2조 제3호에 따른 청소년유해매체물을 광고하는 내용의 정보를 정보통신망을 이용하여 부호·문자·음성·음향·화상 또는 영상 등의 형태로 같은 법 제2조 제1호에 따른 청소년에게 전송하거나 청소년 접근을 제한하는 조치 없이 공개적으로 전시하여서는 아니 된다". 청소년에게 유해한 선정적이고 폭력적인 내용을 담고 있는 정보의 게시는 금지된다. 매체물의 대상은 「청소년 보호법」 제2조 제3호 및 제7조 제1항에서 정의하고 있으며, 영화, 비디오, 게임, 음악, 공연, 인터넷, 간행물 등이 포함된다.

　　기타 다른 법률에서 금지하고 있는 불법대출, 도박, 불법의약품 등과 관련되는 재화나 서비스에 대한 광고를 정보통신망을 통하여 전송하여서는 안 되며, 해당 광고는 수신동의 및 게시 사전 동의 여부와 관계없이 정보통신서비스제공자가 서비스 정보를 차단하거나 삭제를 할 수 있다.

다른 법률에서 광고 행위자체를 처벌하더라도 정보통신망을 이용하여 광고성 정보를 전송한 경우 별도로 본 조항이 적용될 수 있다. 소비자와 관련한 일반적인 광고 심의규제 규정으로 다음과 같은 다른 법률이 있다.

━ 표 4-11. 소비자 관련 심의규제 규정

법률	정의
소비자기본법 (시행 2019.7.1.)	**제11조(광고의 기준)** 국가는 물품등의 잘못된 소비 또는 과다한 소비로 인하여 발생할 수 있는 소비자의 생명·신체 또는 재산에 대한 위해를 방지하기 위하여 다음 각 호의 어느 하나에 해당하는 경우에는 광고의 내용 및 방법에 관한 기준을 정하여야 한다. 1. 용도·성분·성능·규격 또는 원산지 등을 광고하는 때에 허가 또는 공인된 내용만으로 광고를 제한할 필요가 있거나 특정내용을 소비자에게 반드시 알릴 필요가 있는 경우 2. 소비자가 오해할 우려가 있는 특정용어 또는 특정표현의 사용을 제한할 필요가 있는 경우 3. 광고의 매체 또는 시간대에 대하여 제한이 필요한 경우 **제20조(소비자의 권익증진 관련기준의 준수)** […] ③ 사업자는 제11조의 규정에 따라 국가가 정한 광고기준을 위반하여서는 아니 된다. […]
표시·광고의 공정화에 관한 법률 (시행 2018.12.13.)	**제3조(부당한 표시·광고 행위의 금지)** ① 사업자등은 소비자를 속이거나 소비자로 하여금 잘못 알게 할 우려가 있는 표시·광고 행위로서 공정한 거래질서를 해칠 우려가 있는 다음 각 호의 행위를 하거나 다른 사업자등으로 하여금 하게 하여서는 아니 된다. 1. 거짓·과장의 표시·광고 2. 기만적인 표시·광고 3. 부당하게 비교하는 표시·광고 4. 비방적인 표시·광고 ② 제1항 각 호의 행위의 구체적인 내용은 대통령령으로 정한다. **제8조(임시중지명령)** ① 공정거래위원회는 표시·광고 행위가 다음 각 호 모두에 해당하는 경우에는 사업자등에 대하여 그 표시·광고 행위를 일시 중지할 것을 명할 수 있다. 1. 표시·광고 행위가 제3조 제1항을 위반한다고 명백하게 의심되는 경우 […] **제9조(과징금)** ① 공정거래위원회는 제3조 제1항을 위반하여 표시·광고

법률	정의
	행위를 한 사업자등에 대하여는 대통령령으로 정하는 매출액(대통령령으로 정하는 사업자의 경우에는 영업수익을 말한다. 이하 같다)에 100분의 2를 곱한 금액을 초과하지 아니하는 범위에서 과징금을 부과할 수 있다. […] **제17조(벌칙)** 다음 각 호의 어느 하나에 해당하는 자는 2년 이하의 징역 또는 1억 5천만 원 이하의 벌금에 처한다. 1. 제3조 제1항을 위반하여 부당한 표시·광고 행위를 하거나 다른 사업자 등으로 하여금 하게 한 사업자등 […]

제24절 중요 정보의 국외유출 제한

제51조(중요 정보의 국외유출 제한 등) ① 정부는 국내의 산업·경제 및 과학기술 등에 관한 중요 정보가 정보통신망을 통하여 국외로 유출되는 것을 방지하기 위하여 정보통신서비스 제공자 또는 이용자에게 필요한 조치를 하도록 할 수 있다.

② 제1항에 따른 중요 정보의 범위는 다음 각 호와 같다.

1. 국가안전보장과 관련된 보안정보 및 주요 정책에 관한 정보

2. 국내에서 개발된 첨단과학 기술 또는 기기의 내용에 관한 정보

③ 정부는 제2항 각 호에 따른 정보를 처리하는 정보통신서비스 제공자에게 다음 각 호의 조치를 하도록 할 수 있다.

1. 정보통신망의 부당한 이용을 방지할 수 있는 제도적·기술적 장치의 설정

2. 정보의 불법파괴 또는 불법조작을 방지할 수 있는 제도적·기술적 조치

3. 정보통신서비스 제공자가 처리 중 알게 된 중요 정보의 유출을 방지할 수 있는 조치

── I. 서 론

1️⃣ 의의 및 기본취지

정보통신망법 제51조는 국내의 중요 정보가 정보통신망을 통해 국외로 유출되는 것을 방지하기 위한 규정이다. 국내의 중요 정보가 유출될 경우, 국가안전의 위협과 국가경제에 미치는 영향이 크기 때문에, 중요 정보의 유출 방지를 위해 정부가 정보통신서비스 제공자 또는 이용자에게 필요한 조치를 하도록 할 수 있는 근거규정을 둔 것이다.

2 ▮ 기본구조

　　정보통신망법 제51조에서는 정부가 중요 정보의 국외 유출을 방지하기 위해 정보통신서비스 제공자 또는 이용자에게 필요한 조치를 하도록 할 수 있다. 법 제51조 제2항에서는 중요 정보의 범위를 규정하고 있다. 법 제51조 제3항에서 정부는 중요 정보를 처리하는 정보통신서비스 제공자에게 일정한 조치를 취하게 할 수 있도록 규정하고 있다.

── II. 주요내용

1 ▮ 중요 정보의 유출 방지를 위한 필요한 조치 근거(제51조 제1항)

(1) 정부의 범위

　　정보통신망법 제51조 제1항에 따르면, "정부는 국내의 산업·경제 및 과학기술 등에 관한 중요 정보가 정보통신망을 통하여 국외로 유출되는 것을 방지하기 위하여 정보통신서비스 제공자 또는 이용자에게 필요한 조치를 하도록 할 수 있다."고 규정하고 있다. 여기서 '정부'의 범위가 문제된다. 일반적으로 과학기술정보통신부장관이 그 주체가 됨은 이론이 없을 것이고, 실질적으로 정보통신, 정보보호, 사이버 침해대응과 관련된 업무를 담당하는 한국인터넷진흥원이 필요한 조치를 수행할 수 있을 것이다.

　　정보통신망법 제51조 제1항 규정상 '정부'에 국가정보원이 포함될 수 있는지 여부가 문제된다. 국가정보원법 제3조 제1항 제1호에 따르면, "국외 정보 및 국내 보안정보[대공(對共), 대정부전복(對政府顚覆), 방첩(防諜), 대테러 및 국제범죄조직]의 수집·작성 및 배포"로 국가정보원의 직무를 규정하고 있다. 여기서 '보안정보'를 대공(對共), 대정부전복(對政府顚覆), 방첩(防諜), 대테러 및 국제범죄조직으

로 한정하여 규정하고 있다. 따라서 "국내의 산업·경제 및 과학기술 등에 관한
중요 정보"는 국가정보원이 담당하는 직무상 정보로 보기 어렵다.

(2) "유출되는 것을 방지하기 위하여" 해석

"유출되는 것을 방지하기 위하여"란 정보통신망을 통하여 국내의 정보가
국외로 나가는 것을 방지한다는 의미이다. 네트워크 사이에 설치하여 국내 주
요 정보가 국외로 유출되는 것을 방지하는 보안기술이 필요하다. 예를 들면, 암
호 알고리즘을 사용한 인증, 방화벽, 바이러스 방지 시스템, 비밀번호 관리 등
이다.

(3) 프라이버시보호와 개인정보의 국제유통에 관한 OECD 가이드라인

1980년 9월 23일 「프라이버시보호와 개인정보의 국제유통에 관한 OECD
가이드라인」(이하 'OECD 가이드라인'이라 함)을 채택하였다. 여기서 프라이버시보
호를 위한 8원칙이 제시·권고되었다. OECD 가이드라인의 주된 목적은 국가간
정보의 자유로운 이동을 활성화하고, 개인정보처리로 인한 프라이버시 침해를
방지하기 위한 것이다.

OECD 가이드라인은 본래 개인정보의 처리에 있어 최소한도의 기준을 제
시하여 회원국들이 개인정보법제를 제정하는데 지침을 제시하려고 하였던 것이
다. OECD 가이드라인은 강제력이 약하지만, 회원국들의 개인정보보호입법의
출발점이 되었다. 따라서 개인정보보호의 대응방법에 지침적인 역할을 하고 있
으며, 각국 개인정보보호법 제정에 있어서 기준으로서 반영됨으로써 프라이버
시보호의 일반적인 원리로 받아들여지고 있다.

OECD 가이드라인에 관한 구성은 먼저 전문(前文)을 두고, 그 다음으로 '프
라이버시보호 및 개인정보의 국제유통 가이드라인에 대한 이사회의 권고안'(이
하 'OECD 이사회 권고'라 함)을 두어 각 회원국에 개인정보보호와 관련한 일정한
사항의 권고를 하고 있다. 부록으로 '프라이버시보호 및 개인정보의 국제유통을

관할하는 가이드라인'(이하 'OECD 프라이버시 가이드라인'이라 함)을 두고 있다.

OECD 프라이버시 가이드라인의 주요 내용을 살펴보면 다음과 같다. 먼저 제1조에서 일반적 정의 규정을 두고 있다. a) '정보관리자'란 국내법에 의하여 개인정보의 수집·저장·처리 또는 유포를 본인이 직접하든지 또는 대리인을 통하여 간접적으로 하든지를 불문하고, 개인정보의 내용 및 이용에 관하여 결정권을 가진 자를 말한다. b) '개인정보'란 식별되거나 식별될 수 있는 정보주체에 관한 모든 정보를 말한다. c) '개인정보의 국제유통'이란 국경을 넘나드는 개인정보의 이동을 말한다. 제2조는 적용 범위에 관한 내용이다. 이 가이드라인은 개인정보의 처리형태나 정보의 성격 또는 그 이용 경위로 인하여 프라이버시 및 개인의 권리가 위협받을 수 있는 개인정보에 적용되며, 공공부문 또는 사적부문을 불문한다. 그리고 이 가이드라인은 다음의 사항을 금지하는 해석을 하여서는 아니된다(제3조). a) 개인정보의 성질 및 수집·저장·처리 또는 유포와의 관련성에 따라 다른 범주의 정보에 대하여 다른 보호조치를 적용하는 것, b) 개인의 프라이버시와 자유에 대하여 어떠한 위험성도 포함하고 있지 않음이 명백한 개인정보에 대하여 가이드라인의 적용을 제외하는 것, c) 개인정보의 자동처리에 대해서만 가이드라인을 적용하는 것이다. 그 외에도 제4조 제2항 및 제3항에 규정된 가이드라인의 제 원칙에 대한 예외에는 국가주의, 국가안전보장 및 공공질서에 관계되는 것을 포함하며, a) 가능한 한 최소한으로 인정되어야 하며, b) 일반인에게 공개되어야 한다.

OECD 프라이버시 가이드라인의 국내 적용상 기본원칙으로 프라이버시보호를 위한 8원칙이 있다. 제7조부터 제14조까지에 해당하는 8원칙은 OECD 가이드라인 중에서 가장 주목받는 부분이라 할 수 있다. 이에는 수집제한의 원칙, 정보정확성의 원칙, 목적명확성의 원칙, 이용제한의 원칙, 안전성확보의 원칙, 공개의 원칙, 개인관리의 원칙, 책임의 원칙이 있다. 각 원칙에 대한 내용을 살펴보면 다음과 같다.

— 표 4-12. OECD 프라이버시 가이드라인의 국내 적용상 기본원칙

원칙	내용
수집제한의 원칙	개인정보의 수집은 원칙적으로 제한되어야 한다. 개인정보는 합법적이고 공정한 수단에 의해 정보주체에 알리거나 동의를 얻은 후 수집되어야 한다.
정보정확성의 원칙	개인정보는 그 이용목적에 부합하는 것이어야 하고, 이용목적에 필요한 범위내에서 정확하고 안전하며 최신의 것이어야 한다.
목적명확성의 원칙	개인정보를 수집하는 목적은 수집할 당시에 구체화되어야 하며, 그 이후의 이용은 구체화된 목적의 달성 또는 수집목적과 일치되어야 하고, 수집목적이 변경될 때마다 그 목적을 구체화해야 한다.
이용제한의 원칙	개인정보는 정보주체의 동의가 있거나 법률의 규정에 의한 경우를 제외하고는 목적구체화의 원칙에 따라 확인된 목적 이외의 다른 목적을 위하여 공개·이용·기타 사용에 제공하여서는 아니된다.
안전성확보의 원칙	개인정보는 분실 또는 불법적인 접근·사용·훼손·변조·공개 등의 위험으로부터 적절한 안전장치에 의해 보호되어야 한다.
공개의 원칙	개인정보의 처리와 관련된 정보처리장치의 설치·운용 및 정책은 일반에 공개되어야 한다. 또한 개인정보의 존재·성격·사용목적 및 정보관리자의 신원과 주소를 확인하는 수단이 쉽게 이용할 수 있어야 한다.
개인관리의 원칙	개인은 자신에 관한 정보의 소재를 정보관리자 등으로부터 확인할 권리를 가진다. 이러한 권리가 거부된 경우에 개인은 그 이유제시를 요구하고, 거부에 관하여 이의제기를 할 수 있어야 한다. 또한 자신의 정보에 대해 정정·삭제·보완 청구권을 가진다.
책임의 원칙	정보관리자에게는 이상의 원칙들이 준수되도록 조치를 취할 책임이 있다.

OECD 프라이버시 가이드라인의 국제적 적용상 기본원칙은 자유로운 정보유통과 합법적 제한이다. 회원국은 개인정보의 국내에서의 처리 및 그 재유출이 다른 회원국에 미칠 영향에 대하여 배려하여야 한다(제15조). 단순한 통과를 포함한 개인정보의 국제유통이 저해되지 않고 안전하도록 하기 위해 모든 합리적이고 적정한 수단을 강구해야 한다(제16조). 회원국은 자국과 다른 회원국간의 개인정보 국제유통의 제한을 억제하여야 한다. 다만, 다른 회원국이 아직 가이드라인을 실질적으로 준수하지 않고 있는 경우 또는 관계정보의 재유출이 그 국가의 프라이버시 보호조치를 회피하는 경우에는 예외로 한다. 회원국은 자국의 프라이버시법제가 그 성격으로 인하여 특별한 규정을 하고 있는 특정한 범

주에 속하는 개인정보에 대하여 또는 다른 회원국이 그러한 종류의 개인정보에 대하여 자국의 그것과 동일한 정도의 보호를 하고 있지 않을 경우 그 유통을 제한할 수 있다(제17조). 회원국은 개인의 프라이버시와 자유의 보호라는 명목으로 그 보호에 필요한 정도를 넘어서 개인정보의 국제유통에 장애를 초래할 수 있는 법률 또는 정책의 설정 및 관행의 실시를 자제해야 한다(제18조).

OECD 프라이버시 가이드라인 제19조 제2항과 제3항에 규정되어 있는 제 원칙을 국내에서 실시함에 있어서 회원국은 개인정보에 관한 프라이버시와 자유의 보호를 위한 법적·행정적 또는 기타 절차나 제도를 확립하여야 한다. a) 회원국은 특히 적당한 국내법을 제정하고, b) 행동규율 기타 형식의 자율규제를 장려하고 지원하며, c) 개인에게 그 권리를 행사하는데 필요한 합리적인 수단을 제공하고, d) 제2항 및 제3항의 제 원칙을 실시하는 조치에 응하지 않을 경우에 적당한 제재 및 구제수단을 강구하며, e) 정보주체에 대한 부당한 차별이 없도록 할 것을 위하여 노력하여야 한다.

OECD 프라이버시 가이드라인은 국제협력에 관한 내용도 규정하고 있다. 회원국의 가이드라인 제 원칙의 준수사항에 대하여 요구가 있으면 다른 회원국에게 통보하여야 한다. 회원국은 개인정보의 국제유통 및 개인정보에 관한 프라이버시와 자유의 보호에 관한 절차가 간명하여야 하며, OECD 가이드라인을 준수하고 있는 다른 회원국의 수준과 양립할 수 있도록 하여야 한다(제20조). 회원국은 가이드라인에 관한 정보교환과 절차적 조사사항에 대한 상호원조를 용이하게 하기 위한 조치를 확립해야 한다(제21조). 회원국은 개인정보의 국제적 유통에 적용할 수 있는 법률을 제정하기 위해 국내적·국제적으로 제 원칙을 발전시키고 작업하여야 한다(제22조).

2 ▌ 중요 정보의 범위(제51조 제2항)

정보통신망법 제51조 제2항에서는 중요 정보의 범위를 국가안전보장과 관련된 보안정보 및 주요 정책에 관한 정보, 국내에서 개발된 첨단과학 기술 또는 기기의 내용에 관한 정보 2가지로 규정하고 있다.

정보통신망법 제51조 제2항에 규정된 '보안정보'란 간첩 기타 반국가활동세력과 그 추종분자의 국가에 대한 위해 행위로부터 국가의 안전을 보장하기 위하여 처리되는 정보를 의미한다(정보및보안업무기획·조정규정 제2조 제2호).

3 국가의 중요 정보를 처리하는 정보통신서비스 사업자에 대한 조치(제51조 제3항)

정보통신망법 제51조 제3항에서도 '정부'가 주체이다. 여기서 '정부'는 중요 정보를 처리하는 정보통신서비스 제공자에게 일정한 조치를 하도록 할 수 있다. 여기서 '일정한 조치'란 1) 정보통신망의 부당한 이용을 방지할 수 있는 제도적·기술적 장치의 설정, 2) 정보의 불법파괴 또는 불법조작을 방지할 수 있는 제도적·기술적 조치, 3) 정보통신서비스 제공자가 처리 중 알게 된 중요 정보의 유출을 방지할 수 있는 조치이다. 따라서 이러한 정보통신망과 관련된 제도적·기술적 장치 내지 조치를 취하도록 할 수 있는 국가기관은 이에 관한 업무를 담당하는 과학기술정보통신부이지, 국가정보원은 해당되지 않는다고 보아야 한다.

제25절 한국인터넷진흥원

제52조(한국인터넷진흥원) ① 정부는 정보통신망의 고도화(정보통신망의 구축·개선 및 관리에 관한 사항을 제외한다)와 안전한 이용 촉진 및 방송통신과 관련한 국제협력·국외진출 지원을 효율적으로 추진하기 위하여 한국인터넷진흥원(이하 "인터넷진흥원"이라 한다)을 설립한다.

② 인터넷진흥원은 법인으로 한다.

③ 인터넷진흥원은 다음 각 호의 사업을 한다.

1. 정보통신망의 이용 및 보호, 방송통신과 관련한 국제협력·국외진출 등을 위한 법·정책 및 제도의 조사·연구

2. 정보통신망의 이용 및 보호와 관련한 통계의 조사·분석

3. 정보통신망의 이용에 따른 역기능 분석 및 대책 연구

4. 정보통신망의 이용 및 보호를 위한 홍보 및 교육·훈련

5. 정보통신망의 정보보호 및 인터넷주소자원 관련 기술 개발 및 표준화

6. 지식정보보안 산업정책 지원 및 관련 기술 개발과 인력양성

7. 정보보호 관리체계의 인증, 정보보호시스템 평가·인증 등 정보보호 인증·평가 등의 실시 및 지원

8. 개인정보보호를 위한 대책의 연구 및 보호기술의 개발·보급 지원

9. 분쟁조정위원회의 운영 지원과 개인정보침해 신고센터의 운영

10. 광고성 정보 전송 및 인터넷광고와 관련한 고충의 상담·처리

11. 정보통신망 침해사고의 처리·원인분석 및 대응체계 운영

12. 「전자서명법」 제25조 제1항에 따른 전자서명인증관리

13. 인터넷의 효율적 운영과 이용활성화를 위한 지원

14. 인터넷 이용자의 저장 정보 보호 지원

15. 인터넷 관련 서비스정책 지원

16. 인터넷상에서의 이용자 보호 및 건전 정보 유통 확산 지원

17. 「인터넷주소자원에 관한 법률」에 따른 인터넷주소자원의 관리에 관한 업무

18. 「인터넷주소자원에 관한 법률」 제16조에 따른 인터넷주소분쟁조정위원회의 운영 지원

19. 「정보보호산업의 진흥에 관한 법률」 제25조 제7항에 따른 조정위원회의 운영 지원

20. 방송통신과 관련한 국제협력·국외진출 및 국외홍보 지원
21. 제1호부터 제20호까지의 사업에 부수되는 사업
22. 그 밖에 이 법 또는 다른 법령에 따라 인터넷진흥원의 업무로 정하거나 위탁한 사업
    이나 과학기술정보통신부장관·행정안전부장관·방송통신위원회 또는 다른 행정기관
    의 장으로부터 위탁받은 사업
④ 인터넷진흥원이 사업을 수행하는 데 필요한 경비는 다음 각 호의 재원으로 충당한다.
1. 정부의 출연금
2. 제3항 각 호의 사업수행에 따른 수입금
3. 그 밖에 인터넷진흥원의 운영에 따른 수입금
⑤ 인터넷진흥원에 관하여 이 법에서 정하지 아니한 사항에 대하여는 「민법」의 재단법인
에 관한 규정을 준용한다.
⑥ 인터넷진흥원이 아닌 자는 한국인터넷진흥원의 명칭을 사용하지 못한다.
⑦ 인터넷진흥원의 운영 및 업무수행에 필요한 사항은 대통령령으로 정한다.

─── I. 서 론

1️⃣ 의의 및 기본취지

　　정보통신망법 제52조는 한국인터넷진흥원(Korea Internet & Security Agency, KISA, 이하 '인터넷진흥원'이라 함)의 설립 목적과 기관의 형태 그리고 사업 내용 등에 대하여 규정하고 있다. 정부는 이 규정에 근거하여 인터넷진흥원을 설립함으로써 정보통신망의 고도화와 안전한 이용 촉진 및 방송통신과 관련한 국제협력·국외진출 지원을 효율적으로 추진할 수 있도록 한다.

2 ▌ 기본구조

정보통신망법 제52조는 인터넷진흥원의 설립 목적과 기관의 형태 및 운영 그리고 사업내용에 대하여 규정하고 있다. 제1항은 인터넷진흥원의 설립 취지 내지 목적을 규정하고 있고, 제2항은 기관의 형태를 규정하고 있으며, 제3항은 인터넷진흥원의 구체적인 사업내용을 열거하고 있다. 제4항은 기관의 경비 충당을 위한 정부의 재산 출연에 대하여 규정하고 있고, 제5항은 민법상 재단법인에 관한 규정의 준용에 대하여 규정하고 있으며, 제6항은 명칭 사용에 대하여, 그리고 제7항은 기관의 운영 및 업무 수행에 관한 구체적인 사항을 대통령령으로 정한다는 점을 규정하고 있다.

—— Ⅱ. 주요내용

1 ▌ 한국인터넷진흥원의 설립 목적(제52조 제1항)

정보통신망법 제52조 제1항은 인터넷진흥원의 설립근거이자 설립목적이 된다. 정부는 2009년 7월 공공기관 선진화 정책에 따라 방송통신위원회 산하 기관인 한국정보보호진흥원(KISA), 한국인터넷진흥원(NIDA), 정보통신국제협력진흥원(KIICA)을 통합하여 본 기관을 창립하였다. 인터넷진흥원의 설립을 통하여 정보통신망의 고도화(정보통신망의 구축·개선 및 관리에 관한 사항을 제외한다)와 안전한 이용 촉진 및 방송통신과 관련한 국제협력·국외진출 지원을 효율적으로 추진하는 것을 목적으로 한다. 이러한 설립 목적에 의할 때 인터넷진흥원은 '인터넷진흥'과 '정보보호'라는 두 개의 축의 조화로운 발전을 지향하고 있다고 할 수 있다.

미션	건전하고 안전한 인터넷 환경조성으로 국민행복과 국가 경제발전에 기여			
비전	국가 글로벌 경쟁력을 선도하는 인터넷 · 정보보호 진흥기관			
경영방침	가치경영	혁신경영	열린경영	신뢰경영
핵심가치	창의와 도전	상생과 협력	전문역량	자율과 책임
사회적가치	상생 · 혁신	사람중심	국민안전	책임윤리
경영목표	미래선도 디지털대전환지수 88.0	산업진흥 인터넷 · 정보보호 산업육성 성과 6.14	정보보호 사이버위협안전도 85%	사회적 가치 국민 평가 등급 (PCSI 등) 최우수 등급
전략목표	인터넷 · 정보보호 新 사업 가치 창출	ICT 융합 기반 인터넷 · 정보보호산업 글로벌 경쟁력 확보	안전하고 신뢰받는 디지털 정보사회 구현	국민이 공감하는 사회적 가치 실현
	융합기술 기반 인터넷 新 시장 성장 지원	사람 중심의 정보보호 산업 체질 개선	지능화 · 고도화되는 사이버 위협 대응력 강화	투명경영 확립으로 국민신뢰 회복
	디지털 대전환 시대 ICT 패러다임 변화 대응	인터넷 · 정보보호산업 기초체력강화	정보보호 인프라 강화로 사이버 안전 신뢰 확보	진입장벽 완화로 열린 일자리 창출
	글로벌 협력으로 정보보호 산업 해외진출 지원	편리한 인터넷 이용 환경으로 국민편의 증진	국민이 안심하는 개인정보보호 환경 조성	신뢰와 소통중심의 지역경제 실현

— 그림 4-5. 한국인터넷진흥원의 비전 및 목표(2019년 4월 현재)

단 여기서 '정보통신망의 구축·개선 및 관리에 관한 사항'을 제외하고 있는데, 이는 정보통신망의 고도화 업무가 과학기술정보통신부 산하 위탁집행형 준정부기관인 한국정보화진흥원의 업무와 중복될 우려가 있으므로 인터넷진흥원의 성격에 맞게 업무의 범위를 명확하게 수정한 것이다.

2 ▌ 기관의 형태(제52조 제2항, 제4항, 제5항)

제52조 제2항은 인터넷진흥원의 기관 형태가 법인이라는 점을 밝히고 있다. 이에 제5항은 인터넷진흥원에 관하여 이 법에서 정하지 아니한 사항에 대하여는 「민법」상 재단법인에 관한 규정을 준용하도록 하고 있다.

인터넷진흥원은 과학기술정보통신부 산하 위탁집행형 준정부기관이다. 여기서 말하는 위탁집행형 준정부기관은 기금관리형 준정부기관이 아닌 준정부기관을 말하는 것으로, 우리나라에서는 현재 69개 기관이 이러한 형태로 지정되어 있다. 이에 정부는 인터넷진흥원이 사업을 수행하는데 필요한 경비를 충당하기 위하여 출연할 수 있도록 하고 있다.

2019년 4월 현재 인터넷진흥원은 5본부 1실 11단 8센터 54팀(홍보실, 감사실, 청렴감사팀 제외)으로 조직이 구성되어 있다. 본원은 전라남도 나주시 빛가람동 나주혁신도시에 위치해 있고, 서울청사는 서울특별시 송파구 가락동에, 분원으로 서초사무소가 있다. 또한 2016년부터 국가 간 협력 및 국내 정보보호기업의 해외진출 지원을 목적으로 해외 거점 사무소도 운영 중이다. 해외 거점은 각각 중동지역은 오만, 동남아시아 지역은 인도네시아, 중남미 지역은 코스타리카, 아프리카 지역은 탄자니아에 위치하여 운영하고 있다. 인터넷진흥원의 조직도는 아래와 같다.

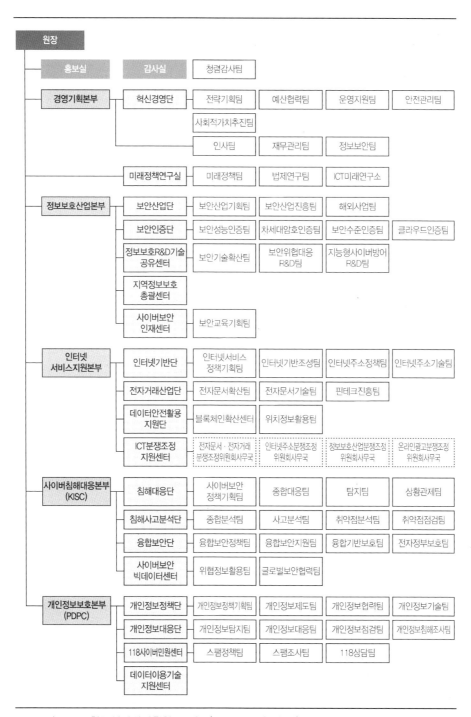

그림 4-6. 한국인터넷진흥원 조직도(2019년 4월 현재)

3 ■ 사업 내용(제52조 제3항)

제52조 제3항은 인터넷진흥원의 사업 내용을 열거한 것이다. 이 조항에서 열거하고 있는 사업 내용들은 본조 제1항에서 규정하고 있는 '정보통신망의 고도화', '안전한 이용 촉진' 및 '방송통신과 관련한 국제협력·국외진출 지원의 효율적 추진'이라는 인터넷진흥원의 설립목적에 따른 것이라고 할 수 있다. 이 조항이 열거하고 있는 사업 내용을 주요 사업 영역별로 분류해보면 다음과 같다.

__ 표 4-13. 한국인터넷진흥원의 사업 내용

주요 사업	사업 내용
해외진출 및 국제협력	• 방송통신과 관련한 국제협력·국외진출 및 국외홍보 지원 및 국제협력 (20)
정책연구	• 정보통신망의 이용 및 보호, 방송통신과 관련한 국제협력·국외진출 등을 위한 법·정책 및 제도의 조사·연구(1) • 정보통신망의 이용 및 보호와 관련한 통계의 조사·분석(2) • 정보통신망의 이용에 따른 역기능 분석 및 대책 연구(3)
인터넷진흥	• 정보통신망의 이용 및 보호를 위한 홍보 및 교육·훈련(4) • 정보보호 관리체계의 인증, 정보보호시스템 평가·인증 등 정보보호 인증·평가 등의 실시 및 지원(7) • 인터넷 이용자의 저장 정보 보호 지원(14) • 인터넷 관련 서비스정책 지원(15) • 인터넷상에서의 이용자 보호 및 건전 정보 유통 확산 지원(16) • 인터넷의 효율적 운영과 이용활성화를 위한 지원(13) • 「정보보호산업의 진흥에 관한 법률」 제25조 제7항[34]에 따른 조정위원회의 운영지원(19)
인터넷 주소관리	• 정보통신망의 정보보호 및 인터넷주소자원 관련 기술 개발 및 표준화(5) • 「인터넷주소자원에 관한 법률」 제2조 제3호[35]에 따른 인터넷주소자원의 관리에 관한 업무(17)

---

[34] 「정보보호산업의 진흥에 관한 법률」 제25조 ⑦ 조정위원회의 업무를 지원하기 위하여 「정보통신망 이용촉진 및 정보보호 등에 관한 법률」 제52조에 따른 한국인터넷진흥원에 사무국을 둔다.

[35] 「인터넷주소자원에 관한 법률」 제2조 3. "인터넷주소관리기관"이란 인터넷주소의 할당·등록 등과 관련된 업무를 수행하는 「정보통신망 이용촉진 및 정보보호 등에 관한 법률」 제52조에 따른 한국인터넷진흥원(이하 "인터넷진흥원"이라 한다)과 인터넷진흥원으로부터 인터넷주소 관리업무

주요 사업	사업 내용
	• 「인터넷주소자원에 관한 법률」 제16조[36]에 따른 인터넷주소분쟁조정위원회의 운영 지원(18)
개인정보보호	• 개인정보보호를 위한 대책의 연구 및 보호기술의 개발·보급 지원(8) • 「전자서명법」 제25조 제1항[37]에 따른 전자서명 인증관리(12)
사이버보안인재센터	• 정보보호 산업 정책 지원 및 관련 기술 개발과 인력양성(6)
사이버침해대응	• 분쟁조정위원회의 운영 지원과 개인정보침해 신고센터의 운영(9) • 광고성 정보 전송 및 인터넷광고와 관련한 고충의 상담·처리(10) • 정보통신망 침해사고의 처리·원인분석 및 대응체계 운영(11)
기타	• 제1호부터 제20호까지의 사업에 부수되는 사업(21) • 그 밖에 이 법 또는 다른 법령에 따라 인터넷진흥원의 업무로 정하거나 위탁한 사업이나 과학기술정보통신부장관·행정안전부장관·방송통신위원회 또는 다른 행정기관의 장으로부터 위탁받은 사업(22)

를 위탁받은 법인 및 단체를 말한다.

[36] 「인터넷주소자원에 관한 법률」 제16조 ① 인터넷주소의 등록과 사용에 관한 분쟁(이하 "분쟁"이라 한다)을 조정하기 위하여 인터넷주소분쟁조정위원회(이하 "분쟁조정위원회"라 한다)를 둔다. ② 분쟁조정위원회는 위원장 1명을 포함한 30명 이내의 위원으로 구성한다. ③ 위원은 다음 각 호의 사람 중에서 과학기술정보통신부장관이 임명하거나 위촉한다. 1. 대학이나 공인된 연구기관에서 부교수 이상 또는 이에 상당하는 직위에 재직하거나 재직하였던 법학 전공자. 2. 4급 이상 공무원(고위공무원단에 속하는 일반직 공무원을 포함한다) 또는 이에 상당하는 공공기관의 직위에 재직하거나 재직하였던 자로서 인터넷주소 또는 지식재산권 업무에 관한 경험이 있는 사람. 3. 판사·검사·변호사 또는 변리사의 자격이 있는 사람. 4. 그 밖에 위와 동등한 자격이 있다고 과학기술정보통신부장관이 인정한 사람. ④ 위원의 임기는 3년으로 한다. ⑤ 위원장은 위원 중에서 과학기술정보통신부장관이 임명한다. ⑥ 분쟁조정위원회의 업무를 지원하기 위하여 인터넷진흥원에 사무국을 둔다. ⑦ 분쟁조정위원회가 아닌 자는 인터넷주소분쟁조정위원회 또는 이와 유사한 명칭을 사용하지 못한다.

[37] 「전자서명법」 제25조 ① 인터넷진흥원은 전자서명을 안전하고 신뢰성 있게 이용할 수 있는 환경을 조성하고 공인인증기관을 효율적으로 관리하기 위하여 다음 각 호의 업무를 수행한다. 1. 제4조의 규정에 의하여 공인인증기관을 지정하는 경우 공인인증기관으로 지정받고자 하는 자가 갖추어야 할 시설 및 장비에 대한 심사 지원. 2. 제14조 제1항의 규정에 의한 공인인증기관에 대한 검사 지원. 3. 제18조의3의 규정에 의한 보호조치에 대한 심사 및 기술 지원. 4. 제19조 제2항의 규정에 의한 시설 및 장비의 안전운영 여부에 관한 점검. 5. 공인인증기관에 대한 공인인증서 발급·관리 등 인증업무. 6. 전자서명인증 관련 기술개발·보급 및 표준화 연구. 7. 전자서명인증 관련 제도 연구 및 상호인정 등 국제협력 지원. 8. 그 밖에 전자서명인증관리업무와 관련하여 필요한 사항.

해외진출 및 국제협력 사업은 첫째, 주요 전략국가와 우호 네트워크 구축 및 협력과제 발굴 등 인터넷·정보보호 분야 국제협력·해외진출 기반을 조성하는 글로벌 사이버보안 협력네트워크 구축 사업, 둘째, 인터넷·정보보호 관련 국제기구 정기회의 참여 및 협력과제 발굴 등 국제사회 발언권을 강화하는 국제기구·개발은행 협력 사업, 셋째, 국내 중견·중소 정보보안 기업 대상 선진국 및 개도국의 정보보안 시장 진출을 지원하는 국내정보보호 산업 해외진출 지원 사업, 넷째, 침해대응·PKI·디지털포렌식 등 한국형 정보보안 모델 기반의 해외 사업 개발 및 프로젝트 수주를 지원하는 해외 정보보호 프로젝트 발굴 및 사업 개발 사업 등이 있다.

정책연구 사업은 인터넷·정보보호 정책연구, 조사분석, 법제연구로 구성된다. 첫째, 정책연구는 국내외 인터넷·정보보호 관련 신규 이슈 및 시장동향 분석, 인터넷·정보보호 동향 및 이슈 심층 분석보고서 'KISA Report' 발간, 인터넷 플랫폼, 미래인터넷 기술 관련 정책연구, 정보보호 산업·경제 동향 분석 및 정책 개발, 정보보호 경제 연구, 인터넷·정보보호 10대 이슈 전망 등을 수행한다. 둘째, 조사분석은 인터넷 이용 및 정보보호 현황 등에 대한 실태조사, 정책 총서 발간, 대국민 인터넷·정보보호 통계, 백서 등 정책자료 서비스 제공, 국제기구의 통계지표 동향을 파악 등을 수행한다. 셋째, 법제연구는 인터넷·정보보호 관련 법령(법·시행령·시행규칙) 등 정비 방안 마련, 인터넷 진흥 및 IT 신규 서비스, 기술 관련 법제 연구, 인터넷·정보보호 법제 동향 분석, 국회·정부부처 및 관계기관 등의 법률 해석 지원을 수행한다.

인터넷 진흥 사업은 정보보호 산업경쟁력 강화, 지역 정보보호지원센터 구축·운영, 사물인터넷 활성화 기반 조성, 전자거래 전자문서 이용 활성화, ICT 분쟁조정지원센터, 정보보호제품 평가, 위치정보 산업 활성화, 정보보호제품 성능평가 제도 등으로 구체화되어 각각의 영역에서 별도의 목적으로 설정하여 사업을 수행하고 있다.

인터넷 주소 관리 사업은 국가도메인 이용 활성화, 도메인이름 분쟁조정제도 운영, IP주소/AS 번호 관리, IPv6 주소 전환 및 확산, krDNS 서버의 무중단 관리·운영 및 서비스 제공, 도메인등록관리시스템 운영, 인터넷주소자원센터

운영 및 보안강화 등으로 수행하고 있다.

개인정보보호 사업은 개인정보보호, 위치정보 보호 및 산업 활성화, 불법 스팸대응, 개인정보·정보보호 침해사고 신고 안내, 유럽연합의 GDPR 안내 등으로 수행하고 있다.

인터넷진흥원은 정보보호 교육서비스 제공 및 검증된 정보보호 인력양성을 목표로, 일반인의 정보보호 인식제고 및 재직자, 대학생, 공무원 등 분야/수준별 다양한 교육프로그램 제공과 정보보안 국가기술자격 검정 제도를 운영하기 위해 사이버보안인재센터를 운영하고 있다.

인터넷진흥원의 주요사업으로 볼 수 있는 사이버침해대응 사업은 취약계층 이용자 정보보호, 침해사고 대응 및 사후조치, DDoS공격대응 및 기술지원, 피싱대응, 정보보호 인프라 강화, 정보보호 관리체계 인증, 정보통신기반보호, 전자정부 대민서비스 정보보호 강화, 암호이용활성화, 정보보호 사전점검제도 등으로 수행하고 있다.

4 　명칭 사용 금지(제52조 제6항)

인터넷진흥원이 아닌 자에 대하여 한국인터넷진흥원의 명칭 사용을 금지하고 있다. 정보통신망법 제52조 제6항을 위반하여 인터넷진흥원의 명칭을 사용한 자는 제76조 제3항 제13호에 따라 1천만 원 이하의 과태료가 부과된다. 과태료 부과기준에 따라 1회 위반한 경우에는 300만 원, 2회는 600만 원, 3회 이상 위반한 경우에는 1,000만 원의 과태료가 부과된다.

5 　운영 및 업무수행(제52조 제7항)

인터넷진흥원의 운영 및 업무수행에 필요한 사항은 대통령령으로 정하도록 하고 있다. 법 시행령 제65조는 다음과 같은 내용을 규정하고 있다. 즉 1)

과학기술정보통신부장관, 행정안전부장관 또는 방송통신위원회는 법 제52조 제
3항 각 호에 따른 인터넷진흥원의 업무와 관련 있는 공무원의 파견근무를 관계
기관의 장에게 요청할 수 있다. 2) 제1항에 따라 공무원을 파견한 관계 기관의
장이 파견된 자에 대하여 파견근무기간 중 복귀시켜야 할 경우에는 미리 파견
을 요청한 기관의 장과 협의하여야 한다. 3) 인터넷진흥원의 장은 과학기술정보
통신부장관, 행정안전부장관 또는 방송통신위원회의 승인을 받아 법 제52조 제
3항 제4호에 따른 업무 중 일부를 정보통신 관련 연구기관이 수행하도록 할 수
있다. 4) 인터넷진흥원의 장은 법 제52조 제3항에 따른 업무를 수행할 때 해당
업무가 공공기관의 정보보호와 관련되는 경우에는 관계기관의 장의 승인을 받
아야 한다.

디지털 트랜스포메이션과 정보보호
: 정보통신망법의 해석과 정책

정보보호 관련 법체계의 개선방안

_ 5장
정보보호 관련 법체계의 개선방안

지금까지 전개한 논의를 바탕으로 하여 제5장에서는 현대사회의 구조변동에 적절하게 대응하기 위해서는 정보보호 관련 법체계를 어떻게 개선하는 것이 바람직한지 살펴보고자 한다. 다만 여기서 한 가지 언급해야 할 점이 있다. 정보보호 관련 법체계를 넓은 의미로 파악하면, 정보보호 관리체계 인증제도나 정보보호 관련 거버넌스, 정보공유제도 등도 모두 여기에 포함될 것이다. 그러나 정보보호 관리체계 인증제도나 정보보호 관련 거버넌스, 정보공유제도 등을 개선하는 것과 관련된 논의는 그 자체 독자적인 주제가 될 것이므로 이를 제5장에서 함께 다루는 것은 바람직하지 않아 보인다. 만약 그렇게 하면 제5장의 논의가 너무 방대해질 것이기 때문이다. 따라서 제5장에서는 좁은 의미의 정보보호 관련 법체계, 즉 「정보통신망법」과 「정보통신기반 보호법」 그리고 「정보보호산업법」을 어떻게 개선하는 것이 바람직한지에 관해 논의의 초점을 맞추고자 한다. 정보공유제도의 개선방안은 제7장에서 다루도록 한다. 그리고 정보보호 관리체계 인증제도와 정보보호 관련 거버넌스는 이 책에서는 다루지 않기로 한다. 이는 별도의 연구에 맡기기로 한다.

—— I. 현행 정보보호 관련 법체계의 문제점

먼저 현대사회에서 진행되는 구조변동에 대응하는 데 현행 정보보호 관련 법체계가 어떤 문제점을 갖고 있는지 개관해 보도록 한다.[1]

1 일반적 문제점

(1) 비체계성

먼저 현행 정보보호 관련 법제도의 비체계성을 언급할 수 있다. 현행 정보보호 관련 법제도는 비체계적으로, 달리 말해 비정합적으로 제도화되어 있다. 그 때문에 정보보호 관련 법제도, 더 나아가 정보통신 관련 법제도를 체계적으로 일별하는 것은 쉽지 않다. 그 이유는 정보통신 관련 법제도가 오랜 준비와 논의 끝에 마련된 것이 아니라, 그때그때의 상황에 맞게 즉흥적으로 마련되었다는 점에서 찾을 수 있다. 그 점에서 정보통신 관련 법제도는 이른바 판덱텐 체계가 아닌 사안중심적 체계에 더 가깝게 제도화되었다. 물론 모든 법제도를 대륙의 판덱텐 체계로 제도화하는 것은 쉽지 않고 또 그래야 할 필연적인 이유도 없을 것이다. 판례법 전통과 사안중심적 법체계를 따르고 있는 미국법도 법적 분쟁을 적절하게 해결하고 있기 때문이다. 다만 현행 정보통신 관련 법제도가 이미 체계적으로 접근하기 어려울 정도로 비대해지고 있다는 점, 현행 정보보호 관련 법제도가 특히 개인정보보호에 관해 중복적인 법적 규율을 갖고 있다는 점, 법제도의 체계성 및 정합성이 제고되면 될수록 더욱 효율적으로 법적 분쟁을 해결할 수 있다는 점에서 현행 정보보호 관련 법제도를 체계적·정합적으로 정비할 필요가 있다.[2] 이를 위한 한 가지 방안으로 통합정보보호법을 마련

---

[1] 아래의 서술은 양천수, 『제4차 산업혁명과 법』(박영사, 2017), 52-58쪽 참조.

[2] 체계이론에 따르면, 법체계는 사회체계의 복잡성을 감축하는 기능을 수행하는데, 법체계가 이러한 기능을 성공적으로 수행할 수 있으려면 그 자체가 적절한 복잡성과 체계성을 갖추어야 한다.

하는 것을 고려할 수 있다.

(2) 관할경합

다음으로 관할경합 문제를 들 수 있다. 이는 크게 두 지점에서 발생한다. 첫째, 정보통신망에서 개인정보를 보호하는 것에 관해 정보통신망법과 개인정보보호법이 경합한다.[3] 그런데 그 규율내용을 보면 두 법률 사이에 큰 차이가 없다. 그러나 이렇게 동일한 법적 문제를 서로 다른 법률이 동시에 관할하는 것은 '법체계의 효율적 적용'이라는 측면에서 문제가 있다. 둘째, 아직 제정되지는 않았지만 국가정보원이 제안한 「국가사이버안보법안」과 정보보호 관련 법제도가 경합한다. 물론 「국가사이버안보법안」은 제1조에서 "국가안보를 위협하는 사이버공격을 예방하고, 사이버위기에 신속하고 적극적으로 대처함으로써 국가의 안전 보장 및 국민의 이익 보호에 이바지함을 목적으로 한다."고 규정함으로써 관할영역을 명확하게 획정하고 있는 것처럼 보인다. 그렇지만 구체적인 상황에서 사이버공격이 발생했을 경우 이에 대해 「국가사이버안보법안」이 적용되어야 하는지, 아니면 「정보통신망법」이나 「정보통신기반 보호법」이 적용되어야 하는지 문제될 수 있다.

(3) 거버넌스 경합

나아가 거버넌스 경합도 문제가 된다.[4] 이러한 거버넌스 경합은 두 지점에서 발견할 수 있다. 첫째는 정보보호에 관해 발생하는 거버넌스 경합이고, 둘째

이에 관해서는 양천수, "개념법학과 이익법학을 넘어선 법도그마틱 구상: 루만의 법도그마틱 구상을 중심으로 하여", 『성균관법학』 제18권 제1호(2006. 6), 575–601쪽 참조.

3 이에 관해서는 박노형, "개인정보보호법과 정보통신망법의 관계 분석: 개인정보보호법 제6조를 중심으로", 『안암법학』 제41호(2013. 5), 133–157쪽; 심우민, "개인정보 보호법제의 체계간 정합성 제고방안", 『영산법률논총』 제12권 제1호(2015. 6), 51–67쪽 등 참조.

4 거버넌스 개념에 관해서는 정명운, 『거버넌스 제도체계 구축을 위한 법제화 방안 연구』(한국법제연구원, 2009), 17쪽 아래 참조.

는 개인정보보호에 관해 발생하는 거버넌스 경합이다. 첫째, 정보보호에 관해서는 현재 국가정보원과 과학기술정보통신부가 거버넌스 경합을 하고 있다. 이 점은 정보통신기반 보호법에서 발견할 수 있다. 정보통신기반 보호법은 주요정보통신기반시설 지정에 관해 국가정보원장과 과학기술정보통신부장관이 이를 권고할 수 있도록 규정하고 있기 때문이다(제8조의2). 이처럼 정보보호에 관해 국가정보원과 과학기술정보통신부가 거버넌스 경합을 하고 있기에 이를 명확하게 획정할 필요가 있다는 논의가 계속해서 이루어지고 있다. 그렇지만 지난 2017년 1월 3일 국가정보원이 제출한 「국가사이버안보법안」은 오히려 사이버안보에 관해 국가정보원의 권한을 강화하고 있다. 물론 정보보호와 사이버안보는 개념적으로 구별될 수 있을지 모르지만, 넓은 의미로는 모두 정보보안에 해당한다. 이 때문에 여전히 정보보호에 관해 거버넌스 획정 문제가 상존하고 있다.

둘째, 개인정보보호와 관련해서도 거버넌스가 경합한다. 개인정보보호에 관해서는 현재 정보통신망법과 개인정보보호법이 경합해서 규율하고 있다. 물론 전자는 정보통신망에서 문제되는 개인정보를 다루는 것이기는 하지만, 양자는 거의 같은 내용을 규율한다. 그런데 전자를 관할하는 거버넌스는 방송통신위원회인데 반해, 후자는 개인정보보호위원회가 맡고 있다.[5] 이 때문에 이를 일원화해야 한다는 논의가 계속해서 이루어지고 있다.

(4) 규제방식의 경합

이어서 정보를 보호하기 위해 사용되는 규제방식이 경합 또는 중복되고 있다는 점을 지적할 수 있다. 예를 들어, 정보통신망법은 정보보안을 위한 '정보보호 관리체계 인증'(ISMS) 제도와 개인정보를 보호하기 위한 '개인정보보호 관리체계 인증'(PIMS) 제도를 각각 규정한다(제47조 제2항 및 제47조의3). 개인정보보호법 역시 '개인정보 보호인증' 제도를 규율한다(제32조의2). 이와 유사하게 정보보호산업법은 정보보호 준비도 평가 및 정보보호 공시 제도를 규율한다(제12조 및

---

5 정보통신망법 제4장 및 개인정보보호법 제2장 참조.

제13조). 물론 엄밀하게 보면, 이러한 규제방식은 각각 다른 목적을 추구한다. 이를테면 정보보호 관리체계 인증은 정보보안을, 개인정보보호 관리체계 인증은 개인정보보호를 목적으로 한다. 그렇지만 이러한 규제가 실질적으로 중복되고 있다는 지적도 있고,6 수범자의 입장에서는 규제가 중복된다고 보일 수 있다.

(5) 미흡한 새로운 정보통신기술 성과 수용

마지막으로 현행 정보보호 관련 법제도는 최근 급격하게 발전하고 있는 정보통신기술의 성과를 제대로 반영하지 못하고 있다. 이는 두 가지 측면에서 언급할 수 있다.

첫째, 정보통신망에 실제로 참여하는 이른바 '정보통신망 참여자'의 범위가 확장되었는데, 이를 적절하게 고려하지 못하고 있다. 예를 들어, 초연결사회를 선도하는 사물인터넷이나 지능정보사회를 대변하는 약한 인공지능을 정보보호 관련 법제도에서 아직 제대로 고려하지 못하고 있다. 사물인터넷이나 자율주행자동차와 같은 약한 인공지능을 '정보보호제품'이라는 측면에서 접근할 것인지, 아니면 이를 독자적인 '정보통신망 참여자'로 고려할 것인지가 제대로 논의되지 않고 있다.7

둘째, 급속도로 지능화하고 있는 사이버 공격에 적절하게 대응하지 못하고 있다. 이를테면 새로운 정보통신기술을 사용하여 광범위하게 자행되는 사이버 공격에 적절하게 대응하기 위해서는 사이버 공격에 관한 데이터를 축적해 이를 널리 공유할 수 있도록 하거나 침해사고를 예방하는 데 필요한 권한과 의무를 모든 정보통신망 참여자에게 적절하게 부과해야 하는데, 이는 여전히 미흡한 상황이다.

---

6 감사원, 『감사보고서: 국가 사이버안전 관리 실태』(2016), 46쪽 아래 참조.
7 자율주행자동차 문제에 관해서는 서울대 법과경제연구센터, 『데이터 이코노미』(한스미디어, 2017), 81쪽 아래 참조.

2 개별적 문제점

이러한 일반적 문제점 이외에도 정보보호 관련 법률들, 가령 정보통신망법이나 정보통신기반 보호법, 정보보호산업법은 각각 개별적인 문제점도 안고 있다. 아래에서는 이 중에서 중요한 몇 가지 문제를 언급하도록 한다.

(1) 정보통신망법에 관한 문제점

정보통신망법에 관한 주요 문제점으로는 다음과 같은 것을 언급할 수 있다.[8] 첫째, 현행 정보통신망법은 정보통신망 참여자를 '정보통신서비스 제공자'와 '이용자'를 기준으로 하여 규율한다. 말하자면, 정보통신망법에서는 정보통신서비스 제공자와 이용자의 관계가 주로 문제가 되는 것이다. 그러나 이러한 규율태도는 현대 지능정보사회에서 문제되는 사물인터넷이나 인공지능 등을 적절하게 고려하지 못하고 있는 것이다. 따라서 이렇게 정보통신서비스 제공자와 이용자의 관계를 중심으로 하는 규율태도를 앞으로도 유지할 것인지 고민해야 할 필요가 있다.

둘째, 정보통신망법이 규정하는 정보통신서비스 제공자 개념이 현재 상황에 비추어볼 때 너무 좁게 설정되어 있다는 것이다. 정보통신망법 제2조 제1항 제2호에 따르면, 정보통신서비스 제공자란 "「전기통신사업법」 제2조 제8호에 따른 전기통신사업자와 **영리를 목적으로** 전기통신사업자의 전기통신역무를 이용하여 정보를 제공하거나 정보의 제공을 매개하는 자"를 뜻한다.[9] 여기서 알 수 있듯이, 정보통신서비스 제공자 개념에서는 '영리목적'이 중요한 표지가 된다. 이로 인해 그 만큼 정보통신서비스 제공자가 될 가능성이 적어진다. 그렇지만 정보통신망법이 정보통신서비스 제공자에게 정보보호를 위해 사전점검이나 정보보호 관리체계 인증과 같은 다양한 책무를 부과하고 있다는 점을 고려할

---

8 이에 관해서는 우선 양천수, "정보통신망법 해석에 관한 몇 가지 쟁점", 『과학기술과 법』(충북대) 제8권 제1호(2017. 6), 1–33쪽 참조.

9 강조는 인용자가 추가한 것이다.

때 정보통신서비스 제공자 개념은 그 외연을 더욱 넓힐 필요가 있다.10

셋째, 정보통신망법이 침해사고를 예방하거나 억제하기 위해 과학기술정보통신부장관에게 부여하는 권한이 너무 추상적으로 규정되어 있거나 미흡하다는 점이다. 이를테면 침해사고가 현재 발생하였을 때 이를 해결하기 위해 원용할 수 있는 보호조치 권한이 상대적으로 미흡하다.11 또한 침해사고를 예방하거나 사후적으로 침해사고를 분석할 때 과학기술정보통신부장관이 과연 어느 범위까지 침해사고 관련 정보를 분석 및 평가할 수 있는지 명확하지 않다. 왜냐하면 이 경우 침해사고를 예방하기 위한 조치가 개인정보에 관한 정보자기결정권이나 지식재산권과 충돌하는 경우가 발생할 수 있기 때문이다. 예를 들어, 침해사고를 예방하기 위해 '리버스 엔지니어링'(reverse engineering)을 수행할 때 이 같은 문제가 발생할 수 있다.12 침해사고를 예방하거나 그 확산을 방지하기 위해서는 리버스 엔지니어링을 해야 할 필요가 종종 발생한다. 그러나 이렇게 리버스 엔지니어링을 하는 과정에서 다른 법률, 그 중에서도 지식재산권법과 충돌하는 문제가 발생한다. 예를 들어, 휴대전화 해킹문제를 분석하고 이에 대처하기 위해서는 때로는 리버스 엔지니어링을 사용하여 휴대전화의 프로그램을 이진법 코드로 변환해야 할 필요가 있다. 그런데 이때 제조사가 특허 등을 근거로 하여 이를 허용하지 않을 수 있는 것이다. 이러한 경우에 과학기술정보통신부장관이 정보통신망법 제47조의4 제1항을 근거로 하여 지식재산권법을 무시한 채 "기술지원"의 일환으로 리버스 엔지니어링을 수행할 수 있을지 의문이다.

---

10 이에 관해 현행 정보통신망법은 '주요 정보통신서비스 제공자'라는 개념을 사용하면서도(제48조의2 제2항 제1호), 누가 '주요 정보통신서비스 제공자'가 되는지를 규율하지 않고 있다. 일종의 흠결이 발생하고 있는 셈이다.

11 이에 관해서는 이부하, "「정보통신망법」 개정안에 대한 입법정책: 침해사고와 관련하여", 『법과 정책』(제주대) 제19집 제1호(2013. 2) 참조.

12 이에 관해서는 강기봉, "컴퓨터프로그램의 리버스 엔지니어링에 관한 법정책적 소고", 『법제』 제664호(2014. 3), 68–101쪽 참조.

(2) 정보통신기반 보호법에 관한 문제점

정보통신기반 보호법에 관해서는 다음과 같은 문제점을 언급할 수 있다.[13] 첫째, 정보통신기반 보호법이 염두에 두는 침해사고의 범위를 어떻게 설정해야 하는지가 문제된다. 현행 정보통신기반 보호법은 '전자적 침해'로부터 정보통신 기반시설을 보호하는 것을 목적으로 하는데, 이렇게 침해사고를 전자적 침해로 한정하는 것이 적절한지, 그게 아니면 '물리적 침해'까지 포함시키는 것이 바람 직한지 문제된다.[14]

둘째, 정보통신기반시설을 보호하기 위한 컨트롤타워를 어떻게 설정 및 운 용하는 것이 바람직한지 문제된다. 왜냐하면 이에 관해서는 국가정보원과 과학 기술정보통신부가 거버넌스 경합을 하고 있기 때문이다. 그 때문에 이를 조정 할 수 있는 실질적인 컨트롤타워가 요청된다.

셋째, 정보통신기반 보호법은 민간이 운용하는 정보통신 관련 시설 역시 주요정보통신기반시설로 지정하면서 이에 관해 일정한 의무 및 책무를 부과한 다(제8조). 이 과정에서 자연스럽게 비용이 발생하는데, 이에 대한 비용을 민간 스스로가 부담하도록 할 것인지, 아니면 이를 국가가 지원하도록 할 것인지 문 제된다.[15]

넷째, 정보통신기반 보호법은 정보공유·분석센터를 규율하는데(제16조), 이 에 관한 규정이 너무 간략하게 마련되어 있어 정보공유·분석센터를 실질적으로 운영하는 데 필요한 법적 근거가 부족하다는 문제가 지적된다.

---

13 이에 관해서는 홍종현·조용혁, 『정보통신기반보호법령의 개선방안에 대한 연구』(한국법제연구 원, 2014) 참조.

14 정보통신기반 보호법 제1조는 "목적"이라는 표제 아래 "이 법은 **전자적 침해행위에 대비하여** 주 요정보통신기반시설의 보호에 관한 대책을 수립·시행함으로써 동 시설을 안정적으로 운용하도 록 하여 국가의 안전과 국민생활의 안정을 보장하는 것을 목적으로 한다."고 규정한다. 강조는 인용자가 추가한 것이다.

15 현행 정보통신기반 보호법은 기술적 지원만을 규정하고 있다. 정보통신기반 보호법 제7조, 제24 조 및 제25조 참조.

(3) 정보보호산업법에 관한 문제점

정보보호산업법은 시행된 지 얼마 되지 않아 아직 이에 관해 특별한 문제가 제기되지는 않고 있다. 다만 정보보호산업계에서는 다음과 같은 문제가 제기된다.16 정보보호산업법 제10조 제1항은 "정보보호제품 및 정보보호서비스의 대가"라는 표제 아래 "공공기관등은 정보보호사업의 계약을 체결하는 경우 정보보호산업의 발전과 정보보호제품 및 정보보호서비스의 품질보장을 위하여 적정한 수준의 대가를 지급하도록 노력하여야 한다."고 규정하는데, 이러한 "적정한 수준의 대가" 지급이 거래관행으로 정착되었는지에 관해 여전히 논란이 전개되고 있다는 것이다. 정보보호사업 계약을 체결하는 경우 적정한 수준의 대가를 지급하도록 하는 것은 정보보호기업의 숙원사업이었다고 한다. 특히 '보안성 지속서비스 대가'가 제대로 정착되지 않았다는 비판이 제기된다. 이에 따르면, 정보보호사업 계약은 〈정보보호제품 인도＋정보보호제품 유지관리＋보안성 지속서비스〉로 그 내용이 구성된다. 그러므로 적정한 대가가 실현되려면, 보안성 지속서비스에 대한 대가도 포함되어야 한다. 그런데 아직까지는 이러한 대가가 고려되고 있지 않다는 것이다.

나아가 앞에서 지적한 것처럼, 정보보호산업법이 규정하는 정보보호 준비도 평가, 정보보호 공시 제도 및 정보통신망법이 규정하는 정보보호 관리체계 인증 제도가 규제 면에서 중복된다는 지적이 있다.

---

16 이를 보여주는 "[사설]시행 1년 맞은 정보보호산업진흥법", 『전자신문』(2016. 12. 28)(http://www.etnews.com/20161228000378) 참조.

—— II. 정보보호 관련 법체계 개선의 기본방향

1 세 가지 방향

현행 정보보호 관련 법체계, 즉 정보통신망법과 정보통신기반 보호법 그리고 정보보호산업법을 개선하는 방안으로는 크게 세 가지를 들 수 있다. 첫 번째 방안은 이러한 세 법률을 통합하여 새로운 체계의 법, 이른바 「통합정보보호법」을 제정하는 것이다. 두 번째 방안은 기존의 법률을 존중하면서 현대사회의 구조변동에 걸맞게 이를 개선하는 것이다. 세 번째 방안은 첫 번째 방안과 두 번째 방안을 절충한 것이다. 한편으로는 기존 법률을 존중하면서, 다른 한편으로는 이를 총괄하는 「정보보호기본법」을 제정하는 방안이 그것이다. 일본의 「사이버 시큐리티 기본법」이 여기에 해당한다.

첫 번째 방식과 두 번째 방식은 각각 장점과 단점을 갖고 있다. 첫 번째 방식의 장점이 두 번째 방식의 단점이 되며, 반대로 첫 번째 방식의 단점이 두 번째 방식의 장점이 된다. 그러면 이른바 「통합정보보호법」을 제정할 때 어떤 장점과 단점이 있는지, 반대로 현행 체계를 유지하면서 각 법률을 개선하는 것은 어떤 장점과 단점을 갖는지, 그 구체적인 방안은 무엇인지는 아래 III.과 IV. 이하에서 자세하게 살펴보도록 한다.

2 규제정책의 방향

(1) 규제체계

현행 정보보호 관련 법제도가 마련하고 있는 규제는 크게 두 가지 기준으로 체계화할 수 있다. 첫째는 시간적 순서에 따른 체계이고, 둘째는 규제의 강제성에 따른 체계이다.

1) 시간적 순서에 따른 규제체계

시간적 순서에 따라서는 규제를 세 가지로 구분할 수 있다. 사전적 규제, 현재적 규제, 사후적 규제가 그것이다. 사전적 규제로는 사전점검 및 정보보호 관리체계 인증, 현재적 규제로는 침해사고에 대한 긴급조치, 사후적 규제로는 침해사고의 원인분석이나 각종 벌칙 등을 들 수 있다.

첫째, 사전적 규제로서 사전점검 등을 들 수 있다.[17] 이는 일종의 자율규제에 속한다. 사전점검과 밀접하게 관련을 맺는 인증제도 역시 자율규제, 더욱 정확하게 말하면 '절차주의적 규제'에 해당한다.[18]

둘째, 현재적 규제로서 침해사고에 대한 긴급조치를 들 수 있다.[19] 물론 이때 말하는 긴급조치가 구체적으로 무엇인지에 관해서는 논란이 없지 않다. 그렇지만 이러한 긴급조치는 형사절차법의 '수사상 조치'라기보다는 현재 존재하는 위험을 제거하기 위한 일종의 '경찰법적 조치'라고 보는 것이 타당하다.

셋째, 사후적 규제로서 침해사고의 원인을 분석하고 이를 보고하도록 하는 방식의 규제를 들 수 있다.[20] 요컨대 '반성적 환류절차'를 통해 규제하는 방식이 그것이다. 물론 엄밀히 말하면, 이를 규제라고 지칭할 수 있을지 의문을 제기할 수 있다. 왜냐하면 일반적으로 규제는 피규제자의 행위를 제한하는 것을 목표로 하는데, 이러한 반성적 환류절차는 피규제자의 행위를 제한하는 것을 직접 목표로 삼기보다는 침해사고의 원인을 분석한 후 이를 '환류'(feed back)시키는 데 목표를 두기 때문이다. 그렇지만 반성적 환류절차를 마련하면, 이를 활

---

17 정보통신망법 제45조의2 참조.

18 정보보호 관리체계의 인증에 관해서는 정보통신망법 제47조 참조. 절차주의적 규제에 관해서는 K. Eder, "Prozedurale Rationalität. Moderne Rechtsentwicklung jenseits von formaler Rationalisierung", in: *Zeitschrift für die Rechtssoziologie* (1986), 22쪽 아래; G.-P. Calliess, *Prozedurales Recht* (Baden-Baden, 1998); A. Fischer-Lescano/G. Teubner, "Prozedurale Rechtstheorie: Wiethölter", in: Buckel/Christensen/Fischer-Lescano (Hrsg.), *Neue Theorien des Rechts* (Stuttgart, 2006), 79쪽 아래; 이상돈·홍성수, 『법사회학』(박영사, 2000), 39쪽 아래; 한국법사회학회 (편), 『현대 법사회학의 흐름』(세창출판사, 2017), 제4장 등 참조.

19 정보통신망법 제48조의2 제1항 제3호.

20 정보통신망법 제48조의4 참조.

용함으로써 현재 시행되고 있는 규제체계의 문제점을 파악할 수 있고 이를 통해 규제체계를 더욱 실효성 있게 개선할 수 있다. 이 점에서 반성적 환류절차 역시 규제체계의 일부로 파악할 수 있다. 바꿔 말하면, 반성적 환류절차는 반성적 규제절차의 중요한 일부분을 구성하는 것이다.[21]

침해사고에 대해 벌칙을 부과하는 것도 사후적 규제에 해당한다. 이는 전통적인 규제방식에 해당한다. 정보통신망에 대한 침해사고가 발생하지 않도록 규제를 통해 이를 직접적으로 억제하는 것이다. 정보통신망법 제10장이 규율하는 각종 벌칙 등이 이러한 규제방식에 해당한다.

2) 규제의 강제성에 따른 체계

규제의 강제성에 따라서는 규제를 '직접규제', '자율규제', '절차주의적 규제', '기술적·물리적 규제'(architectural regulation)로 체계화할 수 있다.

첫째, 직접규제는 법체계가 전통적으로 사용하는 규제방식이다. 수범자에게 직접 강제력을 부과하는 규제를 말한다. 침해사고에 대해 벌칙을 부과하는 방식이 여기에 속한다.

둘째, 자율규제는 수범자에게 강제력을 행사하지 않는 규제방식을 말한다. 수범자가 자율적으로 규제를 준수하도록 유도하는 규제를 말한다. 정보통신망법 제45조의2가 규정하는 사전점검이 이러한 자율규제에 해당한다.

셋째, 절차주의적 규제는 직접규제와 자율규제를 혼합한 규제방식이다. 직접규제의 타율성과 자율규제의 자율성을 혼합한 규제방식인 것이다. 이를테면 절차주의적 규제는 한편으로는 수범자가 준수해야 하는 규제의 구체적인 내용·절차·방법을 스스로 자율적으로 만드는 것을 허용하면서도, 다른 한편으로는 이렇게 자율적으로 형성한 규제를 준수할 것을 강제한다. 이러한 절차주의적 규제의 예로서 정보통신망법이 규정하는 정보보호 관리체계 인증 제도를 언급할 수 있다 (제47조). 정보통신서비스 제공자는 경우에 따라 정보통신망법이 규정하는 정보보

호 관리체계 인증을 받아야 하지만, 정보보호 관리체계를 어떻게 구체화할 것인지에 관해서는 정보통신서비스 제공자가 어느 정도 자율성을 갖기 때문이다.

넷째, '아키텍처 규제'(architectural regulation), 즉 '기술적·물리적 규제'는 인터넷 시대가 도래하면서 새롭게 각광을 받고 있는 규제방식이라고 말할 수 있는데,22 정보보호 관련 법제도는 이러한 규제방식을 적극 도입하고 있다. 전통적인 규제가 수범자의 '행위' 자체를 규제하고자 한다면, 기술적·물리적 규제는 수범자가 처한 '상황'을 기술적·물리적 방식으로 규제함으로써 규제가 지향하는 곳으로 수범자가 행위할 수밖에 없도록 만든다. 이를테면 정보통신서비스 제공자는 기술적인 방식으로 회원가입제도를 도입함으로써 회원이 아닌 이용자는 해당 서비스에 접속할 수 없도록 만들 수 있다. 이러한 기술적·물리적 규제의 예로서 정보통신망법 제45조 제3항을 들 수 있다.23

(2) 규제정책의 방향

그러면 정보보호 관련 법제도의 규제정책은 어떤 방향을 추구해야 하는가? 이에 관해서는 다음 네 가지를 언급하고자 한다.

1) 현재적 규제권한 구체화 및 강화

과학기술정보통신부장관에게 부여되는 현재적 권한, 즉 침해사고에 대한 긴급조치 권한을 한편으로는 구체화하고 다른 한편으로는 강화할 필요가 있다.24 현행 정보통신망법은 제48조의2 제1항에서 "과학기술정보통신부장관은

---

22 기술적·물리적 규제에 관해서는 Lee Tein, "Architectural Regulation and the Evolution of Social Norms", *Yale Journal of Law and Technology* 7(1)(2005); 심우민, "사업장 전자감시 규제입법의 성격", 『인권법평론』 제12호(2014. 2); 심우민, "정보통신법제의 최근 동향: 정부의 규제 개선방안과 제19대 국회 전반기 법률안 중심으로", 『언론과 법』 제13권 제1호(2014. 6), 88쪽 아래 등 참조.
23 이에 관해서는 유대종, "정보통신망법상 접근통제와 내부망에 관한 검토: 개인정보의 기술적·관리적 보호조치 기준 제4조 제4항을 중심으로", 『정보법학』 제20권 제2호(2016. 9) 참조.
24 이에 관해서는 손승우, "사이버 보안의 예방 수단을 위한 법제 분석", 『연세 의료·과학기술과 법』 제2권 제2호(2011. 8), 27쪽 아래 참조.

침해사고에 적절히 대응하기 위하여 다음 각 호의 업무를 수행하고, 필요하면 업무의 전부 또는 일부를 한국인터넷진흥원이 수행하도록 할 수 있다."고 규정하면서 이에 대한 업무로서 첫째, "침해사고에 관한 정보의 수집·전파", 둘째, "침해사고의 예보·경보", 셋째, "침해사고에 대한 긴급조치", 넷째, "그 밖에 대통령령으로 정하는 침해사고 대응조치"를 규정한다.25 그러나 여기서 알 수 있듯이, 현재적 규제권한으로 제시되는 "침해사고에 대한 긴급조치"는 너무 추상적이어서 구체적으로 과연 어디까지 침해사고에 대해 긴급조치를 할 수 있는지 문제된다. 과학기술정보통신부장관에게 부여되는 침해사고에 대한 긴급조치 권한을 명확하게 하기 위해서는 해당 규정을 더욱 구체화할 필요가 있다. 또한 침해사고에 더욱 효과적으로 대응할 수 있도록 좀 더 강력한 권한을 부여하는 것도 고려할 필요가 있다.

2) 중복적 규제 개선

현행 정보보호 관련 법률들이 갖추고 있는 중복적 규제를 합리적으로 개선할 필요가 있다. 규제를 합리화할 필요가 있는 것이다. 예를 들어, 정보보호 관리체계 인증이나 개인정보보호 관리체계 인증 제도를 통합적으로 운영할 수 있는 방안을 모색할 필요가 있다.26

---

25 정보통신망법 시행령 제56조는 법 제48조의2 제1항 제4호가 규정하는 "침해사고 대응조치"를 다음과 같이 구체화한다. 첫째는 "주요정보통신서비스 제공자 및 법 제46조 제1항에 따른 타인의 정보통신서비스 제공을 위하여 집적된 정보통신시설을 운영·관리하는 사업자에 대한 접속경로(침해사고 확산에 이용되고 있거나 이용될 가능성이 있는 접속경로만 해당한다)의 차단 요청", 둘째는 "「소프트웨어산업 진흥법」 제2조 제4호에 따른 소프트웨어사업자 중 침해사고와 관련이 있는 소프트웨어를 제작 또는 배포한 자에 대한 해당 소프트웨어의 보안상 취약점을 수정·보완한 프로그램(이하 "보안취약점보완프로그램"이라 한다)의 제작·배포 요청 및 정보통신서비스 제공자에 대한 보안취약점보완프로그램의 정보통신망 게재 요청", 셋째는 "언론기관 및 정보통신서비스 제공자에 대한 법 제48조의2 제1항 제2호에 따른 침해사고 예보·경보의 전파", 넷째는 "국가 정보통신망 안전에 필요한 경우 관계 기관의 장에 대한 침해사고 관련정보의 제공"을 말한다.

26 다만 이는 현재 "정보보호 관리체계 인증 등에 관한 고시"나 "개인정보보호 관리체계 인증 등에 관한 고시"로 사실상 통합적으로 운용되고 있다.

3) 사후적 정보보호에서 사전적 정보예방으로

사후적인 정보보호에서 사전적인 정보예방으로 규제 패러다임을 바꿀 필요가 있다. 현대 초연결사회에서는 정보통신망 침해사고가 유발하는 파장이 크다. 따라서 침해가 발생했을 때 비로소 이에 대응하고자 하거나, 침해사고가 발생한 이후 침해행위자를 적발해 벌칙 등과 같은 사후적인 제재를 부과하는 것은 적절한 대응방안이 될 수 없다. 그러므로 규제의 중점을 사후적인 제재에서 사전적인 예방조치로 옮길 필요가 있다. 이에 관해 앞에서 사후적 규제로서 언급한 반성적 환류절차는 사전적 예방조치와 연결되는 것으로 이해할 필요가 있다. 침해사고 이후에 이루어지는 반성적 환류절차는 침해사고를 예방하는 데 효과적인 방안이 될 수 있으므로 이는 더욱 강화할 필요가 있다.

4) 기술적·물리적 규제 강화

아키텍처 규제, 달리 말해 기술적·물리적 규제를 강화할 필요가 있다. 이는 위에서 언급한 예방 중심적 규제와 맥을 같이 한다. 왜냐하면 기술적·물리적 규제야말로 사전적 정보예방 규제정책을 실현하는 데 가장 적합한 규제방안이기 때문이다. 기술적·물리적 규제는 '설계를 통한 보안'(security by design) 구상을 구현한 규제방식으로서 정보통신기반시설이나 정보통신서비스를 설계하는 단계부터 정보예방을 실현할 수 있는 기술적·물리적 조치를 강구할 것을 강조한다. 애초부터 강화된 정보보호기술을 고려함으로써 각종 침해로부터 정보가 보호될 수 있도록 하는 것이다.

3 ▮ 정보공유 제도화

현대사회에서 급속도로 진화하는 침해사고에 대응하기 위해서는 침해사고에 관한 데이터, 즉 정보를 축적하고 공유할 수 있어야 한다. 그렇게 해야만 새로운 침해사고에 대응할 수 있는 예방조치도 적시에 개발 및 투입할 수 있기 때문이다. 위에서 규제방식으로서 반성적 환류절차를 강조한 것도 바로 이러한 맥락에서 이해할 수 있다. 이러한 정보공유를 제도화하기 위해서는 두 가지 전제조건이 충족되어야 한다. 첫째, 침해사고에 관한 빅데이터가 축적되어야 한다. 둘째, 빅데이터를 관리 및 공유할 수 있는 기관이 마련되어야 한다.

(1) 침해사고 관련 빅데이터 구축

먼저 침해사고와 관련된 빅데이터를 구축할 수 있어야 한다. 그러나 이는 현실적으로 쉽지 않다. 왜냐하면 침해사고에 관한 빅데이터 중에는 개인정보와 관련된 것이 있을 수밖에 없는데, 이에 관해서는 개인정보보호법의 명시적인 사전동의원칙이 적용되기 때문이다.[27] 명시적인 사전동의원칙을 엄격하게 관철하면, 침해사고에 관한 빅데이터를 구축하기 어렵다. 이러한 상황에서 침해사고에 관한 빅데이터를 구축하기 위해서는 다음 두 가지 선택지 중에서 어느 한쪽을 선택할 수밖에 없을 것이다.

우선 각 개인의 정보자기결정권을 침해하면서 빅데이터를 구축하는 것이다. 그러나 이는 명백하게 개인정보보호법을 침해하는 것이므로 현행법상 허용될 수 없다.

다음으로 개인정보에 대한 정보자기결정권을 배제할 수 있는 제도적 방안을 모색하는 것이다. 이에 관한 방안으로는 다음 세 가지를 꼽을 수 있다. 첫째는 포괄적인 사전동의방식을 허용하는 것이다.[28] 둘째는 포괄적인 사후승인방식(opt-out)을 도입하는 것이다. 셋째는 정보자기결정권에 대한 예외규정을 확대하는 것이다.[29] 이러한 방안은 모두 명시적인 사전동의방식을 원칙으로 하는

---

27 개인정보보호법 제22조 등 참조.

28 그러나 이는 현행 개인정보보호법 제3조가 규정하는 개인정보 보호원칙에 반한다. 예를 들어, 개인정보보호법 제3조 제1항은 "개인정보처리자는 개인정보의 처리 목적을 명확하게 하여야 하고 그 목적에 필요한 범위에서 최소한의 개인정보만을 적법하고 정당하게 수집하여야 한다."고 규정함으로써 포괄적인 사전동의방식을 배제하고 있기 때문이다.

29 현행 개인정보보호법도 정보자기결정권에 대한 예외규정을 마련하고 있다. 개인정보보호법 제15조 제1항 제2호에서 제6호 참조.

정보자기결정권을 제도적 장치로써 약화시키는 것이라고 말할 수 있다. 현대 빅데이터 사회에 대응하기 위해 이러한 방안을 수용할 것인지는 진지하게 고민할 필요가 있다.

(2) 정보공유기관 제도화

다음으로 정보공유기관을 명시적으로 제도화할 필요가 있다. 현행 정보통신기반 보호법은 정보공유·분석센터에 관한 규정을 갖추고 있기는 하지만, 너무 추상적이고 간소하게 마련되어 있다. 「국가사이버안보법안」이 제안하고 있는 것처럼(제12조), 정보공유에 관해 구체적이고 상세한 규정을 마련할 필요가 있다.[30]

4️⃣ 거버넌스 개선

현대사회에서 정보보호를 효과적으로 실현하기 위해서는 관련 법규범을 정비하는 것만으로 충분하지 않다. 이러한 법규범을 성공적·효율적으로 집행할 수 있는 거버넌스도 구축할 필요가 있다. 특히 관련 문제를 처리하고 집행할 수 있는 통일적인 거버넌스를 구축하는 것이 정보보호 및 개인정보보호를 실현하는 데 도움이 된다. 이러한 측면에서 개인정보를 보호하기 위한 거버넌스로서 방송통신위원회와 개인정보보호위원회를 병존시키는 것은 개선할 필요가 있다.

---

30 이에 관해서는 아래 제7장 참조.

⎯⎯ III. 통합정보보호법 제정방안

1️⃣ 체계화의 방안으로서 통합정보보호법 제정

앞에서도 언급한 것처럼, 현행 정보보호 관련 법제도를 개선하는 첫 번째 방안은 현재 비체계적·비정합적으로 난립하고 있는 정보통신 관련 법제도를 체계적으로 정립하는 것이다. 이에 대한 방안으로 이른바 「통합정보보호법」을 제정하는 것을 고려할 수 있다.

그러나 이렇게 통합정보보호법을 제정하는 것이 정보통신 관련 법제도를 체계화하는 데 도움을 줄 수 있는지, 더 나아가 정보통신 관련 법제도를 굳이 체계화해야 할 필요가 있는지 의문이 제기될 수 있다. 현행 법제도를 유지하면서, 각 법률이 갖고 있는 문제점을 개선하는 두 번째 방식을 따를 경우 이러한 의문을 제기할 수 있다. 이 같은 의문은 다음과 같은 근거에서 제시된다. 정보통신기술 영역은 그 어느 영역보다도 변화와 진보가 빠른 속도로 진행되고 있다. 바로 이러한 이유에서 정보통신기술 영역을 규율하는 법은 상황에 적합하게 그때그때 비체계적으로 제도화될 수밖에 없었다. 그런데 문제는 정보통신 관련법들을 체계적으로 통합한다고 해서 이러한 상황이 달라지지는 않는다는 것이다. 오히려 시간이 지나면 지날수록 변화의 속도는 더 빨라질 것이다. 그렇게 되면 설사 통합정보보호법을 제정한다고 해도 그 법은 금방 시대에 뒤처진 낡은 법이 되어 정보보호영역을 적절하게 규율할 수 없게 된다는 것이다. 이러한 근거에서 통합정보보호법을 제정함으로써 정보보호 관련 법제도를 정합적으로 체계화하는 것은 바람직한 법정책이 아니라는 것이다. 오히려 현재처럼 각 상황에 적합하게 법률을 만들어 가는 것이 정보통신기술 영역의 현실에 적절하게 대응하는 법정책이라는 것이다.

이러한 반론은 상당한 설득력을 지닌다. 그렇지만 이에 대해서는 다시 다음과 같이 재반론을 할 수 있다. 우선 여기서 추구하는 통합은 정보통신 관련법들을 모두 통합하는 것이 아니라, 정보보호와 관련을 맺는 법률, 그 중에서도 정보통신망법, 정보통신기반 보호법, 정보보호산업법을 통합하는 부분적인 통합작업이라는 것이다. 정보보호 관련법들을 체계적으로 한데 모으는 작업이기에 오히려 정보보호 영역에서 이루어지는 기술발전 및 변화에 더욱 능동적으로 대처할 수 있을 것이다. 정보보호와 관련된 법이 개별적으로 존재하는 경우에는 법을 능동적으로 개정하는 과정에서 오류나 흠결이 발생할 수 있기 때문이다.

다음으로 정보보호 관련법들을 체계화함으로써 얻게 되는 장점을 결코 무시할 수 없다. 실정법은 한편으로는 행위규범으로서, 다른 한편으로는 재판규범으로서 기능을 수행한다. 따라서 해당 실정법이 체계성과 정합성을 획득하면 할수록 이러한 기능 역시 강화될 것이다. 상황변화에 재빠르게 대응하는 법도 필요하지만, 이렇게 제정된 법이 체계성을 갖지 않아 행위규범 및 재판규범으로서 기능을 수행할 수 없다면 그저 장식적인 법이라고밖에 말할 수 없을 것이다. 더군다나 상황에 맞게 즉흥적으로 제정한 법은 이를 법적 분쟁에 적용하는 과정에서 문제가 발생할 수 있다. 법이 규범적 체계성을 갖추지 않음으로써 이를 적용하는 과정에서 행정부나 사법부는 더욱 많은 비용을 들여야 할 것이다. 이렇게 보면 법을 체계적으로 통합하는 문제는 규범을 만드는 데 더욱 비용을 투입할 것인가, 아니면 규범을 적용하는 데 비용을 투입할 것인가라는 문제와 연결된다. 이 문제에 정답은 없다. 그런데도 현재 정보보호 관련 법제도가 처한 상황을 고려하면, 현재로서는 통합정보보호법을 제정하는 것이 더욱 바람직한 방안이라고 생각한다. 한편 이렇게 통합정보보호법을 제정한다고 할 때, 여기에는 다음과 같은 문제가 제기된다.

2 명칭 문제

통합법의 명칭을 어떻게 정해야 할지 문제된다. 이를테면 '정보보호법'인지, '정보보안법'인지, 그게 아니면 '사이버보안법'인지 문제된다.[31] 이는 통합

---

[31] 이 문제에 관해서는 정필운, "사이버보안이란 개념 사용의 유용성 및 한계", 『연세 의료·과학기술과 법』 제2권 제2호(2011. 8), 1쪽 아래 참조.

정보보호법이 무엇을 규범목적으로 삼는가에 따라 달라진다.

　현행 정보보호 관련 법제도는 정보보호에 관해 크게 두 가지 보호를 규율한다. 정보보안을 뜻하는 정보보호와 개인정보보호가 그것이다. 정보보호를 주로 담당하는 법률이 정보통신망법과 정보통신기반 보호법이라면, 개인정보보호를 담당하는 법률은 개인정보보호법이다. 정보보호는 정보통신망을 포함하는 정보통신기반시설의 안정성을 목표로 한다는 점에서 개인정보에 대한 권리를 보장하고자 하는 개인정보보호와는 개념적으로 구별된다. 전자가 공익을 보장하고자 하는 것이라면, 후자는 권리를 보호하고자 하는 것이다. 그 점을 고려하면, 정보보호보다는 정보보안이라는 개념이 더욱 적합할 것이다. 다만 정보보호산업법 제2조 제1항 제1호가 보여주듯이, 정보보호가 이미 실정법상 개념으로 제도화되었다는 점에서 통합정보보호법이라는 개념을 사용하더라도 큰 문제는 없을 것이다.32

　나아가 통합정보보호법은 사이버 정보보호법이 되어야 하는지, 그게 아니면 사이버 정보보호에만 국한되지 않는 일반 정보보호법이 되어야 하는지 문제된다. 사실 현행 정보보호 관련 법률들, 이를테면 정보통신망법이나 정보통신기반 보호법의 규범목적을 고려하면, 통합정보보호법은 사이버 정보보호법이 되어야 한다. 왜냐하면 정보통신망법과 정보통신기반 보호법은 모두 전자적 침해, 즉 사이버 침해를 염두에 두고 있기 때문이다. 실제세계와 사이버세계의 개인정보를 모두 보호하고자 하는 개인정보보호법과는 달리, 정보통신망법과 정보통신기반 보호법은 사이버세계에서 발생하는 정보침해를 대상으로 하고 있다. 실제세계에서 발생하는 정보침해는 형법이나 민법 등에게 맡기고 있는 것이다. 이러한 상황을 고려하면, 통합정보보호법은 사이버 정보보호법이 되어야 한다. 비교법적으로 보아도 중국이나 일본은 모두 사이버보안법 형식으로 제정해 운

---

32 이에 따르면, 정보보호란 다음과 같은 활동을 위한 관리적·기술적·물리적 수단(정보보호시스템)을 마련하는 것을 말한다. 이때 말하는 활동이란 "정보의 수집, 가공, 저장, 검색, 송신, 수신 중에 발생할 수 있는 정보의 훼손, 변조, 유출 등을 방지 및 복구하는 것", "암호·인증·인식·감시 등의 보안기술을 활용하여 재난·재해·범죄 등에 대응하거나 관련 장비·시설을 안전하게 운영하는 것"을 말한다.

용하고 있다. 이는 결국 통합정보보호법이 규범목적을 어떻게 설정하는지, 달리 말해 어떤 침해사고를 막고자 하는지에 따라 달라질 것이다. 필자의 관점에서 보면, 정보통신기반시설에 대해서는 물리적 침해 역시 발생할 수 있고, 물리적 보안 역시 통합정보보호법이 고려해야 할 필요가 있다는 점에서, 사이버세계뿐만 아니라 실제세계의 정보보호까지 포괄하는 일반적 정보보호법을 제정하는 것이 바람직하다.

3 ▌ 통합방법

어떤 법률을 어떤 방법으로 통합해야 하는지 문제된다. 이에 관해 과학기술정보통신부는 정보통신망법, 정보통신기반 보호법, 정보보호산업법이라는 세 법률을 통합하는 방안을 모색한 바 있다. 여기에서 개인정보보호법은 제외하였다. 앞의 세 법률이 정보보호와 직접 관련을 맺는다는 점에서 이러한 방식에 큰 문제는 없다고 생각한다. 다만 다음과 같은 점은 고려할 필요가 있다.

첫째, 이를테면 일본처럼 기본법 체제로 갈 것인지, 아니면 세 개의 법률을 통합하는 통합법 형태로 갈 것인지 문제된다. 일본의 「사이버 시큐리티 기본법」은 실질적인 내용을 담고 있지는 않다. 따라서 통합법을 기본법 형태로 제정하고자 한다면, 이와는 별개로 실질적인 내용을 담고 있는 독자적인 단일 실체법을 제정할 필요가 있을 것이다.

둘째, 정보통신망법, 정보통신기반 보호법, 정보보호산업법의 규범목적을 고려하고 각 법률의 규범적 특성을 감안하면서 통합을 추진해야 한다는 것이다. 이 경우 정보통신망법과 정보통신기반 보호법은 규범적인 측면에서 유사한 부분을 갖고 있는 반면, 정보보호산업법은 다소 이질적인 측면을 갖고 있다는 점을 고려해야 한다. 정보통신망법과 정보통신기반 보호법은 정보통신망과 주요정보통신기반시설을 외적인 전자적 침해로부터 보호하는 데 중점을 두는 법이라면, 정보보호산업법은 '정보보호산업'을 '진흥'시키는 데 규범목적을 두고 있기 때문이다. 요컨대, 전자의 두 개 법률이 '침해로부터 보호'라는 '방어적 측면'에 주안점을 두고 있다면, 후자의 법률은 '정보보호산업 진흥'이라는 '적극적 측면'에 주안점을 두고 있다. 이러한 이질적인 성격을 고려하여 통합법을 추진해야 한다.

4 ░ 개인정보보호법에 대한 관계설정

통합정보보호법과 개인정보보호법의 관계를 어떻게 설정해야 하는지 문제된다. 통합정보보호법이 실질적으로 추구하는 것은 '정보보안'(information security)이라는 점에서 양자는 성격이 다르다. 따라서 두 법률의 관할영역을 명확하게 구분하는 것이 바람직하다. 달리 말해, 통합정보보호법은 정보보안에 관한 규율내용만을 담고, 개인정보보호에 관한 것은 개인정보보호법에 넘기는 것이 적절하다는 것이다. 이 점에서 통합정보보호법을 제정할 때 현행 정보통신망법이 담고 있는 개인정보보호에 관한 규율은 개인정보보호법으로 통합시키는 것이 바람직하다.

5 ░ 정보통신서비스 제공자-이용자 관계 재고

정보통신망법의 수범주체를 정보통신서비스 제공자와 이용자로 구분하여 각각 권리와 의무를 부과하는 규율정책도 재검토할 필요가 있다. 현행 정보통신망법은 정보통신망의 정보보호를 위해 정보통신서비스 제공자에게 사전점검이나 정보보호 관리체계 인증과 같은 여러 의무를 부과한다. 이와 달리 이용자에게는 정보보호를 위한 직접적인 의무를 부과하지 않는다. 그러나 오늘날과 같은 초연결사회에서는 정보통신서비스 제공자에게만 정보보호에 관한 의무를 부과하는 것은 적절하지 않다. 이용자에게도 정보통신망의 정보보호를 위해 일정 정도의 의무를 부과할 필요가 있다. 또한 정보통신망에서 이루어지는 소통에 새롭게 참여하고 있는 사물인터넷이나 인공지능 역시 정보보호를 위한 규율대상에 포함시킬 필요가 있다. 이러한 근거에서 사물인터넷이나 인공지능을 포괄할 수 있는 새로운 수범자 개념을 설정할 필요가 있다. 이를 위한 한 가지 방안은 '정보통신망 참여자'라는 개념을 설정하고 이러한 참여자 개념에 기존의 정보통신서비스 제공자 및 이용자뿐만 아니라 사물인터넷과 인공지능 등도 포함시키는 것을 고려할 수 있을 것이다. 더불어 정보통신서비스 제공자 개념의 외연도 확대할 필요가 있다.

— 표 5-1. 통합정보보호법 제정방안

통합정보보호법	정보통신망법	정보통신기반 보호법	정보보호 산업법
제1장 총칙 제2장 정보보호 정책의 수립 및 추진 제3장 정보보호 기반조성 및 산업 활성화 　제1절 정보보호산업의 활성화 　제2절 정보보호산업의 공정경쟁 환경 조성 　제3절 정보보호산업 분쟁의 조정 등 제4장 정보통신망에서 정보보호 및 안전성 확보 　제1절 정보통신망에서 정보보호 　제2절 정보통신망의 안정성 확보 　제3절 정보보호 관리체계 인증 등 제5장 주요정보통신기반시설의 보호 제6장 침해사고의 예방 및 대응 제7장 보칙 제8장 벌칙	전체 삭제	전체 삭제	전체 삭제

—— IV. 정보통신기반 보호법의 개선방안

앞에서 언급한 것처럼, 현행 정보보호 관련 법제도를 개선하는 방안에는 세 가지가 있다. 첫째는 위 III.에서 제시한 「통합정보보호법」을 제정해 정보보호 관련 법제도를 체계적으로 정비하는 것이다. 둘째는 현행 정보통신망법, 정보통신기반 보호법, 정보보호산업법의 체계를 유지하면서 각 법률을 개선하는 것이다. 셋째는 현행 정보통신망법, 정보통신기반 보호법, 정보보호산업을 유지하면서 이를 총괄하는 정보보호기본법을 별도로 제정하는 것이다. 아래에서는 이 중에서 두 번째 방안과 세 번째 방안을 살펴보도록 한다. 먼저 Ⅳ.에서는 정보통신기반 보호법의 개선방안, Ⅴ.에서는 정보통신망법의 개선방안을 검토한 후, Ⅵ.에서 정보보호기본법 제정방안을 제시하고자 한다.

1️⃣ 정보보호법으로서 정보통신기반 보호법

본격적인 논의를 하기에 앞서 정보보호 관련 법체계에서 볼 때 정보통신기반 보호법이 어떤 위상을 지니는지 짚고 넘어갈 필요가 있다. 왜냐하면 정보통신기반 보호법은 법명과는 달리 사이버보안법, 즉 정보보호법으로서 그 의미가 크기 때문이다. 이 책 제3장 제3절에서도 살펴본 것처럼, 정보통신기반 보호법은 국가가 지정한 주요정보통신기반시설을 전자적 침해로부터 보호하는 것을 목적으로 하는 법이다. 그렇지만 그 내용을 살펴보면, 실질적으로는 현대사회에서 발생하는 전자적 사이버침해로부터 정보통신망을 포함한 주요정보통신기반시설을 보호함으로써 정보보호를 실현하고자 하는 법이라는 점을 알 수 있다. 그 점에서 정보통신기반 보호법은 실질적으로는 정보통신망법보다도 정보보호기본법에 더욱 가까운 법이라고 말할 수 있다. 이러한 근거에서 볼 때, 현대사회의 구조변동에 걸맞게 정보통신기반 보호법을 개정하는 것은 그 무엇보다 중요한 의미를 갖는다.

2️⃣ 물리적 보호 포함

현행 정보통신기반 보호법은 명시적으로는 침해대상을 전자적 침해에 한정한다. 예를 들어, 정보통신기반 보호법 제1조는 "목적"이라는 표제 아래 "이

법은 전자적 침해행위에 대비하여 주요정보통신기반시설의 보호에 관한 대책을 수립·시행함으로써 동 시설을 안정적으로 운용하도록 하여 국가의 안전과 국민 생활의 안정을 보장하는 것을 목적으로 한다."고 규정한다. 여기서 알 수 있듯이, 이 법은 "전자적 침해"를 염두에 둔다. 정보통신기반 보호법의 입법자는 주요정보통신기반시설에 대한 물리적 침해에 대해서는 「재난 및 안전관리 기본법」이나 「자연재해대책법」 등과 같은 법률로 충분히 예방할 수 있다고 본 것 같다. 그러나 현대사회에서 정보보호가 효과적으로 이루어지려면 정보보호 개념에 논리적 보호 이외에 물리적 보호가 포함되어야 한다. 오늘날 정보침해는 전자적 침해와 물리적 침해를 동반하는 경우도 있을 수 있기 때문이다. 그러므로 주요정보통신기반시설을 효과적으로 보호함으로써 완전한 정보보호를 실현하기 위해서는 정보통신기반 보호법의 규범목적에 전자적 침해뿐만 아니라 물리적 침해에 대한 보호 역시 명시적으로 포함시키는 것이 바람직하다.

3 ▨ 주요정보통신기반시설 지정방법 개선

현행 정보통신기반 보호법 제8조 제1항에 따르면, 중앙행정기관의 장은 소관분야의 정보통신기반시설 중 다음의 사항을 고려하여 전자적 침해행위로부터 보호가 필요하다고 인정되는 정보통신기반시설을 주요정보통신기반시설로 지정할 수 있다. 첫째, 당해 정보통신기반시설을 관리하는 기관이 수행하는 업무의 국가사회적 중요성, 둘째, 당해 정보통신기반시설을 관리하는 기관이 수행하는 업무의 정보통신기반시설에 대한 의존도, 셋째, 다른 정보통신기반시설과의 상호연계성, 넷째, 침해사고가 발생할 경우 국가안전보장과 경제사회에 미치는 피해규모 및 범위, 다섯째, 침해사고의 발생가능성 또는 그 복구의 용이성이 그것이다.

하지만 정보통신기반 보호법 제8조 제1항이 제시하는 요건은 상당히 포괄적이라고 할 수 있다. 그 때문에 행정, 금융, 운송, 에너지, 화학, 보건의료 등과 같은 각 분야별 주요정보통신기반시설의 고유한 특성이 적절하게 고려되고 있지 않다는 지적이 나온다. 따라서 정보통신기반시설 관리기관의 중요성을 적절하게 평가할 수 있도록 행정, 금융, 운송, 에너지, 화학, 보건의료 등 각 분야별로 특성에 맞게 세부 기준을 분류하여 설득력 있는 평가기준을 마련할 필요가 있다. 특히 제어 분야는 외부에 대한 연계가 없거나 이를 최소화하여 운영되고 있다는 점을 감안하여 상호연계도 및 피해규모를 평가하는 기준을 마련할 때 이러한 특성을 고려할 필요가 있다. 현재는 평가기준이 너무 포괄적이어서 각 분야에 적합한 기준이 제공되지 못하고 있을 뿐만 아니라 국가·사회적인 영역도 적절하게 고려가 되고 있지 않다. 이러한 포괄성은 지정 평가를 할 때 특정 영역을 누락시키거나 과장을 야기할 수 있다.[33]

이에 지정 권고를 받은 중앙행정기관의 장은 위원회의 심의를 거쳐 지정 여부를 결정하도록 하는 한편, 정보통신기반보호위원회의 심의사항에 주요정보통신기반시설의 지정 및 지정 취소에 관한 사항을 명시적으로 규정함으로써 지정권고 제도의 실효성을 확보하기 위한 「정보통신기반 보호법 일부개정법률안」이 지난 2016년에 발의되었다. 이는 2018년 1월 국회 본회의 심의를 통과하여 2018년 5월 22일부터 시행되고 있다. 이에 따르면, 정보통신기반보호위원회는 정보통신기반 보호법 제4조의2에 따라 같은 법 제8조 제5항이 정하는 주요정보통신기반시설의 지정 및 지정 취소에 관한 사항을 심의한다. 그리고 정보통신기반 보호법 제4조의3에 따라 같은 법 제8조의2 제1항 후단이 정하는 주요정보통신기반시설의 지정 여부에 관한 사항을 심의한다. 아울러 정보통신기반 보호법 제8조의2 제1항 단서에 "이 경우 지정 권고를 받은 중앙행정기관의 장은 위원회의 심의를 거쳐 지정 여부를 결정하여야 한다."는 내용이 추가되었다.

---

[33] 허준, "주요 정보통신기반시설 신규 지정 방법론 연구", Internet & Security Focus, 2013년 9월호, 2013, 30쪽.

4　주요정보통신기반시설의 취약점 분석·평가 및 관리지원 개선

　　정보통신기반 보호법은 주요기반시설 보호에 관해서는 취약점 분석·평가, 보호대책 수립 등에 대한 법적 근거를 두어 이를 의무화하고 있다(제9조). 그러나 주요기반시설 보호를 위한 일원화된 체계가 존재하지 않은 채, 단지 관련부처에 주요기반시설 보호에 관한 사항을 권고할 수 있는 권한만을 간사역할을 수행하는 중심부처(과학기술정보통신부, 국가정보원)에 부여함으로써 정보통신기반 보호법이 실효성 있게 작동하는 데 한계가 노정되고 있다.

　　또한 취약점 분석·평가에 관해서는 원칙적으로 관리기관의 장이 자체적으로 전담반을 구성해야 하지만, 예외적으로 한국인터넷진흥원, 정보공유·분석센터, 국가보안기술연구소 또는 지식정보보안 컨설팅전문업체 등 외부 전문기관에 이를 위탁할 수 있도록 하고 있다. 그런데 정보통신기반시설은 그 사업규모가 매우 크기 때문에 이를 유지하고 관리하는 데 많은 비용이 소요된다. 이는 정보통신기반시설을 운영하는 민간사업자들에게 부담이 되고 있다. 따라서 이에 대한 적절한 지원방식을 포함하여 민간기관이 운영하는 주요정보통신기반시설을 어떻게 유지 및 관리하도록 할 것인지를 모색할 필요가 있다.

5　정보통신기반보호위원회 개편

　　주요정보통신기반시설을 효과적으로 보호하기 위해서는 이를 관할하는 거버넌스를 통일적으로 강화할 필요가 있다. 이러한 맥락에서 주요정보통신기반시설의 보호에 관한 사항을 심의하는 기구로서 정보통신기반 보호법 제3조가 규정하는 '정보통신기반보호위원회'를 개편할 필요가 있다. 가장 바람직한 방법은 일본의 「사이버 시큐리티 기본법」이 규정하는 것처럼 정보통신기반위원회를 정보보호에 관한 컨트롤타워로서 확대 개편하는 것이다. 물론 이렇게 하기 위해서는 정보통신기반 보호법을 통합정보보호법으로 개편할 필요가 있다. 그게 아니라면, 다음과 같은 방법으로 정보통신기반보호위원회를 개편할 필요가 있다.

첫째, 일본의 '내각 사이버 시큐리티 전략본부'처럼 정보통신기반보호위원회도 중앙행정기관의 장관들이 참여하는 장관급 위원회로 설치 및 운영할 필요가 있다.

둘째, 이러한 정보통신기반보호위원회를 심의기구가 아닌 의사결정기구로 강화할 필요가 있다.

셋째, 정보통신기반보호위원회를 실무적으로 지원하는 실무위원회나 독자적인 센터를 설치 및 운영할 필요가 있다. 또는 침해사고대책본부를 설치하는 것도 좋은 방안이다. 이를 더욱 상세하게 서술하면 다음과 같다.

주요정보통신기반시설에 대해 중대한 침해사고가 발생한 경우 현재의 보호체계에서는 정보통신기반보호위원회 산하에 정보통신기반 침해사고대책본부를 한시적으로 운영하여 응급대책, 기술지원 및 피해복구 등을 수행하도록 하고 있다. 그렇지만 정보통신기반시설에 대한 중대한 침해사고가 다수 발생하고 있는 현실을 감안하면, 침해사고 대책에 전문적으로 대응할 수 있는 상설조직이 필요할 것으로 보인다. 현재는 과학기술정보통신부 및 국가정보원 등 유관기관의 직원들로 비상설기구를 조직하도록 하고 있다. 이를 보완하기 위해서는 상설총괄기관 또는 최고기관을 설치한 후 이러한 기관과 유관기관 사이에 협력체계가 만들어지도록 하는 방안을 고려할 필요가 있다.

6 ▐ 정보공유·분석센터 확대개편

주요정보통신기반시설을 효과적으로 보호하기 위해서는 정보공유·분석센터 구축을 장려하기 위한 장치가 마련되어야 한다. 이를 위해서는 정보공유·분석센터의 운영재원 일부를 정부가 지원하고, 한국인터넷진흥원, 국가정보원 등 공공기관이 수집·분석한 각종 사이버 위협정보를 정보공유·분석센터를 통해 공유될 수 있도록 해야 한다. 현재 정보통신, 금융, 지방자치단체 등에 소속된 소수의 정보공유·분석센터만이 가동되고 있다. 그러나 실질적인 인센티브를 제공하는 동시에 정보공유·분석센터의 설립 및 가입을 의무화함으로써 모든 정부부처에 1개 이상의 정보공유·분석센터가 설립 및 가동되도록 해야 할 필요가 있다. 이를 통해 정보공유·분석센터가 사이버 위협정보를 공유하고 분석하는 데 핵심적인 역할을 할 수 있도록 해야 한다.[34] 아울러 이러한 정보공유·분석센터를 총괄적으로 컨트롤할 수 있는 정보공유·분석센터를 설치 및 운영할 필요가 있다.

7　침해사고에 대한 대응 및 예방권한 강화

현행 정보통신기반 보호법은 제4장에서 "주요정보통신기반시설의 보호 및 침해사고의 대응"이라는 표제 아래 침해사고에 대한 대응권한 등을 규정한다. 그러나 정보통신망 침해사고에 대한 대응 및 예방 그리고 사후평가 권한 등을 비교적 상세하게 규정한 정보통신망법 제6장과 비교할 때 정보통신기반 보호법 제4장은 침해사고에 대한 예방권한 등을 너무 간략하게 규정한다. 정보통신기반 보호법 제4장이 실질적으로 작동할 수 있도록 하기 위해서는 침해사고에 대한 대응·예방·사후평가 권한 등을 지금보다 대폭적으로 상세하고 구체적으로 규정할 필요가 있다.

8　기술개발 및 전문인력 양성 강화

정보통신기반 보호법은 정보통신기반시설을 보호하기 위하여 필요한 기술의 개발 및 전문인력 양성에 관한 시책을 강구할 수 있다는 규정을 두고 있다 (제24조). 그러나 이는 일반적인 의미에 그치고 있다. 이를 사전예방적 차원의 대응규제로서 안착시키기 위해서는 정보통신기반시설을 보호하는 고급 전문인

---

34 안성진·박봉선·오경선·권지영, 『주요 정보통신기반시설에 대한 효율적 관리방안 연구』(미래창조과학부, 2015), 56쪽.

력의 중요성을 더욱 강조하고, 이를 양성하는 기관 및 이에 대한 지원책이 구체적으로 마련되어야 할 필요가 있다. 이러한 기술개발과 전문인력 양성 문제는 결국 예산 문제와 직결된다. 따라서 구조변동이 진행되고 있는 현대사회의 현실을 감안하여 정보보호를 위한 예산을 증액할 필요가 있다. 이를 통해 정보보호 선진국으로 도약할 수 있는 길을 마련해야 한다.

9 통합정보보호법의 제정 필요성

그러나 이렇게 정보통신기반 보호법을 부분적으로 개선하는 방식으로는 현대사회에서 발생하는 정보침해에 적절하게 대응하는 데 한계가 있다. 현대사회의 구조변동에 효과적으로 대응하기 위해서는 현행 정보보호 관련 법체계를 전면적으로 개선할 필요가 있다. 가장 좋은 방안은 이미 앞에서 언급한 것처럼 현행 정보통신망법, 정보통신기반 보호법, 정보보호산업법을 체계적으로 통합하는 통합정보보호법을 제정하는 것이다. 이러한 통합정보보호법에서 정보보호의 일원화를 위한 정책의 기본원칙을 수립하고, 정보 및 정보통신기반시설을 보호하는 데 필요한 법적 원칙과 규제를 마련해야 한다. 또한 통합정보보호법이 적용되는 범위를 확장해야 할 필요가 있다. 정보통신 분야뿐만 아니라 금융, 의료, 교육 등 정보통신과 결합되어 있는 정보통신기반시설까지 적용대상에 포함시킴으로써 초연결과 디지털 트랜스포메이션이 광범위하게 진행되고 있는 현대사회에서 정보보호를 실질적으로 보장할 수 있어야 한다. 나아가 장기적으로 이를 관리할 수 있는 독자적이고 총괄적인 거버넌스로서 정보보안청을 설치하여 공공 및 민간부문의 정보보호를 통합적으로 수행할 수 있도록 해야 할 필요가 있다.

10 ■ 정보통신기반 보호법을 정보보호기본법으로 확대개정

다만 여러 여건으로 통합정보보호법을 제정하는 것이 쉽지 않다면, 정보통신기반 보호법을 정보보호기본법으로 확대개정하는 것도 모색할 수 있다. 이에 관한 상세한 내용은 아래 Ⅵ.에서 다루도록 한다.

— 표 5-2. 정보통신기반 보호법 개정방안

1. 물리적 보호 포함
2. 주요정보통신기반시설 지정방법 개선
3. 주요정보통신기반시설의 취약점 분석·평가 및 관리지원 개선
4. 정보통신기반보호위원회 개편
5. 정보공유·분석센터 확대개편
6. 침해사고에 대한 대응 및 예방권한 강화
7. 기술개발 및 전문인력 양성 강화
8. 정보통신기반 보호법을 정보보호기본법으로 확대개정

── Ⅴ. 정보통신망법의 개선방안

정보통신망법은 다음과 같이 개선하는 것이 바람직하다.

1 ■ 정보통신서비스 제공자 개념 확장

현행 정보통신망법은 정보통신서비스 제공자와 이용자의 관계를 중심으로 하여 규율한다. 이때 정보통신서비스 제공자란 "「전기통신사업법」 제2조 제8호에 따른 전기통신사업자와 영리를 목적으로 전기통신사업자의 전기통신역무를 이용하여 정보를 제공하거나 정보의 제공을 매개하는 자"를 말한다(제2조 제1항 제3호). 그리고 이용자란 "정보통신서비스 제공자가 제공하는 정보통신서비스를

이용하는 자"를 말한다(제2조 제1항 제4호). 그런데 여러 번 지적한 것처럼, '정보통신서비스 제공자' 개념에서는 "영리를 목적으로"라는 개념요소가 핵심적인 표지가 된다는 점이다. 이를 반대로 추론하면, 정보통신서비스를 제공하는 자라 할지라도 영리를 목적으로 하지 않는 경우에는 정보통신망법이 설정하는 '정보통신서비스 제공자' 개념에 속하지 않는다는 결론이 도출된다. 그러나 이렇게 '정보통신서비스 제공자' 개념을 설정하는 것은 현대 초연결사회 및 지능정보사회에서 볼 때 너무 협소한 것이라고 할 수 있다. 이렇게 정보통신서비스 제공자를 정의하면, 현대 지능정보사회에서 중요한 역할을 하는 사물인터넷을 적절하게 규율할 수 없다. 그러므로 정보통신서비스 제공자의 개념적 외연을 확장하거나, 그게 아니면 아예 다른 개념으로 대체할 필요가 있다. 정보통신서비스 제공자와 이용자의 상위 개념으로서 '정보통신망 참여자'라는 개념을 상정할 수 있다.

2 주요정보통신서비스 제공자 개념 신설

현행 정보통신망법은 제47조의4 제2항에서 주요정보통신서비스 제공자라는 개념을 사용하면서도 누가 주요정보통신서비스 제공자에 해당하는지 그 개념을 정의하지 않는다. 이는 명백히 흠결에 해당한다. 따라서 정보통신망법을 개정하여 주요정보통신서비스 제공자가 누구인지 규정할 필요가 있다.

3 정보통신망법의 이원적 구조 개선

현행 정보통신망법은 규제의 측면에서 볼 때 이원적인 구조를 지니고 있다. 우선 정보보호의 측면에서 볼 때 정보통신망법은 두 가지 목표를 추구한다. 첫째는 일반적인 정보보호, 더욱 정확하게 말해 사이버 보안을 추구한다. 둘째는 정보통신망에서 개인정보를 보호하는 것이다. 달리 말해, 사이버 개인정보보호를 추구하는 것이다.

나아가 정보통신망법은 이러한 두 가지 목표를 실현하기 위해 이원적인 거버넌스를 마련하고 있다. 첫째, 일반적인 정보보호를 실현하는 역할을 과학기술정보통신부에 부여한다. 이는 정보통신망법 제6장이 명확하게 보여준다. 정보통신망법 제6장을 보면 알 수 있듯이, 과학기술정보통신부장관은 정보통신망에서 정보보호를 실현하기 위해 다양한 권한과 책임을 부담한다. 둘째, 정보통신망법은 정보통신망에서 개인정보를 보호하는 역할을 방송통신위원회에 부여한다. 이는 정보통신망법 제4장이 잘 보여준다.

그러나 이러한 이원적 구조는 문제가 없지 않다. 이원적 구조로 인해 정보통신망법이 지향하는 규범적 목표가 명확하지 않다. 또한 개인정보에 관해서는 이미 일반법으로서 개인정보보호법이 시행되고 있다는 점을 고려해야 한다. 따라서 정보통신망법은 정보보호법으로서 그 지향점을 분명히 하여 이원적 구조를 일원적 구조로 바꾸어야 한다.

4 정보통신망법 제6장 개선

정보통신기반 보호법 제4장과 비교할 때 정보통신망법 제6장은 비교적 상세한 규정을 담고 있다. 그러나 정보통신망에서 자행되는 침해사고를 효과적으로 억제하고 예방하기 위해서는 정보통신망법 제6장을 개선할 필요가 있다. 예를 들어 다음과 같은 점을 개선할 필요가 있다.

첫째, 정보통신망법 제47조의4 제1항이 규정하는 "필요한 조치"가 구체적으로 무엇인지 명확히 할 필요가 있다. 특히 이러한 필요한 조치로서 '리버스 엔지니어링'을 행할 때가 있는데, 이 같은 리버스 엔지니어링이 지식재산권법과 충돌할 때 이를 해결할 수 있는 규정을 신설할 필요가 있다.

둘째, 정보통신망법 제48조의2 제2항이 규정하는 "침해사고 관련 정보"가 구체적으로 무엇인지 개선할 필요가 있다.

셋째, 정보통신망법 제48조의3 제2항이 규정하는 "필요한 조치"가 구체적으로 무엇인지 개선할 필요가 있다.

넷째, 정보통신망법 제48조의4 제2항이 규정하는 침해사고에 대한 원인분석 권한을 구체적으로 어디까지 볼 것인지 명확하게 규정할 필요가 있다.

5 ▌ 정보통신서비스 제공자-이용자 관계 개선

앞에서 지적한 것처럼, 정보통신망법이 '정보통신망 참여자'를 '정보통신서비스 제공자'와 '이용자'를 중심으로 하여 설정하고 있는 점은 현 상황에서 볼 때 문제가 없지 않다. 정보통신서비스 제공자와 이용자의 관계를 중심으로 하는 것은 제3차 산업혁명이 진행되는 상황에서는 적절해 보인다. 그렇지만 제4차 산업혁명을 통해 모든 것이 인터넷으로 연결되는 초연결사회 그리고 데이터가 새로운 지능을 만들어내는 지능정보사회가 출현하고 있는 현 상황에서는 시대에 뒤떨어지는 것으로 보인다. 그 이유를 다음과 같이 말할 수 있다.

정보통신서비스 제공자와 이용자의 관계를 중심으로 하여 정보통신망 참여자를 설계하는 방식은 정보통신서비스 제공자가 이용자보다 더욱 많은 정보를 수집 및 관리하고 있고, 따라서 정보보호의 책임도 정보통신서비스 제공자가 짊어져야 한다는 사고방식을 배후근거로 한다. 정보이용과 보호의 측면에서 볼 때, 정보통신서비스 제공자와 이용자는 서로 평등한 관계를 형성하는 것이 아니라, 정보통신서비스 제공자가 더욱 우월한 관계를 형성하고 있다는 사고가 배후에 깔려 있는 것이다. 그러나 특히 사물인터넷으로 초연결사회가 구현되고, 이를 통해 개인 이용자가 소유하는 스마트폰에도 다양한 정보가 집적되는 현 상황에서 볼 때, 정보통신서비스 제공자에게만 정보보호에 관한 의무와 책임을 부과하는 것은 바람직한 정보보호 규제정책이 아니라고 생각한다. 이는 D−Dos 공격과 같은 최근의 해킹방법이 정보통신서비스 제공자를 직접 공격목표로 설정하기보다는 개인 이용자의 컴퓨터 등을 이용한다는 점에서도 확인할 수 있다. 따라서 정보보호 혹은 사이버 보안을 실현하기 위해서는 현행 정보통신서비스 제공자와 이용자 관계를 중심으로 하여 정보통신망 규제를 설계하고 있는 정보통신망법의 규율태도를 재고할 필요가 있다.

━ 표 5-3. 정보통신망법의 개정방안

---

1. 정보통신서비스 제공자 개념 확장
2. 주요정보통신서비스 제공자 개념 신설
3. 정보통신망법의 이원적 구조 개선
4. 정보통신망법 제6장 개선
5. 정보통신서비스 제공자-이용자 관계 개선

───── Ⅵ. 정보보호기본법 제정방안

🔳 개 관

　　현행 정보보호 관련 법체계를 개선하는 방안으로는 세 가지를 언급할 수 있다. 첫째는 현재 개별적으로 존재하는 정보보호 관련 법률을 체계적으로 통합하여 통합정보보호법을 제정하는 것이다. 둘째는 개별 정보보호 관련 법률을 현행처럼 유지하면서 현대사회의 구조변동에 걸맞게 이를 개선하는 것이다. 첫 번째와 두 번째를 어떻게 실행할 것인지는 앞에서 살펴보았다. 마지막 세 번째는 일본의 경우처럼 한편으로는 현행 정보보호 관련 법률을 기본적으로 유지하면서도, 다른 한편으로는 이들 개별법을 총괄적으로 컨트롤하는 「정보보호기본법」을 제정하는 것이다. 이 법률에서는 정보보호와 같은 기본 개념, 정보보호의 기본원칙, 정보보호기본계획 등을 규율하면서, 동시에 일본의 사이버 시큐리티 기본법처럼 정보보호 문제를 총괄하는 거버넌스, 이를테면 정보보호위원회의 구성 및 권한 등을 규정하는 것이다. 필자는 이러한 세 번째 방안 역시 현대사회에서 발생하는 정보침해 문제에 대응하는 데 적절하다고 판단한다.

2 ■ 실행방안

이를 실행하는 방안, 즉 정보보호기본법을 제정하는 방안은 다시 두 가지로 살펴볼 수 있다. 첫째는 현행 정보통신기반 보호법을 정보보호기본법으로 확대개정하는 것이다. 둘째는 정보통신망법, 정보통신기반 보호법, 정보보호산업법을 현행처럼 유지하면서 별도의 정보보호기본법을 제정하는 것이다. 이를 아래에서 살펴보도록 한다.

(1) 현행 정보통신기반 보호법을 정보보호기본법으로 확대개정

먼저 현행 정보통신기반 보호법을 정보보호기본법으로 확대개정하는 방안을 모색할 수 있다. 이 방안은 나머지 정보통신망법과 정보보호산업법을 유지하면서 정보통신기반 보호법을 확대개정하는 방안이어서 실제로 시행하기에 용이하다. 이는 구체적으로 다음과 같이 모색할 수 있다.

1) 정보보호범위 확장

먼저 정보보호 개념의 범위를 확장해야 한다. 이미 언급한 것처럼, 정보보호기본법이 실현하고자 하는 정보보호는 전자적 침해에 대한 보호뿐만 아니라 물리적 침해에 대한 보호까지 포함하는 개념으로 설정할 필요가 있다.

2) 정보통신기반보호위원회의 확대개편 및 권한강화

다음으로 정보통신기반보호위원회를 정보보호에 관한 사무를 총괄하는 정보보호위원회로 확대개편할 필요가 있다. 정보보호위원회가 이러한 역할을 수행할 수 있도록 대통령 직속기구로 설치하고 일본의 내각 사이버 시큐리티 본부처럼 장관급 위원이 참여하는 위원회로 운영할 필요가 있다. 정보보호위원회의 권한도 강화할 필요가 있다. 정보보호위원회를 심의기구가 아닌 의사결정기구로 강화하고, 실질적으로 정보보호를 실현할 수 있는 권한을 부여할 필요가 있다.

3) 정보통신망의 안정성에 관한 규정 이전

나아가 정보통신기반 보호법 제4장을 정보통신망법 제6장처럼 강화할 필요가 있다. 바람직한 방안은 정보통신망의 안정성을 규정하는 정보통신망법 제6장 전체를 정보통신기반 보호법으로 이전시키는 것이다. 달리 말해, 정보통신기반 보호법이 직접 정보통신망의 안정성을 담당하도록 하는 것이다. 이렇게 하면 정보통신기반 보호법이 정보보호기본법으로 변모할 수 있을 것이다.

4) 정보공유규정 강화

마지막으로 정보공유에 관한 규정을 대폭 강화하여 포함시키는 것이다.[35] 정보통신기반 보호법에 독자적인 장을 마련하여 여기에서 정보공유를 규율하는 방안을 생각할 수 있다. 현대사회에서는 정보공유야말로 정보보호를 위해 필수불가결한 것이므로, 정보통신기반 보호법에 정보공유에 관한 상세한 규정을 담아야 한다. 그렇게 해야만 비로소 정보통신기반 보호법이 정보보호기본법으로서 작동할 수 있다.

표 5-4. 정보통신기반 보호법을 정보보호기본법으로 대폭 개정

정보보호기본법 (정보통신기반 보호법)	정보통신망법	정보보호산업법
정보침해행위 범위 확장 (제1조 개정)		
정보보호 관련 기본개념 규정 신설	제1장 "총칙"을 정보보호기본법으로 이전	
정보보호기반보호위원회의 확대 개편 및 권한강화		
정보통신망의 이용촉진에 관한 규정 신설	제2장 "정보통신망의 이용촉진"을 정보보호기본법으로 이전	
정보통신기반 보호법 제4장과 정보통신망법 제6장을 통합	제6장 "정보통신망의 안정성 확보"를 정보보호기본법으로 이전	
정보보호규정 강화		

---

[35] 이에 관해서는 아래 제7장도 참조.

(2) 정보보호기본법의 신설

현행 정보통신망법, 정보통신기반 보호법, 정보보호산업법을 유지하면서 일본처럼 독자적인 정보보호기본법을 신설하는 것을 고려할 수 있다. 이렇게 정보보호기본법을 제정할 때는 여기에 다음과 같은 내용을 포함시킬 필요가 있다.

1) 정보보호의 규범목적, 기본개념 및 기본계획 등

우선 정보보호기본법이 추구하는 규범목적 및 정보보호에 관한 기본개념을 명확히 해야 한다. 이를테면 정보보호 개념이란 무엇인지, 이것이 개인정보보호와 어떤 점에서 차이가 있는지 명확히 할 필요가 있다. 현재 정보보호 개념은 정보보호산업법이 규정하고 있는데, 정보보호산업법의 규범적 위상을 고려할 때 이는 썩 바람직한 규정은 아니다. 정보보호와 같은 기본개념은 정보보호기본법에서 규정하는 것이 바람직하다. 아울러 정보보호에 관한 기본계획 등과 같은 원칙적인 규정도 정보보호기본법에 규정할 필요가 있다.

2) 정보보호위원회와 정보보호실무위원회

다음으로 가장 중요한 내용으로서 정보보호 사무를 총괄하는 정보보호위원회를 규정할 필요가 있다. 정보보호위원회를 어떻게 구성하고 운영할 것인가에 관해서는 이미 살펴보았다. 일본의 경우처럼 대통령 직속의 장관급 위원회로 설치 및 운영할 필요가 있다. 한편 이러한 정보보호위원회를 실무적으로 뒷받침하는 정보보호실무위원회의 규정도 마련할 필요가 있다. 정보보호실무위원회는 일본의 사이버 시큐리티 센터가 수행하는 역할을 하게 된다.

3) 정보공유

마지막으로 정보공유에 관한 상세한 규정을 마련할 필요가 있다. 현대사회에서는 정보공유가 정보보호를 실현하는 데 유익한 기여를 할 수 있기에 이에 관한 상세한 규정을 정보보호기본법에 담을 필요가 있는 것이다.

■ 표 5-5. 정보보호기본법 신설안

정보보호기본법	정보통신망법	정보통신기반 보호법	정보보호산업법
정보보호의 규범목적, 기본개념 및 기본계획 등 신설	현행 유지	현행 유지	현행 유지
정보보호위원회와 정보보호실무위원회 신설			
정보공유 신설			

디지털 트랜스포메이션과 정보보호
: 정보통신망법의 해석과 정책

융합보안제도의 현황과 개선방안

_ 6장
융합보안제도의 현황과 개선방안

—— I. 서 론

요즘 유행어가 되고 있는 '제4차 산업혁명'은 단순히 새로운 과학기술의 급격한 발전만을 뜻하는 것이 아니라, 현대사회의 패러다임을 근본적으로 바꾸고 있다. 동시에 법적 사고의 기본 틀 역시 바꾸고 있다.[1] 이와 더불어 제4차 산업혁명이 진행되면서 그 이전에는 경험하지 못하였던 새로운 법적 문제가 등장하고 있다. '융합보안' 문제 역시 그 가운데 한 예라 할 수 있다. '융합보안' 문제와 같이 제4차 산업혁명이 유발하는 새로운 법적 문제는 전통적인 법적 사고와 제도만으로는 적절하게 해결하기 어렵다. 이러한 문제를 해결하기 위해서는 새로운 법적 사고와 틀 위에서 법적 제도를 설계하고 이를 적용할 수 있어야 한다. 제6장에서는 어떤 측면에서 융합보안 문제가 새로운 법적 문제가 되는지, 이러한 융합보안 문제가 어떤 점에서 인권 문제가 되는지, 이를 해결하기 위해서는 어떤 법정책을 펼쳐야 하는지 살펴보도록 한다.

---

1 이에 관해서는 이 책 제2장 및 양천수, 『제4차 산업혁명과 법』(박영사, 2017) 등 참조.

—— Ⅱ. 융합보안의 의의와 문제지점

1 현실세계와 사이버세계의 융합

제4차 산업혁명이 진행되고 있는 오늘날 관찰할 수 있는 현상으로서 현실세계와 사이버세계가 융합되고 있는 모습을 들 수 있다. 컴퓨터 하드웨어 기술이 급속하게 발전하고 인터넷이 등장하면서 사이버세계가 현실세계에 못지않은, 더 나아가 현실세계와 동등하거나 때로는 이를 넘어서는 의미와 중요성을 갖게 되었다. 이에 따라 사이버세계와 관련된 사이버경제가 비약적으로 성장하고 있다. 전 세계적으로 성장하고 있는 게임시장이 이를 예증한다. 더불어 최근에는 현실세계와 사이버세계가 융합하는 현상도 가속화되고 있다. 이에 따라 '증강현실'이 새로운 블루오션으로 자리 잡고 있다. 전 세계적인 열풍을 일으킨 '포켓몬 고'가 이를 잘 보여준다. 그런데 이렇게 현실세계와 사이버세계의 융합이 급속하게 진전되면서 '융합보안'이 새로운 이슈로 부각되고 있다. '융합보안'이 새로운 법적 문제로 등장하고 있는 것이다.

2 융합보안의 의의

(1) 개념

융합보안이란 지난 2008년 지식경제부에서 발표한 "Securing Knowledge Korea 2013"에서 제시한 개념이다. 그 당시 지식경제부는 보안 개념을 크게 '물리보안', '정보보안'으로 구분하면서 이러한 두 보안이 새롭게 융합되는 보안을 융합보안으로 지칭하였다. 요컨대 융합보안은 물리보안과 정보보안의 성격을 모두 갖고 있는 보안이라 할 수 있다. 오늘날 사물인터넷과 인공지능 기술이 급격하게 발전하면서 융합보안이 새로운 정보보안 문제로 각광을 받고 있다. 융합보안의 대표적인 예는 급속도로 전자화가 진행되고 있는 자동차에서 쉽게 발견할 수 있다. 요즘에는 고급차의 경우 스마트키를 이용해 문을 열고 닫는다. 그런데 스마트키를 해킹하면 자동차 소유자가 아니라도 손쉽게 자동차 문을 열고 안에 들어가 자동차를 절도할 수 있다. 요컨대, 스마트키의 정보보안을 침해함으로써 자동차에 대한 물리보안까지 침해하는 것이다. 이를 막기 위해서 정보보안과 물리보안을 모두 보장할 수 있는 융합보안이 요청되는 것이다.

(2) 융합보안의 문제지점으로서 사물인터넷과 인공지능

융합보안은 특히 사물인터넷과 인공지능이 등장하면서 문제가 되기 시작하였다.[2] 오늘날 사물인터넷과 인공지능을 탑재한 다양한 제품이 상품으로 판매되면서 융합보안의 문제가 불거지고 있다. 무엇보다도 사물인터넷을 통해 초연결사회가 구현되면서, 융합보안을 침해함으로써 발생한 결과가 손쉽게 초연결망 전체로 확산되는 위험이 점증하고 있다.

사실 사물인터넷은 다음과 같은 점에서 융합적인 성격을 강하게 띤다. 첫째, 사물인터넷 그 자체는 다양한 기술의 융합체이다. 사물인터넷을 구현하기 위해서는 디바이스 기술, 네트워크 기술, 시스템 기술, 서비스 기술, 데이터 처리 기술 등 다양한 기술이 융합되어 적용되어야 한다. 둘째, 사물인터넷은 각기 상이한 산업을 융합시킨다. 예를 들어, 사물인터넷을 통해 전통적인 자동차산업과 ICT 산업이 자동차 안에서 구현된다. 셋째, 사물인터넷은 초연결사회를 가능하게 함으로써 세상의 모든 데이터가 융합될 수 있도록 한다. 이러한 근거에서 사물인터넷의 보안문제를 처리하기 위해서는 전통적인 방식의 보안이 아닌 새로운 보안, 즉 융합보안에 따른 접근방식이 필요한 것이다.

---

2 이에 관해서는 최종석·박종규·김호원, "인공지능과 사물인터넷 융합 보안 기술 연구방안", 『한국통신학회지』 제34권 제3호(2017. 2), 65–73쪽 참조.

3 ■ 융합보안이 문제되는 지점

그러면 이러한 융합보안이 문제되는 지점은 무엇인가? 사물인터넷을 예로 보면, 다음과 같은 지점에서 융합보안이 문제된다.[3]

(1) 사물인터넷 디바이스 보안

사물인터넷 디바이스, 다시 말해 사물인터넷 기기 그 자체의 보안이 문제된다. 사물인터넷 기기가 해킹되면 본래 기능에 맞지 않게 오작동할 수 있기 때문이다.

(2) 사물인터넷 네트워크 보안

사물인터넷 네트워크 보안이 문제된다. 사물인터넷은 주로 무선인터넷망을 통해 다른 사물인터넷과 연결된다. 이 과정에서 네트워크 연결망을 통해 사물인터넷을 해킹할 수 있다. 따라서 사물인터넷 네트워크 보안을 구현할 필요가 있다.

(3) 사물인터넷 시스템 및 서비스 보안

사물인터넷 시스템 및 서비스 보안이 문제된다. 이는 사물인터넷을 구동하는 데 사용되는 프로그램과 관련된 보안문제에 해당한다. 사물인터넷 디바이스 보안 문제가 하드웨어에 관한 문제라면, 이는 소프트웨어에 관한 문제라 할 수 있는 것이다. 예를 들어, 해커는 사물인터넷의 구동프로그램을 공격하거나 사물인터넷에 연결된 응용프로그램을 공격함으로써 전체 초연결망을 혼란에 빠뜨릴

---

3 이에 관해서는 배상태·김진경, "사물인터넷(IoT) 발전과 보안의 패러다임 변화", KISTEP R&D InI (2006) 49–51쪽 참조.

수 있다. 이 점에서 사물인터넷 시스템 및 서비스 보안이 문제된다.

(4) 사물인터넷 데이터 보안

사물인터넷 기기에 저장되어 있는 데이터 보안이 문제된다. 현대 초연결사회에서 사물인터넷 기기는 자연스럽게 방대한 데이터를 축적한다. 여기에는 당연히 민감한 개인정보도 포함된다. 따라서 만약 해킹에 의해 이러한 데이터가 유출되면, 이는 커다란 사회적 문제를 야기할 것이다. 융합보안 문제에서는 사물인터넷 데이터 보안 역시 중요하게 염두에 두어야 한다.

── III. 융합보안과 인권

1 공익으로서 융합보안

현대사회가 초연결사회로 변모하고 이로 인해 인터넷에 사회의 모든 정보가 빅데이터로 축적되면서 인터넷 보안, 즉 '사이버 보안'이 그 어느 때보다 중요해지고 있다. 해킹 등으로 보안이 침해되면 엄청난 양의 데이터가 유출될 뿐만 아니라 인터넷 서비스가 마비됨으로써 경제적으로도 크나큰 손실이 발생할 수 있기 때문이다. 이 때문에 물리보안이나 사이버 보안 및 융합보안을 포괄하는 보안 개념은 현대사회의 기능을 유지하는 데 필수적인 사회의 '공익'(public interest)으로 자리매김하고 있다. '정보통신망법' 등과 같은 법률은 바로 이렇게 공익에 해당하는 사이버 보안을 보장하기 위해 존재한다.

2 ▌ 인권으로서 융합보안

그런데 오늘날 보안은 단순히 공익으로만 머물러 있지 않다. 이를 넘어서 보안은 새로운 인권 혹은 기본권으로서 자리매김하고 있다.

(1) 공익과 인권의 분리

물론 전통적인 법적 사고에 따르면, 공익에 속하는 이익이 동시에 권리 또는 인권으로 규정되는 경우는 없다. 공익과 인권은 서로 구분되고 때로는 서로 대립하는 개념이자 이익이기 때문이다.[4] 이를테면 공익은 각 개인에게 귀속될 수 없는 집단적 이익으로 정의된다. 이에 반해 인권은 각 개인에게 분할되어 귀속될 수 있는 개별적 이익이다. 이러한 근거에서 인권과 공익은 개념적으로뿐만 아니라 질적으로도 구분된다. 뿐만 아니라, 많은 경우 서로 대립하는 이익으로 취급된다. 헌법학에서 논의되는 기본권 제한 도그마틱이 이를 잘 보여준다.[5] 기본권 제한 도그마틱에서는 국가안전보장이나 질서유지 또는 공공복리를 위해 어떤 방법으로 그리고 어느 정도로 기본권을 제한할 수 있는지가 문제되는데, 여기서 알 수 있듯이 국가안전보장이나 질서유지 또는 공공복리와 같은 공익은 기본권과 대립하는 이익으로 설정된다.

(2) 정보보안과 개인정보보호

이러한 맥락에서 정보보호법 영역에서는 '정보보안'(information security)과 '개인정보보호'(personal information protection)가 개념적으로 구분된다. '정보보안'은 전체 정보의 안전성을 보장하는 것으로서 일종의 공익에 해당한다. 이에 대해 '개인정보보호'는 개인정보 또는 개인정보 자기결정권이라는 개인적 권리

---

4 이에 관해서는 양천수, "공익과 사익의 혼용현상을 통해 본 공익 개념: 공익 개념에 대한 법사회학적 분석", 『공익과 인권』 제5권 제1호(2008. 2), 3–29쪽 참조.
5 이에 관해서는 우선 김대환, 『기본권제한의 한계』(법영사, 2001) 참조.

를 보호하는 것으로서 권리 혹은 인권과 관련을 맺는다. 이러한 근거에서 우리 법체계는 양자를 규율하는 법률도 별도로 마련하고 있다. 가령 '정보보안'은 '정보통신망법'이 규율한다면, '개인정보보호'는 '개인정보보호법'이 실현하는 것을 목표로 한다. 거버넌스 역시 구분된다. 정보보안은 주로 과학기술정보통신부가 관할한다면, 개인정보보호는 방송통신위원회와 개인정보보호위원회가 관할한다. 이렇게 정보보안, 사이버 보안, 융합보안을 포괄하는 보안 개념은 인권이 아닌 공익과 관련을 맺는 것으로 이해되어 왔다.

(3) 기본권으로서 안전

그러나 이러한 이해방식은 최근 변화를 맞고 있다. 최근 헌법학에서는 전통적으로 공익으로 평가되었던 이익을 기본권으로 새롭게 파악하는 이론적 시도가 전개되고 있기 때문이다. 이러한 예로서 '안전'(Sicherheit)을 들 수 있다. 안전은 우리 헌법에서 규정하는 국가안전보장이나 질서유지를 포괄하는 상위 개념으로서 가장 대표적인 공익에 해당한다. 안전은 흔히 개인적 권리를 대변하는 '자유'(Freiheit)의 대립 개념으로 논의된다. 이를테면 독일 법철학 전통에서는 안전을 중시하는 '홉스적 전통'과 자유를 중시하는 '로크적 전통'이 대립하는데, 이러한 이론적 대립을 영미철학에서 발전한 '자유주의-공동체주의 논쟁'과 대응시키기도 한다. 그런데 이렇게 공동체의 이익인 공익을 대변하는 개념으로 이해된 '안전'이 최근 독일의 몇몇 공법학자들에 의해 기본권으로 파악되고 있는 것이다. 요컨대, '기본권으로서 안전'(Sicherheit als Grundrechte)에 관한 논의가 이론적으로 힘을 얻고 있다.[6] 이러한 논의는 우리 공법학에서도 수용되어 안전을 기본권으로 파악하는 주장이 유력하게 주장되고 있다.[7]

---

6 예를 들어 Josef Isensee, *Das Grundrecht auf Sicherheit: Zu den Schutzpflichten des freiheitlichen Verfassungsstaates* (Vortrag gehalten vor der Berliner Juristischen Gesellschaft am 24. November 1982) (Walter de Gruyter, 2012) 참조.

7 이를 보여주는 정문식, "안전에 관한 기본권의 헌법상 근거와 위헌심사 기준", 『법과 정책연구』 제7집 제1호(2007. 6), 217-239쪽 참조.

(4) 집단적 권리로서 융합보안

전통적으로 공익으로 파악되었던 안전을 개별적으로 귀속이 가능한 기본권으로 재설정할 수 있는가 하는 문제는 많은 논증을 필요로 하는 쉽지 않은 문제이다. 따라서 이 문제를 이 글에서 정면으로 다룰 수는 없다. 다만 결론만을 언급하면, 필자는 집단적 이익에 속하는 공익을 권리로 규정하는 것이 이론적으로 전혀 불가능하지는 않다고 생각한다. 공익을 집단적 권리로 파악하는 것이 바로 그것이다. 전통적으로 권리는 개인적 권리만을 염두에 두었지만, 최근 인권학 영역에서는 개인적 권리에 대비되는 집단적 권리가 새롭게 자리매김하였다. 이러한 집단적 권리는 특히 다양한 소수민족이 공존하는 다문화국가에서 중요한 인권으로 논의되고 있다. 소수민족의 자결권이 이러한 집단적 권리의 예로 언급된다. 사실이 그렇다면, 안전을 기본권으로 규정하고자 하는 시도가 전혀 불가능한 것은 아니라는 점을 알 수 있다. 안전을 개인적 기본권이 아닌 집단적 기본권으로 규정하는 것이다. 만약 그렇다면, 안전과 그 내용이 유사한 정보보안 역시 집단적 권리로 파악될 수 있을 것이다. 마찬가지 근거에서 정보보안의 하위 개념인 융합보안을 집단적 권리 또는 집단적 인권으로 새기는 것도 불가능한 일은 아니다. 요컨대, 안전을 집단적 권리로 파악할 수 있는 것처럼, 융합보안을 집단적 인권으로 규정할 수 있는 것이다. 이 점에서 융합보안은 인권과 무관하지 않은 개념이자 이익이라고 말할 수 있다. 융합보안을 침해하는 행위는 집단적 인권을 침해하는 행위로 새길 수 있는 것이다.

—— Ⅳ. 융합보안 관련 법제도의 쟁점 및 기본구상

그러면 이러한 융합보안을 보장하기 위해 법제도는 어떻게 대응하는 것이 바람직한가? 여기에는 어떤 법적 문제가 있는가? 이를 아래에서 간략하게 살펴보도록 한다.

1 　독자적인 법규범의 필요성

　　먼저 융합보안을 실현하기 위해서는 이에 관한 독자적인 법규범을 마련하는 것이 필요해 보인다. 현재 융합보안을 규율하는 법적 규제, 특히 사물인터넷이나 인공지능의 보안문제를 규율하는 법적 장치는 보이지 않는다. 물론 사물인터넷이나 인공지능에 사용되는 보안 프로그램을 정보보호제품으로 보고 국가정보화 기본법이 규율하는 CC인증을 여기에 적용할 수 있을지 모른다. 그러나이는 융합보안이 갖고 있는 독특한 성격을 충분히 고려하지 못한 것이다. 위에서도 살펴본 것처럼, 사물인터넷 보안에 관해서는 크게 네 가지의 보안, 즉 디바이스 보안, 네트워크 보안, 시스템 보안, 데이터 보안이 문제된다. 따라서 이러한 보안을 모두 충분하게 실현하려면, 복합적인 규제장치가 투입될 필요가있다. 이 점에서 기존의 정보보호 관련 법제도는 융합보안 문제를 적절하게 규율하기 어렵다. 그 때문에 융합보안에 관한 독자적인 법규범을 제정할 필요가있다.

2 　사전예방을 통한 보안

　　융합보안 문제는 철저한 사전예방을 통해 구현하는 것이 필요하다. 왜냐하면 이미 정보침해가 발생한 시점이나 그 직후에 개입하는 것은 융합보안을 구현하는 데 실패할 가능성이 높기 때문이다. 현대 초연결사회에서는 사물인터넷기기 한 개의 보안만 침해되어도 그 결과가 초연결망을 통해 사회 전체적으로파급될 수 있다. 또한 융합보안이 문제되는 경우에는 융합보안이 침해된 경우그 결과가 사이버세계에만 머무는 것이 아니라, 실제세계에도 악영향을 미치는경우가 많다. 따라서 융합보안은 철저한 사전예방 중심의 규제로 구현하는 것이 바람직하다.

3 설계를 통한 보안(security by design)

이러한 사전예방 지향의 규제로서 가장 대표적인 것으로 '설계를 통한 보안'(security by design)을 들 수 있다.[8] 설계를 통한 보안은 제품을 설계하는 단계부터 보안을 고려해야 한다는 것을 말한다. 따라서 융합보안을 적절하게 구현하려면, 융합보안 관련 제품, 즉 사물인터넷 기기나 인공지능 기기를 설계하는 단계부터 보안문제를 고려해야 한다. 물론 이 과정에서 경제적 비용이 증가할 테지만, 이를 상쇄할 수 있는 법적 규제를 마련할 필요가 있다.

4 독자적인 인증제도 마련

'설계를 통한 보안'의 연장선상에 있는 제도가 바로 보안인증제도이다. 현행 정보보안 관련 법체계는 ISMS, PIMS, CC 등과 같은 다양한 인증제도를 갖추고 있다. 이외에도 준비도 평가나 성능평가와 같이 인증제도와 유사한 기능을 수행하는 제도를 갖추고 있다. 그렇지만 이들 제도들은 사물인터넷 기기나 인공지능처럼 융합보안과 관련된 제품의 보안상태를 인증하는 데 적합하지 않다. 이들 기기가 갖고 있는 융합적·복합적 성격을 고려하면, 이들에게 적합한 독자적인 인증제도를 마련하는 것이 바람직하다.

5 융합보안에 관한 거버넌스

마지막으로 융합보안을 관할하는 거버넌스를 어떻게 구축하는 것이 바람직한지 검토해야 한다. 이를 위해서는 우선 융합보안을 관할하는 주무부처를

---

8 이에 관해서는 Hyunmin Kim, *Side-channel security by design: hardware level countermeasures* (고려대 정보보호대학원 박사학위논문, 2018) 참조.

어떻게 결정해야 하는 것이 바람직한지 판단해야 한다. 현행 정보보안 관련 법체계는 정보보안에 관한 거버넌스를 다음과 같이 체계화하고 있다. 공공영역은 국가정보원이, 민간영역은 과학기술정보통신부가 그리고 개인정보보호에 관해서는 행정안전부와 대통령 직속의 개인정보보호위원회가 관할하는 것이다. 하지만 앞에서 살펴본 것처럼, 국가정보원이 국내 공공기관의 정보보안 문제를 다루는 것에 관해서는 비판이 제기되고 있다. 이의 연장선상에서 국가정보원법 개정안도 발의되고 있다. 국가정보원의 관할영역을 기본적으로 해외에 대한 정보보안으로 한정하는 것이 그것이다. 이러한 맥락에서 보면, 공공영역의 정보보안 문제를 국가정보원이 관할하는 현행 거버넌스 체계는 근원적으로 되돌아볼 필요가 있을 것이다.

한편 이와는 상관없이 융합보안 문제는 기본적으로 과학기술정보통신부가 관할하는 것이 타당하다. 왜냐하면 융합보안 문제는 주로 사물인터넷 기기나 인공지능과 같은 제품과 관련을 맺는데, 이는 시장에서 판매되는 것으로서 민간영역에 속한다고 볼 수 있기 때문이다. 그러므로 융합보안에 관한 거버넌스는 과학기술정보통신부가 관할하는 것을 기본 축으로 하여 설계하고 운용하는 것이 바람직하다.

디지털 트랜스포메이션과 정보보호
: 정보통신망법의 해석과 정책

제7장

정보공유제도의 현황과 개선방안

_7장
정보공유제도의 현황과 개선방안

—— I. 서 론

오늘날 사물인터넷 등을 통해 초연결사회가 구현되면서 세상의 모든 것이 연결되고, 이로 인해 과거에는 상상할 수 없을 정도로 엄청난 양의 정보가 생성 및 축적되는 빅데이터 사회가 실현되고 있다.[1] 이러한 현대사회에서는 한편으로는 사이버 보안이 침해될 가능성이 그 만큼 높아지고 있다. 초연결사회가 구현되면서 스마트폰과 같은 개인 소유 사물인터넷을 해킹하는 것만으로도 전체 인터넷 연결망의 보안을 손쉽게 침해할 수 있게 된 것이다. 그러나 다른 한편으로는 엄청난 빅데이터로 축적되는 정보를 분석함으로써 과거에는 존재하지 않았던 새로운 시각이나 통찰, 사회적 공리를 획득할 수 있게 되었다.[2] 바로 이 때문에 정보를 빅데이터로 축적하는 것이 그 무엇보다 중요해지고, 또한 이렇게 축적된 빅데이터를 다양한 방식으로 공유하는 것 역시 그 만큼 중요해지고 있다. 빅데이터로서 축적된 정보를 다양한 주체가 공유함으로써 새로운 시각이나 통찰 그리고 사회적 공리를 창출할 수 있는 가능성도 그 만큼 제고될 수 있

---

[1] 현대 초연결사회 및 빅데이터에 관해서는 양천수, 『빅데이터와 인권: 빅데이터와 인권의 실제적 조화를 위한 법정책적 방안』(영남대학교출판부, 2016); 양천수, 『제4차 산업혁명과 법』(박영사, 2017) 등 참조.

[2] 이를 보여주는 연구로는 빅토르 마이어 숀베르거·케네스 쿠키어, 이지연 (옮김), 『빅데이터가 만드는 세상』(21세기북스, 2013) 참조.

기 때문이다. 이는 정보보호에 대해서도 그대로 적용할 수 있다. 정보보호와 관련된 정보를 빅데이터로 축적하고 이를 정보보호와 관련된 주체나 거버넌스가 공유할 수 있도록 함으로써 정보보호에 필요한 새로운 시각이나 통찰 혹은 방법을 획득할 수 있는 것이다. 이러한 맥락에서 정보공유는 현대사회의 구조변동에 대응하는 정보보호 관련 제도를 구현하는 데 중요한 방법이 될 수 있다. 달리 말해, 현대 초연결사회에서는 정보공유가 정보보호를 실현할 수 있는 중요한 방법이 되고 있는 것이다. 이러한 맥락에서 제7장에서는 현행 정보보호 관련 법체계가 마련하고 있는 정보공유제도의 현황과 문제점을 검토하면서, 이를 어떻게 개선하는 것이 바람직한지 살펴보고자 한다.

—— Ⅱ. 정보공유 일반론

본격적인 논의를 하기 전에 정보 및 정보공유가 현대사회에서 어떤 의미를 갖는지 살펴보도록 한다.

1 현대사회에서 정보의 의의

(1) 인식의 원천으로서 정보

'정보'(information)는 인식의 원천이 된다. 왜냐하면 정보는 의미의 기본단위이기 때문이다. 정보가 존재해야만 비로소 우리는 그 무엇인가를 의미 있는 것으로 인식할 수 있다. 현대 체계이론(Systemtheorie)의 관점에서 보면, 정보는 '구별'에 기반을 둔다.3 우리가 특정한 기준에 따라 인식대상을 구별함으로써

---

3 체계이론에 관해서는 우선 N. Luhmann, *Soziale Systeme* (Frankfurt/M., 1984) 참조.

비로소 정보가 형성된다는 것이다. 달리 말해, 정보는 구별이라는 틀을 필요로
한다. 사실 이러한 관념은 이미 '개념'이라는 말에서 확인할 수 있다. 특정한 개
념을 만들어가는 과정 자체가 이러한 개념에 속하는 것과 속하지 않는 것을 구
별하는 과정이기 때문이다. 예를 들어, 우리가 '법'이라는 개념을 설정하면, 이
러한 법 개념을 통해 법인 것과 법이 아닌 것을 구별할 수 있게 된다.

　한편 이러한 정보와 구별해야 할 개념이 있다. '데이터'(data)가 그것이다.
흔히 정보와 데이터는 혼용되는 경우가 많다. 양자가 거의 같은 의미를 갖기 때
문이다. 다만 양자의 관계를 엄밀하게 살펴볼 때, 가령 무엇이 더욱 근원적인
것인가를 논의할 때 견해가 대립한다.4 이에 관해서는 정보를 더욱 근원적인 것
으로 파악하는 견해도 있지만, 일반적으로는 데이터를 가장 근원적인 개념으로
파악한다. 데이터가 정보를 구성한다는 것이다. 이에 따르면, 빅데이터를 구축
한 후 '데이터 마이닝'(data mining)을 통해 이를 분석하면 과거에는 알지 못했던
유의미한 정보가 도출된다.5 이를테면 독감에 관한 검색어를 빅데이터로 구축
한 후 이를 수학적 알고리즘에 바탕을 둔 데이터 마이닝을 통해 분석하면, 언제
어디서 독감이 유행할 지를 예측할 수 있는 정보를 획득할 수 있는 것이다.6 이
때 데이터 마이닝이란 빅데이터에 대한 구별방법이라고 할 수 있으므로, 이는
다음과 같이 재해석할 수 있다. 빅데이터를 어떤 데이터 마이닝을 통해 구별하
는가에 따라 각기 다양한 정보가 도출될 수 있다는 것이다.

(2) 소통의 기본단위로서 정보

　정보는 현대 초연결사회에서 중요한 소통의 기본단위이자 기초가 된다. 이
는 체계이론이 분명하게 보여준다. 체계이론에 따르면, 소통(Kommunikation)은

4　양자의 관계에 관해서는 윤지영·이천현·최민영·윤재왕·전지연, 『법과학을 적용한 형사사법의 선
　진화 방안(IV)』(한국형사정책연구원, 2014), 54쪽; Marion Albers, *Informationelle Selbstbestimmung*
　(Baden–Baden, 2005), 87쪽 아래 등 참조.
5　'데이터 마이닝'에 관해서는 정용찬, 『빅데이터』(커뮤니케이션북스, 2013), 42쪽 아래 참조.
6　빅토르 마이어 쇤베르거·케네스 쿠키어, 앞의 책, 10쪽 참조.

'정보'(Information), '통지'(Mitteilung), '이해'(Verstehen)로 구성된다.7 정보가 통지를 통해 상대방에게 전달되고, 이렇게 전달된 정보가 상대방에 의해 이해됨으로써 소통이 이루어진다는 것이다. 여기서 알 수 있듯이, 정보는 소통의 출발점이자 기초가 된다. 체계이론에 따르면, 이러한 소통이 이루어져야 비로소 현대사회를 구성하는 '사회적 체계'(soziale Systeme)가 형성 및 작동할 수 있다. 사회적 체계는 소통으로 구성되기 때문이다. 이렇게 보면, 현대사회에서 정보는 사회적 체계가 형성되고 작동하는 데 대한 출발점이 된다.

(3) 권력의 원천으로서 정보

예전부터 정보는 권력의 원천으로 기여하였다. 더 많은 정보를 갖는 자가 더 많은 권력을 누리는 경우가 많았다. 그 때문에 정보기관은 오랜 동안 핵심권력기관으로 작동하였다. 이는 현재 우리나라에서 국가정보원이 갖는 위상이 잘 보여준다. 이처럼 정보는 권력의 원천이 되었기에 정보를 공유하는 것보다 정보를 독점하고자 하는 경향이 더 강하였다. 정보를 공유하는 것은 곧 권력을 공유 또는 약화시키는 것이라고 여겼기 때문이다. 그러나 정보를 독점함으로써 권력을 강화하고자 하는 것은 오늘날의 초연결사회와는 맞지 않는다. 모든 것이 연결되는 현대 초연결사회에서는 정보를 독점하겠다는 것 자체가 불가능한 발상이기 때문이다.

(4) 현대사회에서 정보가 갖는 의미

이렇게 인식과 권력의 원천이자 소통의 출발점이 되는 정보의 의미는 현대사회에서 더욱 강화되고 있다. '빅데이터 사회'나 '지능정보사회'라는 개념이 시사하는 것처럼, 현대사회에서 정보는 그 무엇보다 중요한 자원이자 성장동력이

---

7 게오르그 크네어·아민 낫세이, 정성훈 (옮김), 『니클라스 루만으로의 초대』(갈무리, 2008), 114쪽 참조.

되고 있다. 빅데이터를 다양한 구별방식으로 분석함으로써 이전에는 생각하기 힘들었던 다양한 통찰과 사회적 공리를 획득하고 있기 때문이다. 또한 주식시장과 같은 각종 금융시장이나 부동산시장 등이 잘 보여주는 것처럼, 정보는 유용한 경제적 자원이 되고 있다. 정보가 새로운 부의 창출로 이어지고 있는 것이다. 이뿐만 아니라, 정보는 현대 안전사회를 구현하는 데 중요한 기초가 된다.8 각종 재난이나 범죄에 대한 빅데이터를 구축함으로써 재난이나 범죄를 사전에 효과적으로 예측 및 예방할 수 있는 것이다. 이러한 이유에서 정보기관뿐만 아니라 경찰이나 검찰도 더 많은 정보를 획득하기 위해 노력하고 있는 것이다.

2 ▨ 현대사회에서 정보공유의 의의

(1) 현대사회에서 정보공유의 의의

이처럼 현대사회에서 정보의 의미가 그 무엇보다 중요해지면서 정보를 공유하고자 하는 경향이 점점 더 강해지고 있다. 이른바 '정보민주주의'에 의해 정보독점이 비판되고, 정보를 공개하고 공유하려는 경향 및 요청이 늘어나고 있는 것이다. 법체계 역시 이를 법적으로 뒷받침한다. 이를테면 「정보공개법」이나 「전자정부법」 등이 공공정보에 대한 공개와 공유를 법적으로 근거짓는다. 정보를 공개하고 공유하는 것이 현대 민주주의 원리에 부합할 뿐만 아니라, 이렇게 하는 것이 사회적 공리를 증진시키는 데 더 적합하기 때문이다. '정보독점에서 정보공유로', 이것이 바로 현대사회를 대변하는 표어인 셈이다.

---

8 안전사회에 관해서는 양천수, "현대 안전사회와 법적 통제: 형사법을 예로 하여", 『안암법학』 제49호(2016. 1), 81–127쪽 참조.

(2) 빅데이터 형성 및 이용으로서 정보공유

사물인터넷 등을 통해 모든 것이 연결되는 현대 초연결사회에서 정보공유는 더욱 특별한 의미를 갖는다. 현대 초연결사회에서 정보공유는 바로 빅데이터를 형성하고 이를 이용한다는 의미를 담고 있기 때문이다. 인터넷을 통해 모든 것이 연결되는 초연결사회가 구현되면서 사회의 거의 모든 영역에서 엄청난 데이터가 축적되고 있다. 정보공유를 통해 이러한 데이터를 공유하게 되면 자연스럽게 엄청난 양의 빅데이터가 형성될 수 있다. 그리고 데이터 마이닝을 통해 이러한 빅데이터를 분석하면 이전에는 알지 못했던 새로운 정보를 획득할 수 있다. 이 점에서 볼 때 정보공유야말로 현대사회에서 아주 중요한 자원인 빅데이터를 형성하는 데 중요한 방법이 된다.

3 ▌ 정보의 유형

정보공유를 인정한다고 해서 모든 정보를 공유할 수 있는 것은 아니다. 이를테면 개인정보는 정보주체의 명시적인 사전동의를 받지 않으면 공유대상이 될 수 없다. 따라서 과연 어떤 정보를 공유대상으로 삼을 수 있을지를 파악하려면, 정보를 유형화할 필요가 있다. 정보는 다음과 같이 유형화할 수 있다.

(1) 개인정보와 일반정보

먼저 정보는 개인정보와 일반정보로 유형화할 수 있다. 개인정보는 개인적 정보주체와 관련을 맺는 정보를 말한다. 개인정보보호법 제2조 제1호에 따르면, 개인정보란 "살아 있는 개인에 관한 정보로서 성명, 주민등록번호 및 영상 등을 통하여 개인을 알아볼 수 있는 정보(해당 정보만으로는 특정 개인을 알아볼 수 없더라도 다른 정보와 쉽게 결합하여 알아볼 수 있는 것을 포함한다)"를 말한다. 이러한 개인정보에 대해서는 개인정보보호법이 적용되기에, 원칙적으로 정보공유의 대상이 될 수 없다. 이에 대해 일반정보는 이러한 개인정보에 속하지 않는 정보를 말한다. 일반정보, 즉 비개인정보는 개인정보보호법이 적용되지 않으므로 이는 원칙적으로 정보공유의 대상이 된다.

(2) 공공정보와 민간정보

일반정보는 다시 공공정보와 민간정보로 유형화할 수 있다. 「공공기관의 정보공개에 관한 법률」제2조 제1호에 따르면, 공공정보란 "공공기관이 직무상 작성 또는 취득하여 관리하고 있는 문서(전자문서를 포함한다. 이하 같다)·도면·사진·필름·테이프·슬라이드 및 그 밖에 이에 준하는 매체 등에 기록된 사항"을 말한다. 이때 공공기관이란 「공공기관의 정보공개에 관한 법률」제2조 제3호에 따르면, 국가기관, 지방자치단체, 「공공기관의 운영에 관한 법률」제2조에 따른 공공기관, 그 밖에 대통령령으로 정하는 기관을 말한다. 이러한 공공정보 중에서 행정기관이 생성하는 정보를 '행정정보'라고 부른다. 이를테면 「전자정부법」제2조 제6호에 따르면, 행정정보란 "행정기관등이 직무상 작성하거나 취득하여 관리하고 있는 자료로서 전자적 방식으로 처리되어 부호, 문자, 음성, 음향, 영상 등으로 표현된 것"을 말한다. 이때 행정기관이란 "국회·법원·헌법재판소·중앙선거관리위원회의 행정사무를 처리하는 기관, 중앙행정기관(대통령 소속 기관과 국무총리 소속 기관을 포함한다) 및 그 소속 기관, 지방자치단체"를 말한다(전자정부법 제2조 제2호). 이러한 공공정보는 「공공기관의 정보공개에 관한 법률」제3조에 따라 원칙적으로 공개되어야 하고, 「전자정부법」제4장은 행정정보를 적극적으로 공동이용할 것을 규정한다. 이와 달리 민간정보, 예를 들어 개인기업, 정보통신서비스 제공자 등이 보유하는 정보는 법률에 의해 그 공개나 공유가 강제되지는 않는다.

4 정보공유의 유형

한편 정보공유는 다음과 같이 유형화할 수 있다.

(1) 공공기관 간 정보공유

공공기관 사이에서 이루어지는 정보공유이다. 전자정부법에 의해 이러한 정보공유는 원칙적으로 허용되고 또한 적극 장려된다. 이는 상호적으로 이루어진다.

(2) 공공기관과 민간의 정보공유

공공기관과 민간의 정보공유이다. 이는 비상호적으로 이루어진다. 그 이유를 다음과 같이 말할 수 있다. 민간은 「공공기관의 정보공개에 관한 법률」에 따라 공공기관에 정보공개를 청구할 수 있고, 예외사유에 해당하지 않는 한 공공기관은 이에 응해야 한다. 반대로 공공기관이 민간에 정보공개를 요구한다고 해도, 법률에 특별한 사유가 없는 한, 민간이 이에 반드시 응해야 하는 것은 아니다. 양자 사이에서 정보공유가 이루어지려면 원칙적으로 공공기관과 민간이 정보공유에 관해 서로 합의해야 한다.

(3) 민간 간 정보공유

민간 사이에서 이루어지는 정보공유이다. 여기에는 '상호성 원칙'이 적용된다. 따라서 민간은 자유롭게 정보공유에 합의할 때 비로소 정보공유를 할 수 있다. 이는 법이 강제할 수 없다.

── Ⅲ. 정보공유제도의 현황

현행 법체계는 정보공유를 어떻게 규율하고 있는가? 현재 우리 법체계는 독자적인 법률로써 정보공유를 규율하고 있지는 않다. 각기 다양한 법률에서 단편적으로 이를 규율하고 있을 뿐이다. 이를 아래에서 살펴보도록 한다.

1 ▨ 공공기관의 정보공개에 관한 법률

정보공유가 이루어지려면, 먼저 정보가 독점되지 않고 다른 기관이나 주체에게 공개될 수 있어야 한다. 정보가 공개되어야만 비로소 공유될 수 있기 때문이다. 이 점에서 「공공기관의 정보공개에 관한 법률」은 의미가 있다. 왜냐하면 「공공기관의 정보공개에 관한 법률」은 제3조에서 "정보공개의 원칙"이라는 표제 아래 "공공기관이 보유·관리하는 정보는 국민의 알권리 보장 등을 위하여 이 법에서 정하는 바에 따라 적극적으로 공개하여야 한다."고 규정함으로써 공공기관은 같은 법 제9조가 규정하는 비공개정보에 속하지 않는 한 원칙적으로 정보를 공개해야 한다고 선언한다.

2 ▨ 전자정부법

한편 이렇게 공개되는 정보는 다른 기관 등에 의해 공유될 수 있어야 한다. 이러한 정보의 공유 및 이용은 전자정부법이 규율한다. 전자정부법 제4장은 "행정정보의 공동이용"이라는 표제 아래 행정정보를 적극적으로 공유하고 이용할 것을 규율한다. 예를 들어, 전자정부법 제36조는 "행정정보의 효율적 관리 및 이용"이라는 표제 아래 제1항에서 "행정기관등의 장은 수집·보유하고 있는 행정정보를 필요로 하는 다른 행정기관등과 공동으로 이용하여야 하며, 다른 행정기관등으로부터 신뢰할 수 있는 행정정보를 제공받을 수 있는 경우에는 같은 내용의 정보를 따로 수집하여서는 아니 된다."고 규정한다. 여기서 알 수 있듯이, 전자정부법 제36조 제1항은 행정기관 간의 정보공유를 규정한다. 나아가 제2항은 "행정정보를 수집·보유하고 있는 행정기관등의 장은 다른 행정기관등과「은행법」제8조 제1항에 따라 은행업의 인가를 받은 은행 및 대통령령으로 정하는 법인·단체 또는 기관으로 하여금 행정정보보유기관의 행정정보를 공동으로 이용하게 할 수 있다."고 정한다. 제2항에 따르면, 행정정보는 행정기관 사이에서만 공유될 수 있는 것이 아니라, 행정기관과 은행과 같은 비행정기관 사이에서도 공유될 수 있다.

다만 여기서 주의해야 할 점은, 전자정부법이 공유하도록 하는 정보는 행정정보라는 것이다. 행정정보는 행정기관이 생산한 정보로서 공공기관이 생산한 공공정보보다는 그 외연이 좁다. 그 점에서 전자정부법은 정보공유에 관한 기본법으로서 작동하기에는 아직 미흡하다고 말할 수 있다.

3 ■ 정보통신기반 보호법

미국의 정보공유법이 시사하는 것처럼,[9] 정보공유가 완전하게 이루어지려면 행정기관 간뿐만 아니라 행정기관과 여타 공공기관, 더 나아가 행정기관과 민간 사이에서도 정보공유가 원활하게 이루어질 수 있어야 한다. 이를 가능하게 하려면, 이에 대한 법적 근거 및 이러한 정보공유를 총괄하는 거버넌스가 마련되어야 한다. 하지만 우리 법체계는 아직 이에 관한 충분한 법적 근거를 마련하고 있지 않다. 다만 정보통신기반 보호법은 미흡하지만 정보공유·분석센터에 관한 규정을 두고 있다. 가령 정보통신기반 보호법 제16조는 "정보공유·분석센터"라는 표제 아래 제1항에서 다음과 같이 규정한다.

---

9 이에 관해서는 양천수 외, 『안전한 지능정보사회 구축을 위한 정보보호관련 법제도 개선방안 연구』(과학기술정보통신부, 2018) 참조.

① 금융·통신 등 분야별 정보통신기반시설을 보호하기 위하여 다음 각호의 업무를 수행하고자 하는 자는 정보공유·분석센터를 구축·운영할 수 있다.
1. 취약점 및 침해요인과 그 대응방안에 관한 정보 제공
2. 침해사고가 발생하는 경우 실시간 경보·분석체계 운영

나아가 같은 법 제16조 제4항에서는 "정부는 제1항 각호의 업무를 수행하는 정보공유·분석센터의 구축을 장려하고 그에 대한 재정적·기술적 지원을 할 수 있다."고 정한다.

이러한 규정들은 다음과 같은 시사점을 제공한다. 첫째, 정보공유·분석센터는 금융, 통신과 같은 정보통신기반시설을 보호하는 것을 목표로 한다는 것이다. 둘째, 정보공유·분석센터는 해당 정보통신기반시설의 취약점, 이에 대한 침해요인 및 그 대응방안에 관한 정보를 제공하고, 해당 정보통신기반시설에 대한 침해사고가 발생하는 경우 이에 대한 실시간 경보 및 분석체계를 운영하는 업무를 수행한다는 것이다. 셋째, 정보공유·분석센터를 운용하는 주체는 해당 정보통신기반시설을 운영 및 관리하는 주체가 된다는 점이다. 따라서 공공기관뿐만 아니라 민간기관 역시 정보공유·분석센터를 운용할 수 있다. 넷째, 정부는 정보공유·분석센터를 구축 및 운용하는 자에게 재정적·기술적 지원을 할 수 있다는 것이다.

그렇지만 여기에는 다음과 같은 문제가 있다. 첫째, 정보공유·분석센터에 관한 규정은 단 한 개 조문만으로 이루어져 있어 너무 빈약하다는 점이다. 둘째, 각 정보통신기반시설을 중심으로 하여 구축 및 운용되는 정보공유·분석센터를 총괄할 수 있는 거버넌스가 명확하지 않다는 점이다. 셋째, 각 정보공유·분석센터 사이에서 정보공유가 이루어질 수 있는지, 만약 이루어질 수 있다면 이는 어떻게 가능할 수 있는지 등에 관해 명확한 법적 근거가 없다는 점이다.

4 국가사이버안보법안

지난 2017년 1월 3일 정부가 제안한 「국가사이버안보법안」은 정보공유에 관해 상당히 의미 있는 규정을 두고 있다. 물론 이 법안은 여러 비판을 받았고, 아직 법률로 제정되지 못하고 있다. 그렇지만 이 법안이 제시하는 규정들은 그 비판여부에 상관없이 살펴볼 만한 가치가 있다. 특히 정보공유에 관해 비교적 상세한 규정을 마련함으로써 정보공유제도가 어떤 방향으로 나아가야 할지에 대해 비판적인 시사점을 제공한다.

우선 국가사이버안보법안은 "국가안보를 위협하는 사이버공격을 예방하고, 사이버위기에 신속하고 적극적으로 대처함으로써 국가의 안전 보장 및 국민의 이익 보호에 이바지함을 목적으로 한다."(제1조) 여기서 알 수 있듯이, 국가사이버안보법안이 직접적인 예방대상으로 삼는 것은 "국가안보를 위협하는 사이버공격"이다. 이 점에서 국가사이버안보법안이 모든 정보보안 침해행위를 대상으로 하는 것은 아니다. 다만 실제적으로는 "국가안보를 위협하는 사이버공격"의 범위를 어떻게 설정해야 할지 문제가 될 수 있다.

한편 정보공유에 관해 국가사이버안보법안은 제12조에서 "사이버위협정보의 공유"라는 표제 아래 모두 여섯 항으로 구성된 비교적 상세한 규정을 두고 있다.

---

① 다음 각 호의 정보를 공유하기 위하여 국가정보원장 소속으로 사이버위협정보 공유센터를 둔다.

1. 사이버공격 방법에 관한 정보

2. 악성프로그램 및 이와 관련된 정보

3. 정보통신망, 정보통신기기 및 소프트웨어의 보안상 취약점에 관한 정보

4. 그 밖에 사이버공격의 예방을 위한 정보

② 책임기관의 장은 소관 사이버공간의 제1항에 따른 정보(이하 "위협정보"라 한다)가 다른 책임기관의 사이버안보를 위하여 필요하다고 인정하는 경우 대통

령령으로 정하는 바에 따라 소관 사이버공간의 위협정보를 제1항에 따른 사이버위협정보 공유센터(이하 "공유센터"라 한다)의 장에게 제공할 수 있다. 이 경우 공유센터의 장은 사이버안보를 위하여 위협정보의 공유가 필요하다고 판단되는 책임기관의 장에게 위협정보를 제공하여야 한다.

③ 누구든지 제2항에 따라 공유된 위협정보를 사용할 때에는 사이버안보 목적에 필요한 최소한의 범위에서 사용·관리하여야 한다.

④ 공유센터의 장은 위협정보를 공유하는 경우 국민의 권리가 침해되지 아니하도록 기술적·관리적 또는 물리적 보호조치를 마련하여야 한다.

⑤ 공유센터의 장은 제4항에 따른 기술적·관리적 또는 물리적 보호조치에 관한 사항을 심의하기 위하여 책임기관 및 민간 전문가 등이 참여하는 사이버위협정보 공유협의회를 구성·운영하여야 한다.

⑥ 제1항부터 제5항까지의 규정에 따른 공유센터의 설치·운영, 공유센터의 장에게 제공하는 위협정보의 범위 등에 필요한 사항은 대통령령으로 정한다.

이 규정에서 크게 세 가지 의미 있는 사항을 발견할 수 있다. 첫째, 독자적인 사이버위협정보 공유센터를 설치한다는 것이다. 둘째, 이러한 사이버위협정보 공유센터를 국가정보원장 소속으로 설치한다는 것이다. 셋째, 사이버위협정보 공유센터와 책임기관 사이에 상호적인 정보공유를 인정한다는 것이다. 이렇게 볼 때, 국가사이버안보법안이 마련하고 있는 정보공유 규정은 꽤 진일보한 것이라고 평가할 수 있다. 다만 이 법안이 아직 법률로 제정되지 못하고 있다는 점, 사이버위협정보 공유센터는 '국가안보를 위협하는 사이버공격'에 관한 정보를 대상으로 한다는 점에서 정보공유에 관한 원칙적인 규정이 될 수 없다.

── IV. 정보공유제도 개선방안

1 문제점

이처럼 현행 법체계가 마련하고 있는 정보공유제도를 살펴보면, 여러 측면에서 문제점이 보인다. 이는 크게 세 가지로 말할 수 있다. 먼저 정보공유에 관한 법적 근거가 너무 빈약하다는 것이다. 앞에서 검토한 것처럼, 현행 법체계는 정보공유를 법적으로 뒷받침하는 법적 근거를 충분하게 확보하지 못하고 있다. 이는 독자적인 정보공유법을 제정 및 시행하고 있는 미국과 비교할 때 큰 차이가 있는 부분이다. 다음으로 정보공유를 총괄할 수 있는 거버넌스가 아직 없다는 것이다. 마지막으로 어떤 원칙에 의해 그리고 어떤 방법으로 정보공유를 실행할 것인지가 명확하지 않다는 것이다. 현대 지능정보사회에 맞게 정보공유를 실현하려면 이러한 문제점을 해소할 필요가 있다.

2 기본원칙

정보공유를 법제화하는 경우에는 다음과 같은 원칙을 준수해야 한다.

(1) 상호성 원칙

정보공유는 상호성 원칙에 따라 이루어져야 한다. 말하자면 정보는 상호적으로 공유되어야 한다. 어느 한 쪽이 다른 한 쪽으로부터 정보를 받으면서도 반대로 정보를 제공하지 않는 것은 상호성 원칙에 반하는 것으로서 바람직하지 않다. 특별한 사유가 없는 한 정보는 상호적으로 공유되어야 한다.

(2) 자발성 원칙

정보공유는 자발성 원칙에 따라 이루어져야 한다. 이는 특히 공공기관과 민간 사이에서 정보공유가 이루어질 때 적용된다. 공공기관 사이에서는, 무엇보다 행정기관 사이에서는 전자정부법에 따라 정보공유가 이루어지기 때문에 별도의 합의가 필요 없는 경우가 많다. 그렇지만 공공기관과 민간 사이의 정보공유를 강제하는 법적 근거는 아직 없기에 두 주체 사이에서 정보공유가 이루어지려면 원칙적으로 자발적인 합의가 있어야 한다. 그렇게 해야만 비로소 상호적인 정보공유도 실현될 수 있다.

(3) 개인정보보호 원칙

정보공유는 개인정보를 보호하면서 이루어져야 한다. 이를 위해 다음 세 가지 방법을 사용해야 한다. 우선 개인정보가 아닌 비개인정보, 즉 일반정보가 공유대상이 되어야 한다. 다음으로 개인정보를 공유하고자 하는 경우에는 개인정보보호법에 따라 정보주체의 명시적인 사전동의를 받아야 한다. 마지막으로 정보주체의 사전동의를 받기 어려운 경우에는 익명화조치를 통해 개인정보를 비개인정보로 바꾸어 공유해야 한다.

(4) 목적구속성 원칙

정보공유는 본래 설정된 목적에 적합하게 이루어져야 한다. 이 경우에는 지능정보사회에서 정보보호를 효과적으로 실현하기 위해 정보공유를 하는 것이므로, 정보보호가 아닌 다른 목적으로 정보를 공유하는 것은 허용될 수 없다.

(5) 비례성 원칙

정보공유는 비례성 원칙을 준수해야 한다. 이는 무엇보다도 개인정보를 공유할 때 적용된다. 개인정보를 공유할 때 비례성 원칙, 즉 적합성 원칙, 필요성 원칙, 상당성 원칙을 준수해야 한다.

3 **개선방안**

지능정보사회에 대응하는 정보공유를 실현할 수 있도록 정보공유제도를 다음과 같이 개선해야 한다.[10]

(1) 독자적인 법적 근거 마련

가장 먼저 정보공유에 대한 충분한 법적 근거를 마련해야 한다. 제일 이상적인 방법은 미국처럼 독자적인 정보공유법을 제정 및 시행하는 것이다. 그게 어렵다면, 일단 정보통신기반 보호법을 개정하여 정보공유에 관한 독자적인 장을 만들 필요가 있다. 현재는 한 개 조문으로 정보공유·분석센터를 규율하는데, 이는 지능정보사회에 대응하는 정보공유제도를 실현하는 데 부족하다. 앞으로 정보통신기반 보호법을 개정하여 정보공유에 관한 부분을 대폭 확충할 필요가 있다.

(2) 독자적인 거버넌스 구축

다음으로 각 영역별로 존재하는 정보공유 및 분석센터를 총괄하는 독자적인 거버넌스를 구축할 필요가 있다. 이는 크게 두 가지 방안으로 실현할 수 있다. 첫째는 독일의 경우처럼 정보보호 업무를 총괄하는 독자적인 정보보호청을 신설하여 이러한 정보보호청이 각 정보공유·분석센터를 총괄하도록 하는 것이

---

10 정보공유제도 개선 일반에 관해서는 윤광석, "행정정보공동이용제도의 개선방안에 관한 연구", 『정보화정책』 제19권 제4호(2012. 겨울); 강성용·이성기·박형식, "효율적 범죄 수사 지원을 위한 금융정보분석원 개선 방안 연구", 『경찰학연구』 제12권 제2호(2012. 6); 표경수, 『재난안전 정보 수집·공유를 위한 법제도 개선 방안』 제678호(2017. 9) 등 참조.

다. 둘째는 과학기술정보통신부장관 소속으로 정보보호를 위한 정보공유·분석
센터를 설치하여 이를 통해 각 정보공유·분석센터를 총괄하도록 하는 것이다.

(3) 공공기관과 민간의 정보공유 강화

이어서 공공기관과·민간의 정보공유를 강화할 필요가 있다. 이는 정보공유
관련 법령에 명시하는 것이 바람직하다. 특히 정보보호에 효과적인 관련 제품을
생산할 수 있도록 공공기관이 정보보호 관련 정보를 적극적으로 민간에 제공하고,
반대로 민간이 정보보호에 관해 획득한 노하우를 공공기관에 제공할 수 있도록 유
도해야 한다. 물론 이 경우에 상호성 원칙과 자발성 원칙이 적용되어야 한다.

(4) 정보공유 프로그램 개발

나아가 적시에 정보공유를 실행할 수 있도록 미국처럼 정보공유 전문프로
그램을 개발하여 운용할 필요가 있다. 전통적인 방식으로 정보를 주고받는 경
우에는 제때에 필요한 정보를 획득하지 못할 수 있다. 따라서 실시간으로 정보
를 공유할 수 있도록 전문프로그램을 개발 및 가동해야 한다. 이러한 프로그램
에 접속하는 것만으로도 정보공유가 이루어질 수 있도록 해야 한다.

(5) 정보공유 남용에 대한 제재

마지막으로 정보공유가 남용되는 것을 방지할 수 있도록 이에 대한 제재방
안을 강구해야 한다. 역사와 현실이 보여주는 것처럼, 정보는 언제나 남용될 수
있다. 무엇보다도 현대사회에서 생성되는 빅데이터는 데이터 마이닝을 통해 다
방면에 걸쳐 사용될 수 있기에 다양한 정보를 공유하는 기관이나 주체는 본래
목적에서 벗어난 남용의 유혹에 빠질 수 있다. 이는 특히 개인정보를 공유하는
경우에 문제가 된다. 따라서 정보공유가 남용되지 않도록 이에 관한 제재방안
을 마련해야 한다.

INDEX
찾 아 보 기

[공저자 약력]

양천수

고려대학교 법과대학 및 대학원에서 법학을 공부하고, 독일 프랑크푸르트대학교 법과대학에서 클라우스 귄터(Klaus Günther) 교수 지도로 법학박사 학위를 취득하였다. 현재 영남대학교 법학전문대학원에서 기초법 전임교수로 학생들을 가르치고 있다. 현대 과학기술이 사회구조 및 법체계 그리고 우리 사고에 어떤 변화를 야기하는지, 이에 대해 법은 어떻게 대응해야 하는지에 관심이 많다. 지은 책으로는 『부동산 명의신탁』, 『서브프라임 금융위기와 법』, 『법철학』(공저), 『민사법질서와 인권』, 『빅데이터와 인권』, 『법해석학』, 『제4차 산업혁명과 법』, 『법학에서 위험한 생각들』(공저), 『인공지능과 법』(공저) 등이 있다. 이외에 "객관적 귀속 재검토"(2018), "법과 문화: 유기천 교수의 형법철학을 예로 하여"(2019) 등과 같은 다수의 논문을 발표하였다.

심우민

한국외국어대학교 법과대학을 졸업하고, 연세대학교에서 입법학 및 입법절차에 관한 기초법학 논문으로 박사학위를 취득하였다. 이후 국회입법조사처 입법조사관으로 정보통신법제 업무를 담당한 바 있으며, 현재는 경인교육대학교 사회과교육과 교수로 재직중이다. 연구 및 실무 경험을 바탕으로 현재는 IT법학, 입법학 및 기초법학적 논제들을 주요 연구대상으로 삼고 있다. 관련 저술로는 The Rationality and Justification of Legislation(공저, 2013), 입법학의 기본관점(2014), ICT 법체계 개선에 관한 입법학적 검토(2015), 인공지능의 발전과 알고리즘의 규제적 속성(2016), 인공지능과 법패러다임 변화 가능성(2017), 인공지능 시대의 입법학(2018) 등이 있다

전현욱

고려대학교 법과대학 및 대학원에서 공부하고, 배종대 교수 지도로 법학박사 학위를 취득하였다. 현재 한국형사정책연구원에서 연구위원으로 연구를 수행하고 있으며, 동국대학교에서 겸임교수로 학생들을 가르치고 있다. 정보통신기술을 비롯한 과학기술의 발전으로 인한 사회구조 변화가 전통적인 형사법체계에 어떠한 변화를 초래하는지에 관심이 많다. 『망중립성과 통신비밀보호에 관한 형사정책(2014)』, 『사이버범죄 수사효율성 강화를 위한 법제 개선방안 연구(2015)』, 『암호화폐 관련 범죄 및 형사정책 연구(2017)』 등의 연구를 수행하였다.

김중길

영남대학교 법과대학 및 대학원, 독일 오스나브뤼크대학교에서 민법학을 공부하고, 독일 바이로이트대학교에서 법학박사 학위를 취득하였다. 영남대학교 법학연구소에서 연구교수로 근무하였으며, 현재 영남대학교 법학전문대학원에서 Post-Doc으로 재직 중이다. 민법연구자로서 과학기술의 발전에 따른 계약법의 변화와 해석, 과학기술정책과 법의 융합적 연구에 관심을 두고 연구에 집중하고 있다. "빅데이터(Big Data)와 정보인권에 관한 최근 독일의 논의와 시사"(2014), "주요정보통신서비스 제공자의 주의의무와 불법행위책임"(2016) 외 다수의 논문을 발표하였고, 그 과정에서 2017년 학술연구지원사업 우수성과에 선정되어 부총리 겸 교육부장관 표창을 받은 바 있다. 현재는 스마트 컨트랙트, 데이터 소유권 등을 연구하고 있다.

디지털 트랜스포메이션과 정보보호

초판발행   2019년 8월 10일

지은이   양천수·심우민·전현욱·김중길
펴낸이   안종만·안상준

편 집   김선민
기획/마케팅   이영조
표지디자인   이미연
제 작   우인도·고철민

펴낸곳   (주) **박영시**
               서울특별시 종로구 새문안로3길 36, 1601
               등록 1959. 3. 11. 제300-1959-1호(倫)

전 화   02)733-6771
f a x   02)736-4818
e-mail   pys@pybook.co.kr
homepage   www.pybook.co.kr
ISBN   979-11-303-3433-2 93360

정 가   22,000원